Jahrbuch für den Landkreis Holzminden · Band 28/29 · 2010/11

Jahrbuch
für den Landkreis Holzminden

Herausgegeben im Auftrage des
Heimat- und Geschichtsvereins für Landkreis und Stadt Holzminden e.V.
von Matthias Seeliger

Band 28/29

2010/11

Holzminden 2010
Verlag Jörg Mitzkat

Allen Mitarbeitern sei an dieser Stelle herzlich gedankt.

Unser Dank gilt auch der Kulturstiftung des Landkreises Holzminden
sowie der Stadt Holzminden, die den Druck des Jahrbuches
durch Zuschüsse gefördert haben.

Redaktion: Dr. Matthias Seeliger, Stadtarchiv Holzminden
Abbildungsnachweise bei den jeweiligen Beiträgen
Teilweise Verwendung der alten Rechtschreibung auf Wunsch des Autors

Titelbild: vgl. S. 159

Bibliografische Information der Deutschen Nationalbibliothek
Die Deutsche Nationalbibliothek verzeichnet diese Publikation
in der Deutschen Nationalbibliografie; detaillierte bibliografische Daten sind im Internet über
http://dnb.d-nb.de abrufbar.

© Heimat- und Geschichtsverein für Landkreis und Stadt Holzminden e.V. sowie Autoren
Satzanpassung, Scans, Layout: Verlag Jörg Mitzkat, Holzminden
Druck: Werbedruck Lönneker, Stadtoldendorf
ISSN 0176-6538
ISBN 978-3-940751-33-1

Vereinsanschrift: Kulturzentrum „Weserrenaissance Schloss Bevern", 37639 Bevern
www.hgv-holzminden.de
Mail: grebe.hol@t-online.de
Der Bezugspreis für das Jahrbuch ist im Mitgliedsbeitrag
des Heimat- und Geschichtsvereins enthalten.

Inhaltsverzeichnis

Aufsätze

V

Stadtarchiv Holzminden

„Häufig" oder „selten"?
Das Abend-Pfauenauge in Holzminden

von Volker Konrad

Mit 5 Abbildungen

Das Abend-Pfauenauge *Smerinthus ocellatus (Linné 1758)* ist ein Schmetterling (Ordnung *Lepidoptera*) aus der Familie der Schwärmer *Sphingidae*. Auf Grund seiner von anderen Arten deutlich abweichenden Gesamterscheinung, insbesondere der Färbung und Zeichnung (s. u.) wurde es in die Gattung *Smerinthus* gestellt. In dieser Gattung stellt es (heute) den einzigen europäischen Vertreter dar.[1]

Die Erklärung des wissenschaftlichen Namens ist nicht einfach. Offenbar gibt es nicht einmal unter Fachleuten eine einhellige Geschlechtsbestimmung für *Smerinthus* (den Gattungsnamen). Dementsprechend findet man den wissenschaftlichen Artnamen mal als *ocellata*, mal als *ocellatus*.

Angeblich geht *Smerinthus* auf „Merinthus" zurück, den Spitznamen des Cerinthus, eines frühchristlichen Philosophen in Kleinasien. Warum sollte man einen Schmetterling nach ihm benennen? Mir erscheint eine Anlehnung an „Cerinthe" wahrscheinlicher, eine Gattung von Wachsblumen aus der Familie der Rauhblatt-Gewächse, beliebte Gartenblumen und weit verbreitet im Mittelmeergebiet – häufig von Schwärmern besucht!

Der Artname *ocellatus* ist lateinischen Ursprungs und bedeutet hier soviel wie „mit Augenflecken versehen" (lat. „oculus, m." = das Auge und „ocellus, m." = das Äuglein, der Augapfel), was naheliegend ist für ein Tier mit unverkennbarer Augenfleck-Zeichnung.

Der deutsche Name „Abend-Pfauenauge" unterscheidet den Schwärmer vom Tag-Pfauenauge *Inachis io (Linné 1758)*, früher *Vanessa io*, einem Tagfalter aus der Familie der Fleckenfalter, und den Nacht-Pfauenaugen *Saturnia sp.* aus der Familie der Pfauenspinner. Zu letzteren gehört neben dem Kleinen Nacht-Pfauenauge *S. pavonia (Linné 1758)*, früher *Eudia pavonia*, auch das berühmte Große oder Wiener Nacht-Pfauenauge *S. pyri (Denis & Schiffermüller 1775)*, immerhin der größte Schmetterling Europas. Angesichts dieser Vielzahl von „Pfauenaugen"

1

sollte man schon aufpassen und präzisieren, ob man von dem einen oder dem anderen spricht!

Die Bestimmung der Imagines ist nicht schwierig. Unter den Schwärmern Mitteleuropas ist die namengebende Augenzeichnung auf den Hinterflügeln einmalig und daher eindeutig, und in den gängigen Bestimmungsbüchern für Insekten und Schmetterlinge gibt es schöne Darstellungen,[2] oft auch hervorragende Fotos,[3] so dass Verwechslungen ausgeschlossen sind.

Das Abend-Pfauenauge hat ein ausgedehntes Verbreitungsgebiet in Europa und Nordasien. Mit Ausnahme des hohen Nordens erstreckt es sich vom Atlantik bis weit über den Ural nach Westsibirien und schließt Nordafrika, Kleinasien und Transkaukasien ein.[4] – Als Wanderfalter wird es nicht erwähnt.[5]

Laut verschiedenen Autoren ist die Art in Färbung und Zeichnung sehr veränderlich.[6] Bei anderen hingegen gilt das Abend-Pfauenauge in diesem ausgedehnten Verbreitungsgebiet eher als wenig variabel.[7] – Interpretationssache!? – Lediglich drei Unterarten werden angeführt, auch die sind m. E. immer leicht als Abend-Pfauenaugen zu erkennen.

Ihr Lebensraum ist locker an Feuchtgebiete gebunden: Auen-Landschaften in Flussniederungen, Bachläufe, Wiesengründe mit Weiden- und Pappelbeständen, Parkanlagen, Obst- und Baumgärten. In seiner Beschreibung des Lebensraums betont Ulrich Lobenstein den feuchten Charakter.[8] Reiner Theunert weist ausdrücklich auf Wälder und Auen mit Weidenvorkommen hin![9]

Die Imagines nehmen keine Nahrung auf. Ihr Saugrüssel ist zurückgebildet. Sie decken ihren Energiebedarf aus Reserven, die während der Raupenzeit angelegt wurden.[10] Unter den Nahrungspflanzen der Raupen sind vor allem zu nennen: Weiden und Pappeln, andere Pflanzen nur ausnahmsweise.[11] Die meisten Autoren nennen jedoch weitere Pflanzen: Apfelbäume, Hasel u. a.[12] Dementsprechend stehen unter den Bedrohungen Rodungsmaßnahmen und Gartenarbeiten an erster Stelle, sofern sie die Nahrungspflanzen gefährden. Ulrich Lobenstein weist auf die Beseitigung von Weidengebüschen in Wäldern und Auen hin.[13] Dazu wird aus der Schweiz besonders auf radikale, einseitige Naturschutz-Maßnahmen zur Landschaftspflege in Auen hingewiesen, auf die Entbuschung[14] und das Weidenschneiteln[15].

Der Jahreszyklus des Abend-Pfauenauges umfasst normalerweise nur eine Generation mit einer Flugzeit der Imagines von etwa Mitte Mai bis Juli. Nur selten gibt es eine zweite Generation im August/September[16]; oder sind das möglicherweise zu früh geschlüpfte Falter? Die Paarung[17] erfolgt meistens schon zu Beginn der Flugzeit, die Eiablage dann auch schon in Mai oder Juni.[18] Jedes Weibchen legt insgesamt 150 bis 200 Eier jeweils einzeln oder paarweise an der Unterseite von Blättern einer Nahrungspflanze ab. Am Ende der Flugzeit sterben die Falter!

Abb. 1: Das Abend-Pfauenauge *Smerinthus ocellatus* (Männchen) am 30. Juni 2010 kurz vor dem Abflug. (Aufn.: Christiane Jenewein-Stille)

Nach etwa einer Woche schlüpfen die Raupen aus den Eiern. Die Raupenzeit erstreckt sich von Juni bis Oktober, in Norddeutschland wohl nur von Juli bis September. Danach kriechen die großen Raupen (6 bis 8 cm lang!) in den Boden, um sich zu verpuppen und zu überwintern. Manche Puppen sollen sogar zwei Winter im Boden überdauern.[19] Laut einigen Angaben erfolgt die Verpuppung nur knapp unter der Erdoberfläche,[20] andere Verfasser berichten, dass die Puppen ca. 20 cm tief im Boden liegen,[21] tiefer als andere Arten, und so der Gefahr des Ausspülens und Abschwemmens begegnen. Auch sind die Puppen fettig und wasserabstoßend, eine Anpassung an den Lebensraum in der Flussaue! Nach einer langen Puppenruhe bis weit in das Frühjahr erfolgt die Metamorphose zum fertigen Schwärmer erst im Mai.[22]

In Mitteleuropa gilt das Abend-Pfauenauge als weit verbreitet und nicht selten. Nach Josef Moucha handelt es sich um einen der bekanntesten Schwärmer Mitteleuropas. Laut Heinrich Rockstroh war es 1869 noch „in Deutschland nirgends selten"! Georg Warnecke bezeichnet es als Kulturfolger und nennt es „meist häufig", Manfred Koch führt es als „häufig – vereinzelt", Josef H. Reichholf nennt es „häufig".[23]

Abend-Pfauenaugen sind wohl nicht unmittelbar gefährdet, allerdings in den letzten Jahren stark zurückgegangen.[24] Dennoch standen sie lange nur unter allgemeinem gesetzlichem Schutz,[25] d. h. der Fang war verboten! Für unsere

Region beschreibt Ulrich Lobenstein Verbreitung und Häufigkeit: „Im Gebiet zerstreut vorkommend, oft einzeln oder in geringer Zahl (max. 7 Ex. an einem Fundort)" und die Bestands- und Gefährdungssituation mit „örtlich im Bestand gefährdet".[26] Andererseits werden Abend-Pfauenaugen in den Roten Listen der besonders geschützten Arten weder für Deutschland noch für Niedersachsen aufgeführt![27] – Noch nicht?

In starkem Kontrast dazu stehen die wenigen Beobachtungen im Kreisgebiet von Holzminden. Das wurde bei dem Fund im Juni 2010 deutlich, der hier Anlass zu dieser Veröffentlichung gibt:[28]

Am Morgen des 30. Juni 2010 rief mich Frau Christa Flader an, ebenfalls Mitglied im Heimat- und Geschichtsverein Holzminden und regelmäßige Teilnehmerin an Exkursionen der Naturkunde-AG des Vereins. Sie hatte auf der Veranda einen Schmetterling gefunden, den sie nicht kannte. Schon nach der Beschreibung am Telefon hatte ich *Smerinthus ocellatus* in Verdacht. Und da das für mich nach fast 40 Jahren(!) mal wieder ein Fund im Kreisgebiet wäre, war ich natürlich sehr gespannt.

Am Fundort angelangt wurde der über den Falter gestülpte Pappeimer angehoben. Darauf hatte das Tierchen nur gewartet und startete sofort durch! Glücklicherweise ist die Veranda überdacht, so dass sein Flug schon bald ein Ende fand. Da saß das Abend-Pfauenauge in seiner ganzen Pracht an einem Balken. Ich war begeistert! Die kräftigen, dicken Fühler und der konisch auslaufende schlanke Hinterleib kennzeichneten es als Männchen.

Natürlich wollte ich den Fund dokumentieren. Da sich meine Kamera unglücklicherweise gerade in Reparatur befand, nahm ich das Abend-Pfauenauge mit und alarmierte Christiane Jenewein-Stille, ebenfalls Teilnehmerin an unseren Wanderungen. Sie kam am Abend und konnte dann einige Aufnahmen machen, die wir hier veröffentlichen wollen. Danach wurde der Schwärmer wieder freigelassen. Er flog sofort ab, und hoffentlich hat ihn nicht gleich ein Vogel erwischt!

Soweit ich mich erinnern kann, hatte ich ein Abend-Pfauenauge zuvor nur ein einziges Mal im Kreisgebiet gefunden. Das war am 5. Juni 1971, als sich meine Frau und ich in Holzminden einlebten. Damals suchten wir vielversprechende Exkursionsgebiete, und an diesem Tag trieb es uns in die Weseraue südlich von Holzminden an den Hechtgraben und die Kieskuhlen, die heutigen Lüchtringer Teiche. Auf dem Rückweg passierten wir den Hainanger. Dort entdeckte ich das Tierchen auf dem Asphalt der Straße. Mit aller Vorsicht näherten wir uns, sicherheitshalber machte ich einige Belegaufnahmen (Abb. 2 u. 3). Doch dann stellte sich heraus, dass der Schwärmer bereits tot war. Der dicke Hinterleib mit dem kurzen Schwanz kennzeichnete ein Weibchen, das hoffentlich schon Eier gelegt hatte. Der Biotop passte hervorragend!

Natürlich habe ich mich bemüht, andere Meinungen zum Status der Art im Kreisgebiet einzuholen. Einer unserer engagiertesten Schmetterlingsbeobachter

Abb. 2 u. 3: Meine Belegaufnahmen am 5. Juni 1971 – das tote Weibchen am Hainanger. (Aufn.: Verf.)

Abb. 4: Welche Pracht – das Abend-Pfauenauge am 30. Juni 2010 öffnet die Flügel und zeigt die namengebende Zeichnung, die sogenannte „Schreck- oder Warntracht".
(Aufn.: Christiane Jenewein-Stille)

ist Dr. U. Harder, Holzminden. Er versicherte mir mündlich (4. Juli 2010), dass er seit mindestens 20 Jahren kein Abend-Pfauenauge mehr gesehen habe! Auf meine (wiederholte) Umfrage in der Naturkunde-AG kamen nur wenige Antworten und eine unsichere Angabe aus Bödexen vom Köterberg. Karsten Dörfer konnte wenigstens melden, dass er die Art – auch nicht oft – gesehen hatte, aber nicht wusste, wann zuletzt! Im Arbeitskreis Heimischer Orchideen (AHO) bemühte sich Wilfried Mohrmann um weitere Angaben, leider ohne jede Reaktion.[29]

Im Nachbarkreis Höxter (NRW) erfreuen sich Schmetterlinge großer Beliebtheit als Leitarten für den Naturschutz. Da erhielt ich von B. Beinlich die folgende Stellungnahme: *Der Fund [...] ist tatsächlich schon etwas besonders. Ich habe mich mal umgehört – Auch aus dem Kreis Höxter liegen vergleichsweise wenige Nachweise vor. Im Weserbergland wird die Art zumindest in NRW auf der Vorwarnliste der gefährdeten Arten geführt.* – Schließlich fand ich bei Reiner Theunert eine gewisse Bestätigung. Er schrieb mir: *sicherlich keine häufige Art, aber auch nicht besonders selten. Man muss allerdings in Wäldern und Auen mit Weidenvorkommen suchen. Anderenorts kommt kaum mal ein Falter durchgeflogen.*[30]

Ich vermute einen wesentlichen Grund für die geringe Zahl der Nachweise in der ausgeprägten Nachtaktivität dieser Art. In der Literatur wird ausdrücklich darauf

Abb. 5: Die Augenzeichnung im Detail. (Aufn.: Christiane Jenewein-Stille)

hingewiesen, dass Abend-Pfauenaugen erst während der späten Nachtstunden und dann bis in die Morgendämmerung hinein fliegen.[31]

B. Beinlich weist auf die Armut an Auwäldern im Wesertal hin.[32] Die stellenweise sehr schönen Auwald-ähnlichen Säume um die Gewässer der renaturierten Kiesgruben sind da natürlich kein vollwertiger Ersatz. Aber sollte man nicht gerade dort das Abend-Pfauenauge erwarten? Diese Gebiete werden gut besucht, insbesondere von Sportfischern und Radwanderern. Auch unsere Naturkunde-AG ist dort aktiv. Warum kommen dann doch keine Meldungen?

Tagsüber sitzt der Schwärmer in Ruhestellung an einem Ast oder im Gezweig, seltener am Boden im trockenen Laub. Da kommen ihm seine kryptische Zeichnung[33] zugute und die eigenartige Körperhaltung. Die auffällige Augenzeichnung auf den Hinterflügeln hält der Falter verdeckt. Denn dann liegen die lang geschwungenen Vorderflügel mit dem wellig ausgeschnittenen Rand über den kürzeren Hinterflügeln. Man übersieht das Tier sehr leicht, denn es sieht aus wie ein trockenes Blatt.[34] Diese Form der Tarnung durch eine „Tarntracht"[35] nennt man „Mimese". Man kann sich vorstellen, welche fotografische Herausforderung dieses Thema stellt, bei der Vielzahl von Tieren und Pflanzen.[36] Sehr anschaulich aufgearbeitet und vorgestellt wird es von Art Wolfe.[37]

Bei Erschütterung oder gar Berührung öffnet das Abend-Pfauenauge seine Flügel ruckartig.[38] Die großen Scheinaugen (Abb. 4 u. 5) werden ganz plötzlich sichtbar.[39] Angeblich werden zumindest manche insektenfressende Vögel abgeschreckt, erschreckt oder verwirrt.[40] Wenn die potentiellen Feinde auch nicht in allen Fällen von ihm ablassen, mag der Schwärmer doch in manchen Fällen Zeit gewinnen und – hoffentlich – entkommen. Diese Form der Abschreckung durch eine „Schreck- oder Warntracht" nennt man „Mimikry". Viele der genannten Autoren nennen unser Abend-Pfauenauge beispielhaft für solche Anpassungen in der Ordnung der Schmetterlinge. Denn die Wirkung soll sogar experimentell nachgewiesen worden sein.[41] – Seltsamerweise findet man nur selten Zweifel hinsichtlich der Beweiskraft der durchgeführten Experimente.[42]

Aus biologischer Sicht stellt diese Augenzeichnung ein hoch interessantes Phänomen dar. Tatsächlich findet man solche Muster bei einer Vielzahl von Tieren, nicht nur bei Schmetterlingen u. a. Insekten (z. B. bei Heuschrecken und Zikaden), sondern auch in völlig verschiedenen Klassen, Ordnungen usw., z. B. bei Fischen, Reptilien und Vögeln. Die Evolution hat mehrmals völlig unabhängig voneinander zu dieser Ausbildung gefunden.[43] Und dabei geht es durchaus nicht immer um Mimikry, wie oben beschrieben. Sehr anschaulich zeigt das der bekannte Blaue Pfau *Pavo cristatus* aus Indien. Die „Pfauenaugen"-Zeichnung seiner Schwanzfedern war namengebend. Hier handelt es sich um ein Signal zur Kennzeichnung der Fitness, das die Hähne in der Konkurrenz um die Gunst der Hennen zeigen. Wenn ein Pfau seinen langen Schwanz aufstellt und die Federn spreizt, „ein Rad schlägt", strahlt die Pracht der Pfauenaugen weithin. Auch hier hat die Zeichnung Signalfunktion, aber bestimmt keine abschreckende!

Ich sehe mich nicht als Schmetterlingskenner. Dementsprechend mag meine Einschätzung nicht den tatsächlichen Status des Abend-Pfauenauges treffen. Womöglich liege ich sogar völlig daneben. Aber meine Literatur-Recherche und meine Erkundigungen bei anderen Beobachtern und Naturfreunden lassen nur den Schluss zu, dass so ein Fund durchaus selten ist. Höchst wahrscheinlich ist auch dieser schöne Schmetterling bei uns als bedroht anzusehen! Über Meldungen und Kommentare würde ich mich freuen!

Wenn ich die verfügbare Literatur zu einer einzelnen Tierart durchstöbere, bin ich immer wieder erstaunt (und entsetzt) über die Widersprüche. Einerseits wird offensichtlich viel abgeschrieben und ungeprüft(?) übernommen. Denn da erscheint manches fragwürdig und einer wissenschaftlichen Überarbeitung wert.

Es kann aber keinen Zweifel daran geben, dass die Natur im Kreisgebiet von Veränderungen gekennzeichnet ist, die es zu erfassen und zu überprüfen gilt. Der Landkreis Holzminden bleibt in naturkundlicher Hinsicht weitgehend unerforscht. Es gibt immer wieder Neues zu entdecken. In diesem Sinne wünsche ich unserer Naturkunde-AG im Heimat- und Geschichtsverein weiterhin viel Erfolg!

Anmerkungen

1 Novak, Ivo u. Frantisek Severa: Der Kosmos-Schmetterlingsführer: Die europäischen Tag- und Nachtfalter, mit Raupen, Puppen und Futterpflanzen (Kosmos-Naturfüührer). 3. Aufl. Stuttgart 1985, S. 212.

2 Zum Beispiel Chinery, Michael: Insekten Mitteleuropas: Ein Taschenbuch für Zoologen und Naturfreunde. Hamburg u. a. 1976, S. 176; Zahradnik, Jiri: Der Kosmos-Insektenführer: Ein Bestimmungsbuch. Stuttgart 1976, S. 279; Koch, Manfred: Wir bestimmen Schmetterlinge. Leipzig 1984, S. 281; Novak / Severa (wie Anm. 1), S. 213; Chinery, Michael: Pareys Buch der Insekten: Ein Feldführer der europäischen Insekten. Hamburg u. a. 1987, S. 141.

3 Zum Beispiel Sauer, Frieder: Heimische Nachtfalter: nach Fotos erkannt. 2. Aufl. Karlsfeld 1986, S. 34; Gerstmeier, Roland: Schmetterlinge (Kosmos kompakt). Stuttgart 2000, S. 175; Reichholf, Josef H.: Schmetterlinge: treffsicher bestimmen mit dem 3er-Check (Der zuverlässige Naturführer). München 2001, S. 114.

4 Zahradnik, Jiri u. Milan Chvála: Insekten: Handbuch und Führer der Insekten Europas. Augsburg 1991, S. 195; Weidemann, Hans-Josef u. Jochen Köhler: Nachtfalter: Spinner und Schwärmer. Augsburg 1996, S. 34; Schmetterlinge und ihre Lebensräume: Arten, Gefährdung, Schutz. Schweiz und angrenzende Gebiete [Band 2]. Egg 1997, S. 532.

5 Reinhardt, Rolf u. Kurt Harz: Wandernde Schwärmerarten (Die neue Brehm-Bücherei, 596). Wittenberg 1989.

6 Procházka, Frantisek u. Josef Moucha: Die schönsten Nachtfalter. Hanau/Main 1966, S. 122; Zahradnik / Chvála (wie Anm. 4), S. 194.

7 Rougeot, Pierre Claude u. Pierre E.L. Viette: Die Nachtfalter Europas und Nordafrikas: Ein Taschenbuch für Biologen und Naturfreunde. I. Schwärmer und Spinner, 1. Teil. Keltern 1983, S. 217; Schmetterlinge (wie Anm. 4), S. 532.

8 Lobenstein, Ulrich: Die Schmetterlinge des mittleren Niedersachsens: Bestand, Ökologie und Schutz der Großschmetterlinge in der Region Hannover, der Südheide und im unteren Weser-Leine-Bergland. Hannover 2003, Art. 409.

9 E-Mail v. 8. Juli 2010. – Den passenden deutschen Alternativnamen „Weidenschwärmer" fand ich nur bei Phillips, Roger u. David J. Carter: Der Kosmos-Atlas Schmetterlinge: Europäische Tag- und Nachtfalter. 2. Aufl. Stuttgart 1991, S. 134.

10 Klots, Alexander B. u. Elsie B. Klots: Insekten (Knaurs Tierreich in Farben, 4). München u. a. 1959, S. 199; Dierl, Wolfgang: Die Schmetterlinge. In: Grzimeks Tierleben: Enzyklopädie des Tierreiches, Band 2: Insekten. Zürich 1975, S.349; Sauer, Frieder: Raupe und Schmetterling: nach Farbfotos erkannt. 3. Aufl. Karlsfeld 1985, S. 80; Phillips / Carter: (wie Anm. 9), S. 134; Reinhardt / Harz (wie Anm. 5), S. 26.

11 Carter, David J. u. Brian Hargreaves: Raupen und Schmetterlinge Europas und ihre Futterpflanzen. Hamburg u. a. 1987, S. 112.

12 Schmetterlinge (wie Anm. 4), S. 532; Weidemann / Köhler (wie Anm. 4), S. 34.

13 Lobenstein (wie Anm. 8), Art. 409.

14 Schmetterlinge (wie Anm. 4), S. 532.

15 Weidemann / Köhler (wie Anm. 4), S. 34.

16 Desgl.; Schmetterlinge (wie Anm. 4), S. 532.

17 Foto bei Sauer (wie Anm. 10), S. 81.

18 Carter / Hargreaves (wie Anm. 11), S. 112.

19 Schmetterlinge (wie Anm. 4), S. 532.

20 Procházka / Moucha (wie Anm. 6), S. 122; Carter / Hargreaves (wie Anm. 11), S. 112.

21 Weidemann / Köhler (wie Anm. 4), S. 34.

22 Sauer (wie Anm. 3), S. 33.

23 Procházka / Moucha (wie Anm. 6), S. 122; Rockstroh, Heinrich: Schmetterlinge und Raupen. Reprint der Orig.-Ausg. Leipzig 1869, Holzminden [um 1999], S. 67; Warnecke, Georg: Welcher Schmetterling ist das? Stuttgart 1964, S. 100; Koch (wie Anm. 2), S. 240 f.; Reichholf (wie Anm. 3), S. 114.

24 Merz, Eva u. Hans Pfletschinger: Die Raupen unserer Schmetterlinge: erkennen und beobachten (Erlebte Biologie). Stuttgart 1982, S. 107 f.; Schmetterlinge (wie Anm. 4), S. 532.

25 Koch (wie Anm. 2), S. 106; Chinery 1987 (wie Anm. 2), S. 10.

26 Lobenstein (wie Anm. 8), Art. 409.

27 Theunert, Reiner: Verzeichnis der in Niedersachsen besonders oder streng geschützten Arten - Schutz, Gefährdung, Lebensräume, Bestand, Verbreitung. Teil B: Wirbellose Tiere (Stand 1. November 2008). In: Informationsdienst Naturschutz Niedersachsen 28 (2008), S. 153-210.

28 Ich danke den Mitgliedern unserer AG, namentlich den Damen C. Flader und C. Jenewein-Stille, beide Holzminden, natürlich auch meiner Frau Ingrid, für die Hilfe beim Fang und der Dokumentation des Abend-Pfauenauges. Herrn Dr. U. Harder, Holzminden, danke ich für seine hilfreichen Hinweise und Kommentare, ebenso Herrn K. Dörfer, Heinade. Herrn W. Mohrmann, Holzminden, danke ich für seinen Einsatz um weitere Meldungen. Genannt werden müssen außerdem die Herren Dr. B. Beinlich, Höxter, und R. Theunert, Hohenhameln, die mir Kommentare und Stellungnahmen zukommen ließen.

29 A. Behrendt, E-Mail 5. Juli 2010: Keine Beobachtung; A. Völse, E-Mail 6. Juli 2010; K. Dörfer, E-Mail 27./28. Juli 2010; W. Mohrmann, E-Mail Zirkular 13. Juli 2010.

30 B. Beinlich, E-Mail 12. Juli 2010; R. Theunert, E-Mail 8. Juli 2010.

31 Zum Beispiel Zahradnik (wie Anm. 2), S. 278; Schmetterlinge (wie Anm. 4), S. 532.

32 B. Beinlich, E-Mail 6. August 2010.

33 Zahradnik / Chvála (wie Anm. 4), S. 14 f.

34 Heymons, Richard: Die Vielfüßler, Insekten und Spinnenkerfe (Brehms Tierleben, hrsg. v. Otto zur Straßen, 2). 4. Aufl. Leipzig u. a. 1915, S. 286; Farb, Peter: Die Insekten (Wunder der Natur). Ausgabe Amsterdam 1974, S. 106; Sauer (wie Anm. 10), S. 81, Zahradnik / Chvála (wie Anm. 4),S. 194; Schmetterlinge (wie Anm. 4), S. 533.

35 Linsenmaier, Walter: Knaurs Großes Insekten-Buch. München u. a. 1972, S. 43 ff.; Bauch, Andreas: Insekten! die heimlichen Herrscher: Der Katalog zur Ausstellung. Berlin 1996, S. 44; Schmetterlinge (wie Anm. 4), S. 532 f.

36 Street, Philip: Die Waffen der Tiere. Tübingen u. a. 1971, S. 213 ff.; Linsenmaier (wie Anm. 35), S. 43 ff.

37 Wolfe, Art: Kunst der Tarnung. Text von Barbara Sleeper. München 2005.

38 Warnecke (wie Anm. 23), S. 99 f.; Weidemann / Köhler (wie Anm. 4), S. 34: Schmetterlinge (wie Anm. 4), S. 532; Reichholf (wie Anm. 3), S.10 f.

39 Es gibt sehr viele schöne Aufnahmen, z. B. Danesch, Othmar u. Wolfgang Dierl: Schmetterlinge, Band 2: Nachtfalter. Das vierfache Leben der Falter (Belser Bücherreihe: Aus der Welt der Natur, 20). Stuttgart 1968, S. 8 f.; Phillips / Carter: (wie Anm. 9), S. 135; Schmetterlinge (wie Anm. 4), S. 531-533.

40 Heymons (wie Anm. 34), S. 286; Wickler, Wolfgang: Mimikry: Nachahmung und Täuschung in der Natur. München 1971, S. 58 ff; Klots (wie Anm. 10), S. 199; Danesch (wie Anm. 39), S. 175; Farb (wie Anm. 34), S. 106 f.; Zahradnik / Chvála (wie Anm. 4), S. 14/15; Hannemann, Hans-Joachim: Ordnung Lepidoptera – Schuppenflügler oder Schmetterlinge. In: Günther, Kurt, Hans-Joachim Hannemann u. a.: Urania Tierreich – Insekten. Ausgabe Leipzig u. a. 1994, S. 626 f.; Bauch (wie Anm. 35), S. 45; Schmetterlinge (wie Anm. 4), S. 532.

41 Wickler (wie Anm. 40), S. 61/62; Street (wie Anm. 36), S. 239/240; Dierl (wie Anm. 10), S. 349; Landmann, Wijbren: Schmetterlinge: Enzyklopädie. Köln [o. J.], S. 230.

42 Linsenmaier (wie Anm. 35), S. 47.

43 Wickler (wie Anm. 40), S. 58 ff.

Der Straußenfarn
(*Matteuccia struthiopteris*)
im Steimketal bei Meinbrexen

von Dieter Hörmann

Mit 4 Abbildungen

Überall im Solling begegnen wir Farnpflanzen. Unverwechselbar ist der Adlerfarn (*Pteridium aquilinum*). Einige andere Farne sind auf den ersten Blick kaum zu unterscheiden. Häufig treffen wir auf den Gemeinen Wurmfarn (*Dryopteris filix-mas*), den Dornigen Wurmfarn (*Dryopteris carthusiana*), den Breitblättrigen Dornfarn (*Dryopteris dilatata*) und den Gemeinen Frauenfarn (*Athyrium filix-femina*), deutlich weniger oft auf den Bergfarn (*Oreopteris limbosperma*), recht

Abb. 1: Exkursion der AG Naturkunde in das Steimketal am 14. Juni 2009. (alle Aufn.: Verf.)

11

Abb. 2: Straußenfarn im Steimketal.

selten auf den Rippenfarn (*Blechnum spicant*). Im Laubwald kommen der reizvolle Eichenfarn (*Gymnocarpium dryopteris*) und der an seinem „Schwalbenschwanz" gut erkennbare Buchenfarn (*Thelypteris phegopteris*) vor, an alten Sandsteinmauern der Gemeine Tüpfelfarn (*Polypodium vulgare*).

Den Straußenfarn (*Matteuccia struthiopteris*) aber, eine Seltenheit nicht nur für den Solling, sondern für das gesamte Weserbergland, hat ein Sollingtal zu bieten, das wenig bekannt ist und das man sogar in manchen Wanderkarten vom Naturpark Solling/Vogler vergeblich sucht.

Der Straußenfarn[1] fällt durch seine Größe und die Regelmäßigkeit des Trichters, den die äußeren Blattwedel mit einer Länge von bis zu 1,80 m bilden, auf. In der Mitte dieses Trichters entwickeln sich einige steif aufrecht stehende, bis 60 cm lange, Sporen tragende Wedel (Abb. 3). Sie erinnern an Straußenfedern, und von ihnen hat der Farn seinen Namen. Die unfruchtbaren Laubblätter sind hellgrün, die fruchtbaren bei der Sporenreife, die in den Sommermonaten Juli und August eintritt, braun. Die eingeschlossenen reifen Sporen überdauern als „Wintersteher" die ungünstige Jahreszeit und werden erst gegen Ende des Winters oder im zeitigen Frühjahr ausgestreut. Wer die Täler im Winter durchwandert, dem fallen die aufrecht stehenden „Straußenfedern" auf – die grünen Blattspreite sind dann verschwunden (Abb. 4).

Abb. 3: Straußenfarn: Entwicklung
        der Sporen tragenden Spreite.

Abb. 4: Fertile Spreite im
        Winter (Beißemketal).

Der Farn wächst in Auenwäldern und Auengebüschen, in Bachtälern auf sickernassen nährstoffreichen und meist kalkarmen sandig-kiesigen Schwemmböden. Nach Triloff kommt er in unserer Umgebung ausschließlich im Steimketal zwischen Meinbrexen und Derental vor.[2] Dort gibt es zwei eindrucksvolle benachbarte Bestände. Vereinzelten Exemplaren dieses Farns begegnet man heute allerdings auch im benachbarten Beißemketal.[3]

Da der Straußenfarn auch als Zierpflanze Verwendung findet, ist er hin und wieder verwildert anzutreffen. Größere natürliche Vorkommen gibt es aber in Niedersachsen wohl nur im Harz und im Solling.[4] Er ist nach der Bundesartenschutzverordnung besonders geschützt und wird in Niedersachsen, ebenso wie in den meisten anderen Bundesländern, als gefährdet eingestuft.[5]

Matteuccia struthiopteris ist circumpolar auf der Nordhalbkugel verbreitet. Indianer haben ihn als Gemüse verwertet. Auch heute noch werden die jungen eingerollten Sprosse, „fiddleheads", im Osten Nordamerikas und in Kanada geerntet und gehandelt.

In den Florenwerken finden sich einige abweichende Namen, Synonyme, für den Straußenfarn: *Struthiopteris filicastrum*, *Struthiopteris germanica*, *Onoclea struthiopteris*. Allen diesen Namen gemein ist die auf Linné, den Begründer der botanischen Systematik, zurückgehende Bezeichnung „struthiopteris", hergeleitet aus dem Griechischen „strouthion" = „Strauß" und „pteris" = „Farn". Der jetzt gültige Name lautet korrekt und vollständig: *Matteuccia struthiopteris (L.) TOD.*, stammend von dem Botaniker Agostino Todaro, der die Gattung zu Ehren eines anderen italienischen Naturwissenschaftlers, Carlo Matteucci, benannt hat.

Anmerkungen

1 Allgemein vgl. Bennert, H. Wilfried u. a.: Die seltenen und gefährdeten Farnpflanzen Deutschlands: Biologie, Verbreitung, Schutz. Ergebnisse aus dem F+E-Vorhaben 10805048 des Bundesamtes für Naturschutz. Bonn-Bad Godesberg 1999, S. 271-278.

2 Triloff, Ernst Günter: Kleine botanische Heimatkunde der Umgebung von Holzminden. Federzeichnungen von Friederun Haack. 3. Aufl., bearb. v. Dieter Hörmann (Schriftenreihe des Heimat- und Geschichtsvereins Holzminden, 10). Holzminden 2002, S. 78-79.

3 Wilhelm von Hinüber kennt um 1868 in unserem Raum nur ein Vorkommen im Bremkertal zwischen Adelebsen und Offensen: Hinüber, [Wilhelm] von: Ferzeichnis der im Sollinge und umgegend vaxhsenden gefäspflanzen. [Göttingen 1868], S. 34.

4 Garve, Eckhard: Atlas der gefährdeten Farn- und Blütenpflanzen in Niedersachsen und Bremen: Kartierung 1982-1992 (Naturschutz und Landschaftspflege in Niedersachsen, 30). 2 Bände Hannover 1994, S. 543; Garve, Eckhard: Verbreitungsatlas der Farn- und Blütenpflanzen in Niedersachsen und Bremen, unter Mitarbeit v. Annemarie Schacherer u. a. (Naturschutz und Landschaftspflege in Niedersachsen, 43). Hannover 2007, Karte 1078.

5 Bennert (wie Anm. 1), S. 278.

Familie und Verwandtenkreis von Christian Heinrich Behm, Generalsuperintendent in Holzminden und Abt zu Amelungsborn (1662-1740)

von Jens Th. Kaufmann

Mit 1 Abbildung und 3 genealogischen Übersichtstafeln

Christian Heinrich Behm gehört zu den bemerkenswerten Holzmindener Persönlichkeiten der ersten Hälfte des 18. Jahrhunderts. Während sein Wirken als Theologe in Wolfenbüttel, Bad Gandersheim und zuletzt 28 Jahre lang in Holzminden und Amelungsborn sowie seine Rolle bei der Konversion von Herzog Anton Ulrichs Enkelin Elisabeth Christine schon mehrfach behandelt wurden, ist über Abt Behms Familie noch wenig bekannt geworden, weshalb hier die neuesten Forschungsergebnisse vorgestellt werden sollen. Sie lassen erkennen, dass Abt Behm durch seine Vorfahren, seine nahen und entfernten Verwandten und auch durch seine Nachkommen das Glied einer angesehenen Theologen- und Gelehrtenfamilie der Welfenlande war, die in weiblicher Linie auch Wurzeln in Württemberg und den damaligen Freien Reichsstädten Reutlingen und Ulm (Donau) hat, wo ein Vorfahr, der Reutlinger Reformator, Stuttgarter Stiftspropst und erste evangelische Abt des Klosters Blaubeuren, Matthäus Alber (1495-1570), noch heute in gutem Andenken steht und durch seine zehn Kinder Ahnherr so bedeutender Persönlichkeiten wie Friedrich Schiller, Georg Wilhelm Friedrich Hegel, Ludwig Uhland, Wilhelm Hauff und Max Planck geworden ist.

Geboren in Bodenwerder und dort getauft am 7. Dezember 1662, war der spätere Abt Behm der vierte Sohn des Notars, Advokaten und Stadtsekretärs Johann Christian Behm(e) und seiner Frau Anna Margareta Gerling aus Hameln. Die Familie hatte seit der Heirat der Eltern 1652 zunächst in Hameln gelebt, wo die beiden ältesten Söhne geboren wurden, und war dann 1655 nach Bodenwerder gekommen. Der Vater war aus Helmstedt gebürtig, hatte dort und in Rostock studiert und war ein Sohn des Buchhändlers, Verlegers und Senators Melchior Behme (1569-1635) und seiner Frau Anna Scheurl, einer Tochter des Helmstedter Theologieprofessors und Generalsuperintendenten Dr. Lorenz Scheurl (1558-1613), der sich als entschiedener Lutheraner wegen der Bevorzugung des Calvinismus in der Grafschaft Sponheim und der Markgrafschaft Baden-Durlach nach Helmstedt gewandt und dort die letzten 22 Jahre seines Lebens gewirkt hatte. Scheurls Frau Maria Magdalena Beurlin war das jüngste Kind des Tübinger Theologieprofessors Dr. Jakob Beurlin, der noch in ihrem Geburtsjahr 1561 auf der Reise zu einem Religionsgespräch in Paris verstorben war. Beurlins Ehefrau war Anna Alber, die älteste Tochter des o. g. Dr. Matthäus Alber, der neben Johannes Brenz zu den bedeutenden Reformatorengestalten Württembergs zählt.

Die kürzlich entworfene Vorstellung, dass Abt Behm ein „Kind einfacher Leute"[1] aus Bodenwerder war, muss vor diesem familiären Hintergrund sicherlich revidiert werden. Dass sein Vater Johann Christian Behm in der gedruckten Kopfsteuerbeschreibung von Bodenwerder aus dem Jahr 1689 mit dem vergleichsweise geringen Steuerbetrag von zwei Talern aufgeführt ist, hängt damit zusammen, dass er zu diesem Zeitpunkt bereits 77 Jahre alt war und schon seit längerer Zeit nicht mehr als Stadtsekretär amtierte (1685/89 war Justus Ludwig Baxmann Stadtsekretär).[2] Die Kopfsteuerbeschreibung von 1664 nennt den Stadtsekretär Johann Christian Behme aber gleich an erster Stelle unter den zwölf wohlhabendsten Bürgern, die je zwei Taler Kopfsteuer geben (nur die beiden vor Behme aufgeführten Bürgermeister geben je drei Taler).[3] Sowohl der Jurist und Stadtsekretär Johann Christian Behm(e) als auch sein Hamelner Schwiegervater Adrian Gerling werden in den Quellen mehrfach als *Herr* tituliert und gehörten damit zu den städtischen Honoratioren (die Familie Gerling kam schon seit 1470 in Hameln vor und stellte ab 1552 Ratsherren, ab 1585 auch Stadtrichter). 1689 hatte Johann Christian Behm bereits zwei Söhne studieren lassen, ein dritter war Offizier in Holland. Der spätere Abt Behm, sein Bruder Heinrich Julius und der Vater Johann Christian standen als Akademiker in der Tradition der Scheurl-Vorfahren und -Verwandten und es ist ihnen – trotz der schwierigen Zeiten des Dreißigjährigen Krieges – gelungen, ihre gesellschaftliche Stellung zu halten und auszubauen.

An der Universität Helmstedt wirkte als Professor der Ethik Abt Behms Großonkel, Heinrich Julius Scheurl (1600-1651), der nach seinem Paten Herzog Heinrich Julius benannt war und der wie sein Vater Lorenz Scheurl 22 Jahre lang im akademischen Lehramt stand. Seine Schwester Sophrosina heiratete Petrus Saxo, einen in Helmstedt promovierten Mediziner aus Aarhus/Dänemark, der nach der Heirat als Kanoniker und Stiftsphysikus in seine Heimatstadt zurückkehrte und im Dom zu Aarhus begraben liegt.[4] Ein weiterer Sohn von Lorenz Scheurl war der Jurist Ernst Friedrich Scheurl, der 1621 in Tübingen promovierte, eine Bürgermeisterstochter aus Gardelegen heiratete und als Advokat dorthin ging. Sicher dessen Sohn war der aus Gardelegen

Abb. 1: Christian Heinrich Behm (1662-1740). (Aufn.: Ulrike Nitsche, Springe)
Mit freundlicher Genehmigung von Herrn Dr. Hans-Christian v. Wedemeyer (Obergut Eldagsen).

gebürtige Pastor Johann Friedrich Scheurl in Schönebeck/Altmark, dessen Sohn Ernst Friedrich mit 6 Jahren Vollwaise wurde und als Student in Helmstedt und später als Pastor in Engelnstedt ins Braunschweigische zurückkehrte und hier kinderlos verstarb (er gab 1686 die zweite Auflage der *Bibliographia moralis* seines Großonkels Heinrich Julius Scheurl heraus).

Von den vier Söhnen Johann Christian Behms ist einer (Johann Joachim) wohl früh verstorben, denn er wird weder in der Kontributionsbeschreibung von Bodenwerder aus dem Jahr 1672 noch im späteren Briefwechsel Abt Behms mit seinen beiden anderen Brüdern erwähnt. Der älteste Bruder Heinrich Julius Behm (1652-1717) studierte ab 1677 in Utrecht, kam dann als Pagenhofmeister und Sekretär an den Wolfenbütteler Hof und wirkte schließlich 14 Jahre lang als Konsistorialassessor und Mathematikprofessor an der dortigen Ritterakademie. Von seinen Kindern studierte der Sohn Heinrich Julius in Wittenberg (möglicherweise identisch mit dem gleichnamigen fürstlichen Kurier in Wolfenbüttel), eine Tochter heiratete den Oberstleutnant Michael de Byers und hinterließ laut ihrem Testament im Stadtarchiv Braunschweig zwei Söhne, von denen einer wieder Offizier wurde.

Auch Abt Behms nächstälterer Bruder Mauritius Beem (1654-1722) war Offizier, wurde als *Kapitein* (Hauptmann) und *Collonel* (Oberst) in niederländischen Diensten erwähnt und starb in Delft/Holland. Wie aus seinen Briefen an seinen Bruder Christian (im Staatsarchiv Wolfenbüttel) und aus niederländischen Quellen hervorgeht, hatte er zwei verheiratete Söhne und mindestens einen Enkel, von denen es noch Nachkommen in Holland geben könnte.

Christian Heinrich Behm selbst studierte Theologie in Helmstedt und Rinteln, wurde dann (ähnlich wie sein Bruder Heinrich Julius) Pagen-, dann Prinzenerzieher am Wolfenbütteler Hof, bis er 1693 als übernächster Nachfolger von Johann Georg Werner das Pfarramt an der Johanniskirche in Wolfenbüttel (in der Auguststadt) übernahm und wo er eine Katechismuslehre für Hausväter schrieb. In Wolfenbüttel heiratete er auch die dortige Leibarzttochter Johanna Dorothea Behrens, mit der er vier oder fünf Kinder hatte (mit seinem Schwager, dem Braunschweiger Arzt Brandan Dietrich Behrens, stand er in engem Briefkontakt, wie über 50 erhaltene Briefe von Behrens an Behm im Staatsarchiv Wolfenbüttel zeigen). 1702 wurde Behm (erneut als Nachfolger Georg Werners) Pastor und Generalsuperintendent des Harz- und Leinedistrikts in Bad Gandersheim (auch Abt von Clus) und wechselte schließlich 1711 wieder als Nachfolger des verstorbenen Georg Werner auf die Generalsuperintendentur des Weserdistrikts in Holzminden, die mit der Abtswürde von Amelungsborn verbunden war. In seine Gandersheimer Zeit fallen die berühmten Verhandlungen um den Übertritt der Prinzessin und späteren Kaiserin Elisabeth Christine zum Katholizismus (über diese Ereignisse hat er ein noch erhaltenes Tagebuch verfasst). Während seiner Holzmindener Zeit hat sich Abt Behm u. a. der unter seiner Aufsicht stehenden Schulen in Holzminden und Amelungsborn angenommen und Umbaumaßnahmen an der Amelungsborner Klosterkirche veranlasst.

Nach dem Tod seiner ersten Ehefrau im Jahr 1708 verheiratete sich Christian Heinrich Behm (lt. Schreiben seines Schwagers Behrens) im folgenden Jahr mit einer Witwe *M. auff dem Hartz*, die durch Patenschaften im Kirchenbuch von Holzminden als Margaretha Hedwig Löber und Tochter des Obristen Levin Löber in Wolfenbüttel und der Landfiskalstochter Margreta Elisabeth Töneböel identifiziert werden kann. Aus dieser zweiten Ehe Behms gingen noch einmal sechs oder sieben

Kinder hervor, bis auch die zweite Ehefrau 1729 in Holzminden verstarb. Name und Herkunft von Behms dritter Ehefrau (die ihren im Januar 1740 verstorbenen Ehemann nur um zwei Monate überlebt hat) sind noch nicht bekannt. Abt Behm, seine zweite und dritte Frau wie auch die zwölfjährig verstorbene Tochter Amalia liegen im Chor der Klosterkirche in Amelungsborn begraben.

Für den Genealogen ist es reizvoll, den über Matthäus Alber vermittelten Seitenverwandten der Familie Behm nachzuspüren (siehe Übersicht 2). So verbindet eine relativ nahe Verwandtschaft Abt Behm mit dem Philosophen Georg Wilhelm Friedrich Hegel (Hegel ist Nachkomme aus der zweiten Ehe von Anna Beurlin geb. Alber mit Joachim Heckmayer in Tübingen). Von Matthäus Albers zweiter Tochter Clara führt eine Linie über Generalsuperintendenten und Äbte in Maulbronn und Adelberg sowie Marbacher Bürgermeister zu Friedrich von Schiller. Albers gleichnamiger Sohn Matthäus leitet eine Juristenlinie ein, die zu dem Dichter und Juristen Ludwig Uhland führt. Und Matthäus Albers jüngste Tochter Catharina ist Ehefrau und Stammmutter von württembergischen Äbten und Prälaten, Dekanen und Pfarrern bis hin zu den späten Nachkommen, dem Dichter Wilhelm Hauff und dem Physiker und Nobelpreisträger Max Planck (unter dessen nahen Vorfahren übrigens zwei Göttinger Theologieprofessoren und zwei dortige Generalsuperintendenten vorkommen). Auch die Schauspielerin Grace Patricia Kelly (Fürstin von Monaco) sowie die Brüder Carl Friedrich und Richard Frhr. v. Weizsäcker gehören zu den Nachkommen des Reformators Matthäus Alber.[5]

So steht der Generalsuperintendent und Abt Christian Heinrich Behm über die Familien Scheurl, Beurlin und Alber in einer bemerkenswerten Theologentradition, die sich unter seinen Nachkommen nur bedingt fortgesetzt hat, da der Mannesstamm bald erloschen ist und bei den Töchternachkommen andere Berufe in den Vordergrund traten (siehe Übersicht 3). Der Sohn Ernst Behm wurde Pastor in Holstein und an der Katharinenkirche in Braunschweig, die Tochter Johanna Margaretha heiratete den Pastor Schlüter in Golmbach im Kreis Holzminden und hatte mit ihm drei Kinder. Ernsts jüngere Tochter heiratete mit herzoglicher Erlaubnis ihren Onkel, den Braunschweiger Kammerfiskal Carl Friedrich Behm (der für diese Heiratserlaubnis mit der Tochter seines Halbbruders 100 Taler an die Armenanstalten in Wolfenbüttel bezahlen musste), doch verstarben diese Eheleute samt ihrem kleinen Sohn schon bald. Ernsts hoffnungsvoller Sohn Heinrich Julius Ernst wurde Hofmeister am Collegium Carolinum in Braunschweig, aber auch er starb schon 1767 unverheiratet im Alter von erst 27 Jahren. Als Universalerben setzte Ernst Behms Witwe Amalie Wilhelmine geb. v. Gundlach daher 1785 testamentarisch ihren einzigen Enkel Carl Johann David Lastrop ein, dessen späterer Verbleib noch unbekannt ist.

Eine ausgedehnte und weitverzweigte Nachkommenschaft erwuchs Abt Behm von seiner ältesten Tochter Sophia, die mit ihrem ersten Ehemann, dem

Glashüttenmeister und Amtmann Jobst Heinrich Gundlach, acht Kinder hatte. Von diesen heirateten zwei Töchter nacheinander den Besitzer des Obergutes Eldagsen, Johann Conrad Wedemeyer; der Sohn Christian Friedrich (v.) Gundlach erhielt mit seinen Vettern 1748 eine Reichsadelsbestätigung und hinterließ vier Kinder, über die lt. „Gotha" nichts weiter bekannt ist.

Die Wedemeyer-Töchter und ihre Nachkommen haben vielfach in hannoversche Amtmannsfamilien eingeheiratet. Die Wedemeyer-Nachkommenschaft vom Obergut Eldagsen (wo noch ein Porträt von Abt Behm existierte) blüht bis heute in adeligen und bürgerlichen Zweigen in Deutschland, im ehemaligen Jugoslawien, in Ungarn sowie in Nord- und Südamerika (unter den Nachkommen finden sich z. B. die Schriftstellerin Inge v. Wedemeyer und die Ehefrau des Arztes, Dichters und Schriftstellers Gottfried Benn).[6]

Es folgt nun die Stammfolge der ursprünglich aus Freiberg in Sachsen stammenden Familie Behm, soweit sie bisher ermittelt werden konnte. Herzlich zu danken habe ich Herrn Steffen Grimme (Scharnebeck) und Herrn Ulrich Küster (Meckenheim) für die Übermittlung von Kirchenbuchauszügen aus Holzminden und Ersterem auch für weitere kundige Hinweise und für die Anregung zu dem vorliegenden Aufsatz. Des Weiteren danke ich Herrn Dr. Hans-Christian v. Wedemeyer (Obergut Eldagsen) für die freundliche Erlaubnis zur Veröffentlichung des Porträts von Abt Behm. Ergänzende Angaben zu den hier behandelten Familien sind jederzeit willkommen.

Stammfolge der Familie Behm (Behme)

Genealogische Zeichen und Abkürzungen:

*	geboren	~	getauft
∞	verheiratet	∞ I. (II.)	in erster (bzw. zweiter) Ehe verheiratet
†	gestorben	□	beerdigt
err.	errechnet	immatr.	immatrikuliert

I Urban Behm (Behme, Bhem, Bem), * (Freiberg in Sachsen?) um 1490/1500, † (Freiberg) um/nach 1552, Neubürger 1522/23 und Schneider in Freiberg in Sachsen[7], Vormeister der Schneider-Innung 1527, 30, 32, 34-36, 39, 41, 42, 46-49, 52, Gassenschöppe im Petri-Viertel 1537, 54, 55, Rottmeister 1547, er kaufte 1529 um 613 Gulden ein Haus von Melchior Pirner[8] (bis 1540 erhielt dieser regelmäßig Erbgelder ausgezahlt)[9] und ließ 1530-1532 das Haus Burgstr. 13 mit steilem Satteldach errichten, er wohnte 1546 im Petri-Viertel und versteuerte 700 Gulden Vermögen[10], ∞ NN; *die Urban Bhemin (ein armes weip)* wohnte 1546 in der Vorstadt I von Freiberg und gab 2 Groschen Steuer
Sohn:
1. Melchior, * um 1525/30 = II

II Melchior Behme (Behem), * Freiberg um 1525/30, † Prag 1571 (an einem bösartigen Fieber), wohnte in Schneeberg, dann in Prag, ∞ Schneeberg vor 1569 Rebecca Polner, aus Schneeberg[11] (sie ∞ I. Georg Trencker[12], Prediger in Zwickau)
Sohn, * in Prag (Altstadt):
1. Melchior, * 17.5.1569 = III

III *Herr* Melchior Behme (Behm, Behem, Bhem, Bheme, Behmius), * Prag (Altstadt) 17.5.1569, † Helmstedt 21.3.1635[13] (fast 66 J. alt), ☐ 25.3.[14], Diener bei Buchhändler Leonhard Wipprecht in Jena 1591, dann Bürger, Buchhändler, Verleger[15] und Senator primarius der Stadt Helmstedt (kam 1594 dorthin), ∞ (ebd./St. Stephani) vor 1607 (um 1601)[16] Anna Scheurl, * Durlach 1583, ☐ Helmstedt (St. Stephani) 16.7.1626[17], Tochter von *Herrn* Lorenz Sch.[18], * Ulm 5.8.1558, † Wolfenbüttel 13.8.1613 (an der Schwindsucht), ☐ Helmstedt (St.-Stephani-Kirche) 18.8., Schule Ulm, stud. Tübingen, Straßburg, Magister ebd. 1576, stud. theol. Tübingen (vier Jahre), Diakonus in Pforzheim 1580, Rektor der Stadtschule 1581, der Gelehrtenschule in Durlach 1583, Pastor in Bergzabern 1584, Stadtpfarrer und Superintendent der Grafschaft Sponheim in Kreuznach 1585, kehrte wegen der dortigen Einführung des reformierten Bekenntnisses 1587 nach Durlach zurück, Hofprediger und seit 1589 Generalsuperintendent ebd., zugl. Rektor der Gelehrtenschule 1588, wegen Bevorzugung der Calvinisten durch den badischen Markgrafen wendet er sich wegen einer Anstellung an Herzog Heinrich Julius von Braunschweig-Wolfenbüttel und wird auf Vorschlag des Oberhofpredigers Aegidius Basilius Sattler 1591 ao. Professor in Helmstedt (zog mit Frau und vier Kindern dorthin), immatr. 27.8.1591 *(M. Laurentius Scheyrle Ulmensis)*, ord. Professor der Theologie, Pastor an St. Stephani und Generalsuperintendent 1592, Dr. theol. 30.5.1598, achtmal Prorektor, entschiedener Lutheraner, Aristoteliker, und von Maria Magdalena Beurlin aus Tübingen (einer Enkelin des Reutlinger Reformators Dr. Matthäus Alber)
Kinder, * in Helmstedt, ~ in St. Stephani:
1. Anna Maria Bheme (Behmia), ~ 26.2.1607 (Paten: *Valentinus Forsterus, I. U. D.; D. Johan. Hakelbusch, Stolbergischer Kanzler; Adamus Luchtenius, Dr. med. und Professor; B. Conrad Bartemer; Herman Brandes Frau; Jungfrau Elisabeth, M. Oveni Tochter*), † Helmstedt Aug. 1636[19], ☐ St. Stephani 29.8.[20], ledig
2. Melchior <u>Lorentz</u> Böhme (Behme, Bhem), ~ 17.9.1608 (Paten: *Margaretha Nuberin, an deren Statt J. Ursula Scheurle gestanden; Bartram Schmiterloh; M. Johan Potinius; Johan Roterberg, Amtmann zu Bahrdorf; Gert Brandes, Kämmerer; J. Anna Tavermans?*), † ..., immatr. Univ. Helmstedt 25.5.1616

(Melchior Laurentius Böhme/Behme Helmstadensis), (dann möglicherweise in Magdeburg?), ∞ Helmstedt-St. Marienberg 28.6.1632[21] Catharina Friederichs, * Magdeburg ..., † ..., Ratsverwandtentochter; keine Kindstaufen in Helmstedt-St. Marienberg

3. Johann <u>Christian</u>, ~ 26.11.1612 = IV
4. Ernst Friederich Behm(e), ~ 29.1.1616 (Paten: *D. Henningus Arnisaeus; D. Johannes Lotichius; M. Cornelius Martini; Peter Sachse, cand. med.; D. Johannes Wulffs Fr.; J. Catharina Gruenfeldes*), † ..., immatr. Univ. Helmstedt 11.7.1623 *(Ernestus Fridericus Behm Helmstad.)*

IV Herr Johann <u>Christian</u> Behm (Behme, Böhme), ~ Helmstedt (St. Stephani) 26.11.1612 (Paten: *D. Andreae Cranii Fr.; M. Johannes Fuecht; Hinricus Ernesti; Cristianus Stüdenitz; Melchior Wagner; J. Maria Magdalena Scheurlein*), † (Bodenwerder zw. 1.9.1689 und 1697), immatr. Univ. Helmstedt 11.7.1623 *(Johannes Christianus Behm Helmstad.)*, Univ. Rostock Okt. 1637 *(Johan-Christianus Behm Helmstadiensis)*, wohnh. in Hameln 1652/54, Kaiserlicher Notar 1655/86[22], Advokat und 1655/80 Stadtsekretär in Bodenwerder[23], hat 1664 Frau und Magd, 1672 Frau und 2 Söhne [über 12 bzw. 14 Jahre][24], ist 1688/89 ein alter abgelebter Mann von 80 Jahren (hat keine Nahrung, aber ein Brauhaus)[25], ∞ Hameln (St. Bonifatii) 8.2.1652[26] Anna Margareta Gerling, ~ ebd. (St. Nicolai) 27.3.1631, † (Bodenwerder zw. 1.9.1689 und 1697), Patin bei Schulrektor Daniel Andreas Hieronymis Tochter Anna Margareta ebd. 1.11.1667, noch erwähnt 1689 (60 J. alt), Tochter erster Ehe des verstorbenen *Herrn* Adrian G.[27], Bürgers in Hameln

Kinder:
1. Heinrich Julius, ~ Hameln (St. Bonifatii) 20.12.1652 = V a
2. Mauritius, ~ Hameln (St. Bonifatii) 26.8.1654 = V b
3. Johan Joachim Behme, ~ Bodenwerder 27.12.1657 (Vater: *H. Secretarius N. Behme*; Pate: *H*[err] *B*[ürgermeister] *Joachimus Willichius*), † (früh)
4. <u>Christian</u> Heinrich, ~ Bodenwerder 7.12.1662 = V c

V a *Herr* Heinrich Julius Behm (Böhme)[28], ~ Hameln (St. Bonifatii) 20.12.1652, † Wolfenbüttel um 6.1.1717, □ Schlossgemeinde 23.1., immatr. Univ. Utrecht 1677 *(Henrich Julius Behm Hamelensis Brunsvigus)*, Pagenhofmeister in Wolfenbüttel ab 1686, Sekretär des Prinzen Ludwig Rudolf 1689, Sekretär und Pagenhofmeister 1690, Konsistorialassessor und Professor der Mathematik an der Ritterakademie ebd. ab 1703, ∞ ebd. (Hauptkirche Beatae Mariae Virginis/ BMV) 24.5.1692 Magdalena Brandes, * (ebd.) um 1670, † Wolfenbüttel (Schlossgemeinde) 13.1.1729, □ 18.1., Tochter des verstorbenen *Herrn* Hans Peter B., Bürgers und Handelsmanns in Wolfenbüttel

Kinder, * und ~ in Wolfenbüttel:

1. Dorothea Elisabeth Behm, ~ BMV 30.3.1693 (Paten: *Fr. Adelheit de Reus, der Fstl. Holsteinischen Jungen Herrschaft Hofmeisterin; Jfr. Johanna Dorothea Behrens, H. Licent. Behrens ehel. Tochter, und H. Christian Henrich Behm, stud. theol. und Informator der jüngeren Prinzen von Sachsen und Bevern*)

2. Juliana Margretha Böhme (Behm), * 3.10.1694, ~ Schlosskapelle 4.10. (Paten: *Ihro Durchl., die regierende Herzogin; die Fr. Geh. Rätin von der Schulenburg*), † um Febr./März 1755[29], ∞ Wolfenbüttel (Schlosskirche)[30] 22.4.1726 *Herr* Michael de Byers (1753: von Biers), * (in England) err. 1702 oder früher, † Seesen 4.12.1765 (angebl. 63 J. alt), Fähnrich 20.3.1724 (1726: *unter der 1. Peterdorffischen Battaion Guarde*), Lieutenant 5.5.1729[31], Capitain 5.7.1738, braunschw. Hauptmann der Infanterie (1743)[32], Major 1748/55[33], Oberstlieutenant im Land-Rgt. 1755 (er ∞ II. um 1756 NN)
   2 Söhne de Byers (keine Taufeinträge in Wolfenbüttel / Schloss- oder Garnisonkirche):
   2.1. *Herr* August Wilhelm de/von Byers, * um 1727, † um Okt. 1768, ist 1753 noch beim Vater, erwähnt 1755, er lieh sich am 13.4.1763 in Braunschweig 30 Taler von Pastor Berckhan
   2.2. *Herr* Ernst Eduard de/von Byers, * um 1728/30, † ..., zum Fähnrich im Fstl. Leib-Rgt. ernannt 19.1.1748, Lieutenant 1753/55 (wohl nicht in braunschweigischen Diensten)

3. Heinrich Julius Behm (Böhm, Böhme), ~ Schlosskapelle 21.8.1696 (Paten: *Doctor Behrens, Postverwalter Brandes*), immatr. Univ. Wittenberg 1.5.1716 (aus Wolfenbüttel); ob vielleicht identisch mit Heinrich Julius Behme (Böhme) † Wolfenbüttel (Schlossgemeinde) 1.4.1750, □ 3.4., Fürstl. Courier und Reitknecht in Wolfenbüttel, ∞ ebd. (Schlosskirche) 21.2.1743[34] Christina Elisabeth Meyer, Tochter des verstorbenen „Meisters" Andreas M., Schneidermeisters und Einwohners in Bleckenstedt
   Kind des Couriers Behme, * in Wolfenbüttel, ~ in der Schlosskirche:
   3.1. Johann Joachim Elias Behme (Böhme), * 25.4.1748, ~ 28.4. (Paten: *Joh. Zacharias Bormann, Holzknecht; Joach. Meyer, Vorreuter; des Kellerknechts Diessel Frau*), † Wolfenbüttel (Schlossgemeinde) 26.2.1773 (25 J. alt), □ 2.3., Fürstl. Vorreiter in Wolfenbüttel

V b *Herr* (*de Heer*) Mauritius (Maurits, Mouris) Beem[35], ~ Hameln (St. Bonifatii) 26.8.1654[36], □ Delft (Holland) 26.5.1722, 1689/90 *Kapitein van een nieuwe compagnie in Delft*, dann wohl *Collonel* (Briefe an seinen Bruder Christian von 1708-1714 erhalten[37]; auch erwähnt in einem Brief des Dr. Behrens aus Braunschweig vom 17.8.1709 an Christian Heinrich Behm), ∞/verlobt Delft 17.6.1679 Dorothea

de Jong(h)e (auch: Theodora de Jongh), ☐ Delft (Nieuwe Kerk) 11.4.1729
Söhne, * in Delft, ~ in St. Joseph:
1. Jo(h)annes Christianus Beem, ~ 20.6.1682 (Pate: *Adrianus de Jonge*), † ...,
   r.-k., ∞ NN; sein ältester Sohn wurde um 1707/08 geboren
2. Theodorus Beem, ~ 28.9.1688 (Patin: *Maria Auwendijck*), † ..., r.-k., sein
   Vater bemühte sich 1714 für ihn um eine Ratsherrnstelle in Roermond,
   ist 1736 *Luitenant in het Regiment Dragonders van de Colonel Baron
   van Matha*[38], ∞ Breda/ref. 13.8.1736[39] *Vrouwe* Pieternelle/Petronella de
   Rhoë de Opzinnig (sie ∞ I. Breda 15.2.1722 *Monsieur* Johann Heinrich
   von Weissenburg, * um 1660, † nach 1730, immatr. Univ. Leiden 1686
   [Viennensis], Soldat, unter dem Namen „Albicastro" bekannt geworden
   als Komponist, später *Kapitein* in spanischen Diensten in den südlichen
   Niederlanden)

V c *Ihro Hochwürden Herr* Christian Heinrich Behm (Behme, Böhme)[40],
~ Bodenwerder 7.12.1662[41], † Holzminden 16.1.1740, ☐ Amelungsborn (im
Chor der Klosterkirche) 22.1. (77 J., 1 M. alt; lt. Kirchenbuch Holzminden),
stud. theol. Helmstedt 15.9.1682 *(Christian Henrich Behm Bodenwerdensis)*,
verfasste 1684 drei philos. Disputationen, immatr. Univ. Rinteln 1684/85,
Pagen-, dann Prinzenerzieher am Wolfenbütteler Hof 1689-1691, Informator
der Prinzen von Sachsen und Bevern bis 1693, theol. Prüfung in Wolfenbüttel
17.10.1693, Pastor ebd.-Augustadt (St. Johannis) 1693-1702[42], Pastor
primarius und Generalsuperintendent des Harz- und Leinedistrikts in
Gandersheim (auch Abt von Clus) 1702-1711 (wohnh. Stiftsfreiheit 11)[43],
Pastor primarius, Generalsuperintendent des Weserdistrikts in Holzminden und
Abt von Amelungsborn 1711-1740, br. lüneb. Konsistorialrat 1732[44] (Pate bei
seinen Enkeln Gundlach 1723/30; sein Porträt auf dem Obergut in Eldagsen),
∞ I. Wolfenbüttel (BMV) 1.10.1695[45] Johanna Dorothea Behrens, ~ ebd.
(BMV) 2.10.1676 (als Dorothea Johanna), † Gandersheim 15.5.1708 (an der
Schwindsucht), zwei Briefe an ihren Mann von 1701/06 erhalten, Tochter von
Herrn Lic. med. Julius Georg B., Rats und Leibmedici in Wolfenbüttel, und von
Catharina Margarethe Schlanbusch aus Zellerfeld; ∞ II. (Gandersheim 1709)
Margaretha Hedwig Löber (Witwe M. *auff dem Hartz*), * (nicht in Wolfenbüttel/
BMV oder Garnison) um 1680, † Holzminden 30.3.1729, ☐ Amelungsborn (im
Chor der Klosterkirche) 3.4. (lt. Kirchenbuch Holzminden), dreimal Patin in
Holzminden 1712/17 und beim Stiefenkel Gundlach 1726, Tochter von *Herrn*
Levin L., Obristen der Landmiliz in Wolfenbüttel, und von Margreta Elisabeth
Töneböel; ∞ III. (um 1730) NN, * err. 1674/75, † Holzminden, ☐ Amelungsborn
(im Chor der Klosterkirche, neben ihrem Mann) 31.3.1740 (65 J. alt;
lt. Kirchenbuch Holzminden), Patin bei Familie Meyer in Holzminden 1734/35

Insgesamt 11 Kinder, darunter aus I. Ehe:

1. Elisabeth Juliana Sophia[46], ~ Wolfenbüttel (St. Johannis) 23.7.1696 (Paten: *Elisabeth Juliana, regierende Herzogin zu Br. u. Lüneb.; Princessin Elisabeth Sophia Maria, Erbin zu Norwegen, geb. Herzogin von Holstein-Norburg; Julius Georg Behrens, Hochfstl. Br. Lüneb. Rat u. Leibmedicus*), † (Steuerwald zw. 18.5.1755 u. Okt. 1756), Patin in Holzminden 1712/20, beim Neffen in Braunschweig 1739 und bei ihren Enkeln Wedemeyer 1745/55, ∞ I. Holzminden 7.2.1719 „Herr" Jobst Heinrich Gund(e)lach[47], * Stück b. Perlin/Meckl. 18.2.1676, † Lichtenberg 27.8.1740, Glasemeister auf der Steinbecker Hütte b. Hellenthal, dann Amtmann und Pächter der Domäne zu Lichtenberg 28.3.1735-1740[48], Sohn von Jobst G., Herr auf Torisdorf (seit 1700), Glashüttenmeister der Cramtzer Hütte, und von Elisabeth Wentzel; ∞ II. um 1741/43 *Herr* Carl Gustav Klen(t)ze, * 1708, † 1776, aus meckl. Amtmannsfamilie, stud. jur. Rostock 28.4.1730 *(Carolus Gustavus Klentz Walsmola-Megapol.)*, Adjunkt auf der Amts- und Gerichtsstube Seesen 1739[49], Amtmann und Pächter der Domäne Lichtenberg 1743-1745[50], dann hildesheim. Amtmann zu Steuerwald 1746/72[51], zul. in Liebenburg, kurköln. Amtsrat (er ∞ II. Steuerwald/kath. 3.10.1756[52] Dorothea Magdalena (v.) Majus, * 1724, † 1787); 8 Kinder Gundlach[53]

2. *der Hochgelahrte und Hochedle Herr* August Albrecht Julius Behm(e), ~ Wolfenbüttel (St. Johannis) 11.10.1698 (Paten: *August Ferdinand Herzog zu Br. u. Lüneb.; Ferdinand Albrecht Herzog zu Br. u. Lüneb.; Maria Catharina Block, Herrn Julius Georg Behrens, Fstl. Br. Lüneb. Rats u. Leibmedici eheliche Hausfrau*), † Apenrade (Herzogtum Schleswig) 7.9.1742, □ 11.9.[54], immatr. Univ. Wittenberg 5.10.1718 *(August Albr. Jul. Böhm, Holzminta Brunsuicensis)*, stud. med. Leiden 18.9.1722 *(Augustus Albertus Julius Behm Hulsmunda-Brunswicensis, 24 J.)*, Pate bei Julius Carl Rothe in Holzminden Nov. 1719 (als Albert August Behm), Dr. med. 1732 ff., 1741 außer Landes (zul. in Apenrade), als Senior der Familie belehnt 1741, ledig

3. Ernst Leopold Friedrich, ~ Wolfenbüttel (St. Johannis) 8.6.1700 = VI a

4. *Mademoiselle* Henrietta Christina Behm, * Gandersheim err. 1705, in aller Stille □ Holzminden (in der Lutherkirche) 22.12.1729 (24 J. alt), ledig

5. (aus I. oder II. Ehe) Anastasius Behm, * (Gandersheim oder Holzminden um 1707/11), † (Hannover) Aug. 1748, 1741/43 Fourier im hann. Rgt. v. Krough und der Leib-Kompanie, zul. in Pension (1741 in Stolzenau, 1744/45 in Lichtenberg), als Senior der Familie belehnt 1745, ledig

Kinder II. Ehe:

6. Antoinetta Ernestina Behm, ~ Holzminden Febr. 1713 (Pate: *Ihr. Hochfürstl. Durchl. Prince von Bevern Ernst Ferdinand*), □ Holzminden 13.10.1738

7. *Mademoiselle* Johanna Margaretha Behm, ~ Holzminden 20.8.1714 (Paten: H. Sekretär Hartmanns in Wolfenb. Eheliebste, des Kindesmutter Schwester[55]; Fr. Doktorin Behrens aus Braunschweig; Jgf. Petri aus dem Kreuzkloster vor Braunschweig), † Wolfenbüttel (BMV) 4.8.1775, ∞ I. Holzminden 2.2.1740 *Herr* Theodorus Jacobus Schlüter[56], † Golmbach 18.5.1743, stud. Helmstedt, Jena, Pastor in Golmbach 1739-1743, Sohn von Johann <u>Burchard</u> S., Superintendent in Harlingerode, und von Margaretha Elisabeth Gosewisch; ∞ II. Bevern 4.3.1745 *Herr* Friedrich Henrici, † nach 3.5.1749, Advokat in Höxter

Kinder Schlüter, * und ~ in Golmbach:

7.1. <u>Theodorus</u> Wilhelmus Carolus Schlüter, * 17.12.1740, ~ 20.12., † ..., erwähnt 1749

7.2. Georg Christian Ernst Schlüter, * 4.5.1742, ~ 6.5. (Pate: *Herr Ernestus Behm, Pastor zu Braunschweig an der S. Catarinen Kirche*), † (vor 1749)

7.3. Amalie, * (um 1743), † ..., sie und ihr Bruder Theodor erhielten 1749 einen Kurator[57]

8. Justus Johann Christian Behm(e), ~ Holzminden 4.1.1716 (Paten: Justus Siegfried Böttiger, Fstl. Br. Lüneb. Geh. Kriegsrat; Johan Jochen von Röber, Fstl. Br. Lüneb. Hof- und Lehnsrat; Christian Arens, Fstl. Br. Lüneb. Geh. Kammersekretär), □ Holzminden 12.3.1719 (als Johann Christian; 2 J., 1 M. alt)

9. *Mademoiselle* Maria <u>Amalia</u> Behm, ~ Holzminden 19.7.1717 (Paten: Elisabeth Sophie Marie, regierende Herzogin zu Wolfenbüttel geb. Herzogin von Holstein; Antoinette Amalia, Herzogin zu Braunschw.-Bevern geb. Herzogin zu Braunschw.-Lüneburg), † Holzminden 13.12.1729, □ Amelungsborn (im Chor der Klosterkirche) 17.12. (12 ½ J. alt; KB Holzminden)

10. Carl Friederich Behm, ~ Holzminden 10.9.1719 (Pate: *Herr* Hofrichter von Heimburg), □ Holzminden 22.11.1719 (10 W. alt)

11. Carl Friedrich, ~ Holzminden 11.7.1722 = VI b

VI a *Herr* <u>Ernst</u> Leopold Friedrich Behm(e), ~ Wolfenbüttel (St. Johannis) 8.6.1700 (Paten: *Prinz Ernst Leopold, Erbe zu Norwegen, Herzog zu Holst., Schlesw., Storm. u. Dithmarschen, Graf zu Oldenb. u. Delm.; Frid. Achatz v. der Schulenburg, Erbh. auf Hehlen, Ramstedt, Beetzendorf, Fstl. Br. L. Geh. Rat, Hofrichter, BergH.; Fr. Maria Dorothea Behrens, H. Valentin Walter Molans, Fstl. Br. L. Hof- u. Konsistorialrats Witwe*), † Braunschweig (St. Katharinen) 20.12.1743, □ in der Kirche 23.12.[58], Klosterschüler in Amelungsborn 1715, immatr. Univ. Helmstedt 18.4.1719 *(Ernestus Leopold Fridericus Behm Guelpherbytanus)*, reiste 1722 zum Vater nach Holzminden, dann nach Hamburg, Itzehoe und Lübeck,

Pastor in Hansühn/Holstein 1726-1734, in Braunschweig (St. Katharinen) 1734-1743, auch Dekan des Stifts St. Matthäi, als Senior der Familie belehnt 1743, ∞ Lübeck 27.5.1728 Amalie Wilhelmine (v.) Gund(e)lach[59], * err. 1705, † Braunschweig (St. Katharinen) 23.11.1786 (an der Wassersucht; 81 J. alt), □ 28.11.[60], Vormund ihrer Enkelkinder 1744/49, Patin beim Enkel Behm 1762 und beim Stiefenkel Lastrop 1775, dritte Tochter von *Herrn* Cornelius Nicolaus v. G. in Lübeck

Kinder Behm:
1. August Christian Behm, * Hansühn 10.4.1728, † nach Febr. 1749
2. *Mademoiselle* Elisabeth Sophia Maria Behm, * Hansühn 1.7.1730, † Braunschweig (St. Katharinen) 2.9.1750 (an der verzehrenden Krankheit; 20 J., 2 M., 2 T. alt), □ 4.9.
3. Charlotte Dorothea Henrietta Behm, * Hansühn 12.1.1732, † Braunschweig 30.9.1735, □ St. Katharinen 3.10.
4. Ulrica Elisabetha Johanna Behm(e), * Hansühn 29.9.1733, † Braunschweig (St. Magni) 14.10.1771 (an Auszehrung; 38 J. alt), □ 18.10., ∞ Braunschweig (St. Katharinen) 6.5.1762 *Herr* Peter Lastrop, * (Hamburg) err. 1729/30, † Braunschweig (St. Martini) 18.2.1814 (an Entkräftung; 84 J. alt), □ 18.2., 1762/63 Hauptmann/Capitain beim Fstl. Br. Füsilier-Bataillon ebd. (Pate beim Neffen Behm 1762), 1771/86 Kommissionsrat in Braunschweig (er und seine Frau kauften am 27.1.1763 ein Haus Hinter Liebfrauen[61]; er ∞ III. Hamburg 30.6.1772 [lt. KB Braunschweig/St. Magni] Maria Eleonora Felicitas Kolben, * err. 1735/36, † Braunschweig/St. Katharinen 17.10.1773 [Auszehr.; 37 J.], □ 20.10. [sie ∞ I. *Herr* Matthias Wolpmann, aus Hamburg, stud. Helmstedt 1760, Doctor Juris in Hamburg]; er ∞ IV. Gardessen 6.12.1774 [aufgeboten Braunschweig/St. Magni] <u>Ernestina</u> Conradina Scherenberg, jüngste Tochter des verstorbenen *Herrn* Christian Sch., Pastors in Völkenrode)

Einziges Kind aus dieser Ehe, * und ~ in Braunschweig:
4.1. Carl Johann David Lastrop, * 6.5.1763, ~ St. Magni 9.5. (Paten: *Carl Herzog zu Br. u. Lüneb.; H. David Doormann; H. Johann Berenberg[62]; Frau Elisabeth W[itwe] Luis aus Hamburg[63], abwesend*), † ..., er war lt. Testament von 1785 Universalerbe seiner Großmutter Amalia Wilhelmina Böhm geb. Gundelach; Verbleib?

5. Ernst Ferdinand Behme, ~ Braunschweig (St. Katharinen) 3.10.1734 (Paten: *Herzog Ernst Ferdinand v. Br.-Lüneb.-Bevern, die verwitw. Herzogin Elisabeth Sophia Maria und der Rat der Stadt Braunschweig*), † ebd. 17.11.1734, □ 21.11.
6. Ernestina Henrietta Amalia Behme, * Braunschweig 4.6.1736, ~ St. Katharinen 7.6. (Paten: *Äbtissin Ernestine v. Gandersheim, Princesse*

Henrietta v. Waldeck und Amtmann Georg Seitz von Dömitz in Mecklenburg),
† Braunschweig um 1761, ∞ ebd. (St. Katharinen) 17.4.1760 *Herr* Peter
Lastrop, Hauptmann ebd., Kaufmannssohn aus Hamburg (siehe oben bei
4); kinderlos?

7. Carl Friederich Behme, * Braunschweig 28.8.1737, ~ St. Katharinen 30.8.
(Paten: *der regierende Herzog Carl, wofür in Person gestanden Herr Hofrat
Schrader*), † nach Febr. 1749

8. *Herr* Heinrich Julius Ernst Behm(e), * Braunschweig 30.10.1739, ~ St.
Katharinen 1.11. (Paten: *Senior Ministerii Julius Justus Gebhardi, Pastor
Senior dieser Kirche; Heinrich Petri, Pastor St. Martini; Frau Amtmannin
von Lichtenberg Elisabetha Juliana Sophia Gundelachen*), † Braunschweig
(St. Katharinen) in der Nacht vom 25. zum 26.8.1767 (an der Blutstürzung
und Brustkrankheit; 27 J. alt), □ in der Kirche 30.8.[64], Katharinenschule
Braunschweig, Gymn. Schöningen um 1752-1757, immatr. Collegium
Carolinum Braunschweig 12.8.1757-1760, Univ. Helmstedt 8.5.1760 (dort
ord. Mitglied der Hzgl. deutschen Gesellschaft 1762), Univ. Frankfurt/O.
29.4.1762 *(Henricus Julius Ernestus Behm Brunsvicensis, iuris cand.)*, hzgl.
Hofmeister am Collegium Carolinum in Braunschweig (auf dem Bohlweg)
1763-1767, ledig

9. Louisa Maria Henrietta Behm(e), * Braunschweig 6.6.1742, ~ St. Katharinen
7.6. (Paten: *die verwitw. Herzogin Christina Louisa von Blankenburg, Geh.
Rätin Louisa Maria von Schleunitz und Oberhofmeister von Briese auf
dem Grauen Hof*), † ebd./St. Katharinen (im Haus ihrer Mutter auf der
Fallersleberstraße) 15.1.1763 (an der Schwindsucht; 20 J. alt), □ 18.1., ∞
Braunschweig (St. Katharinen) 9.4.1761[65] (ihren Onkel!) *Herr* Carl Friedrich
Behm, Kanzleiadvokat und ab 1760 Kammerfiskal in Braunschweig (siehe
unten VI b)

VI b *Herr* Carl Friedrich Behm[66], ~ Holzminden 11.7.1722, † Braunschweig/St.
Magni (in Herrn D. Schapers Haus auf der Langen Damm-Straße) 10.2.1762
(an der verzehrenden Krankheit; im 40. Jahr), □ 15.2., Kanzleiadvokat und ab
1760 Kammerfiskal, Syndikus des Stifts St. Cyriaci in Braunschweig, als Senior
der Familie belehnt Febr. 1749, ∞ Braunschweig (St. Katharinen) 9.4.1761
(seine Nichte) Louisa Maria Henrietta Behm (siehe oben VI a, Kind Nr. 9)
Sohn, * in Braunschweig (in D. Schapers Hause auf der Langen Damm-Straße):
1. Johann Friedrich Wilhelm Behm, * 4.1.1762, ~ St. Magni 7.1. (Paten:
*Hauptmann Peter Lastrop, Pastor Behms Witwe Amalia Wilhelmina Gundelach
und Doktorin Clara Dorothea Pollich geb. Hartmann, wofür des Kaufmann
Haus Eheliebste gestanden*), † Braunschweig/St. Magni (in D. Schapers Haus
auf der Langen Damm-Straße) 12.3.1762 (am Drusen; ¼ J. alt), □ 15.3.

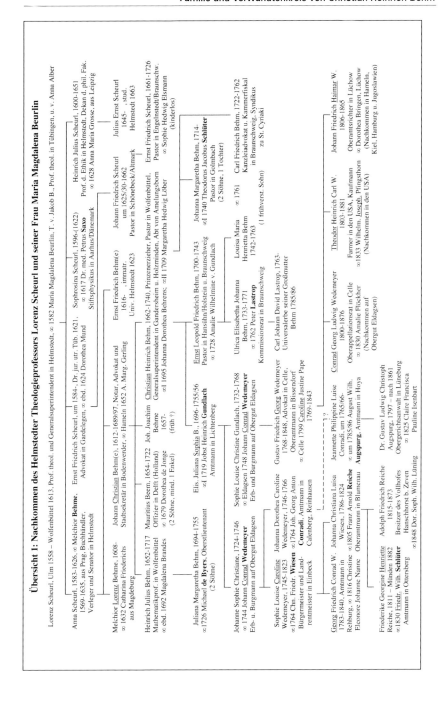

Übersicht 1: Nachkommen des Helmstedter Theologieprofessors Lorenz Scheurl und seiner Frau Maria Magdalena Beurlin

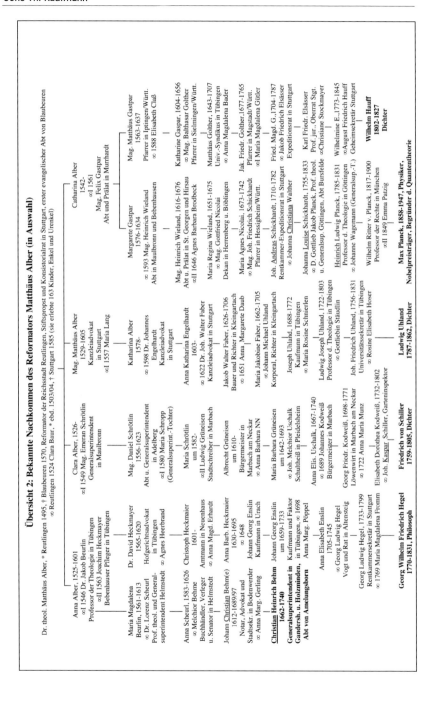

Übersicht 2: Bekannte Nachkommen des Reformators Matthäus Alber (in Auswahl)

Dr. theol. Matthäus Alber, * Reutlingen 1495, † Blaubeuren 1570, Reformator der Reichsstadt Reutlingen, Stiftspropst und Konsistorialrat in Stuttgart, erster evangelischer Abt von Blaubeuren

∞ Reutlingen 1524 Clara Baur, * ebd. 1503/04, † Stuttgart 1585 (sie erlebte 163 Kinder, Enkel und Urenkel)

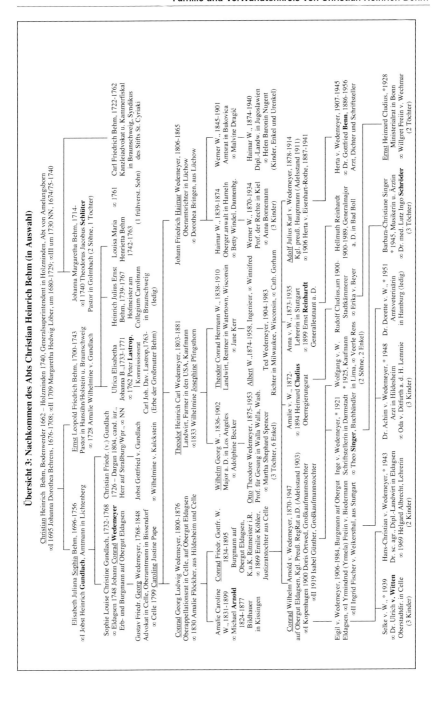

Übersicht 3: Nachkommen des Abts Christian Heinrich Behm (in Auswahl)

Anmerkungen

1 GÖHMANN, Herbert W.: Leben und Wirken des Christian Heinrich Behm (Abt des Klosters Amelungsborn 1712–1740). In: Beiträge aus dem Kloster Amelungsborn 13 (2007), S. 59-71; hier S. 61.

2 ROSE, Karl: Chronik der „Münchhausenstadt" Bodenwerder. Bodenwerder/Weser 1937, S. 306; Die Kopfsteuerbeschreibung der Fürstentümer Calenberg-Göttingen und Grubenhagen von 1689, Teil 6. Hildesheim 1962, S. 163.

3 Niedersächsisches Landesarchiv – Hauptstaatsarchiv Hannover (StAH): Cal. Br. 19 Nr. 1022.

4 Eventuelle Nachkommen des Ehepaares sind noch nicht bekannt.

5 DINKEL, Thilo u. Günther SCHWEIZER: Vorfahren und Familie des Dichters Friedrich Schiller: eine genealogische Bestandsaufnahme (Südwestdeutsche Ahnenlisten und Ahnentafeln, 4). Stuttgart 2005; RENTSCHLER, Adolf: Der Reformator Matthäus Alber und sein Geschlecht. Stuttgart 1935.

6 Chronica Wedemeyeriana, 1989; Stammfolge v. Wedemeyer. In: Genealogisches Handbuch des Adels, Bd. 115 (1998), S. 535 ff.

7 HERRMANN, Walther: Das Freiberger Bürgerbuch 1486–1605 (Quellen und Forschungen zur sächsischen Geschichte, 2). Dresden 1965. Der Name Behm(e)/Böhme war im Zeitraum 1486–1605 mit 52 Namensträgern der achthäufigste Name in Freiberg. 1499/1500 wurde ein Melchar Behme dort Bürger (vielleicht der Vater Urbans?). Ein Hans Behm wurde dort 1510/11 Bürger und war 1528 Vormeister der Schneider-Innung.

8 Melchior Pirner war Schuster, 1504/05 Neubürger in Freiberg, 1511 Vormeister der Schuster, 1523 Gassenschöppe im Petri-Viertel, 1531 Gerichtsschöppe und starb nach 1545/47; auch seine Vorfahren waren seit 1417 Schuster, Vormeister und z. T. Ratsherren in Freiberg.

9 RICHTER, Johannes: Ahnen der Anna Leuber, Ehefrau des Annaberger Rechenmeisters Adam Ries. In: Mitteldeutsche Familienkunde 24 (1982), S. 235-239; hier S. 238.

10 HINGST: Ein Freiberger Steuerregister aus dem Jahre 1546. In: Mitteilungen des Freiberger Altertumsvereins 19 (1882), S. 25-56; außerdem versteuerte 1546 im Petri-Viertel ein Hans Bhem (Böhme) 800 Gulden, im Nikolai-Viertel versteuerten die Hans Bhemin 700 Gulden, Steffen Bhem 100 Gulden, im Dom-Viertel Melchior Pirner 500 Gulden, Andres Bhem 150 Gulden, in der Vorstadt I Merten Bhem 300 Gulden, die Matz Bhemin versteuerte 25 Schock Groschen, in der Vorstadt II hatte Wolff Bhem 8 Schock Groschen Vermögen.

11 Dort lebte 1558 Adrian Polner im Fundgrübner Viertel (SACHSE, Ernst: Die Steuerpflichtigen von Schneeberg in Sachsen 1558. In: Mitteldeutsche Familienkunde, Bd. 2, 1967-1969, S. 262); Michel Polner, Lateinschüler in Schneeberg 1541/42, und Leonhardus Polner, Lateinschüler ebd. 1548 (www.webgenealogie.de); Bartholomeus Poelner/Polmer de Geyer al. de Monte nivis, immatr. Leipzig SS 1488, bacc. art. WS 1492, mag. art. WS 1507; vgl. auch die Zwickauer Patrizierfamilie Polner.

12 Vgl. Georgius Trenckerus Hainensis, immatr. Univ. Jena 1562 (gratis).

13 STUCKE, Johann: Programma Vice-Rectoris et Senatus Academiæ Iuliæ In Funere Honestissimi Prudentißimique Viri Melchioris Behmen, Bibliopolæ, civis & Senatoris primarii. Helmstedt 1635.

14 Begräbnisse Helmstedt (St. Stephani) 25.3.1635, S. 346: *Mittwochen 25 Martij. Melchior Behme, uf S. Ste: Kirchof.*

15 Helmstedter Drucke von ihm ab 1603 nachgewiesen.

16 Vor Ehebuchbeginn 1615.

17 Begräbnisse Helmstedt (St. Stephani) 1626, S. 286; Programma Jn funere Honestißimæ et lectißimæ fœminæ, Annæ Scheurlææ, Amplißimi viri Melchioris Behmen, Senatoris Reipub. Helmæstadiensis et Bibliopolæ Coniugis desideratißimæ, Helmstedt 1626.

18 Braunschweigisches Biographisches Lexikon, Braunschweig 2006, S. 617/18; Allgemeine Deutsche Biographie (ADB), Bd. 31, 2. Aufl., Berlin 1970, S. 155 f.; Deutsche Biographische Enzyklopädie, Bd. 8, 2. Aufl., München 2007, S. 619; Album Academiae Helmstadiensis, Hannover 1926, S. 378; SEEBASS, Georg und Friedrich-Wilhelm FREIST (Bearb.): Die Pastoren der Braunschweigischen Evangelisch-lutherischen Landeskirche seit Einführung der Reformation, Bd. 2 (1974), Nr. 3488.

19 CALIXT, Georg: Programma In Funere Ornatissimæ et Pudicißimæ virginis Annæ Mariæ Behmiæ, Amplißimi et Prudentißimi viri Melchioris Behmii, Senatoris et Bibliopolæ Helmæstadiensis ante annum & v. menses piè defuncti Filiae. Helmstedt 1636.

20 Begräbnisse Helmstedt (St. Stephani) 1636, S. 360: *Montags, 29 August: J. Anna Maria Behmen.*
21 Ehebuch Helmstedt (St. Marienberg) 1632: *Den 28 Junij copuliret Lorentz Behmen und Cathrinen Friederichs bürtig aus Magdeburg eines Ratsverwanten Tochter.*
22 Vgl. Niedersächsisches Landesarchiv – Staatsarchiv Wolfenbüttel (StAWF): 6 Alt Nr. 825: enth. Instrument des ksl. Notars und Stadtsekretärs von Bodenwerder, Johann Christian Behm, vom 19. Juli 1655 mit der Berufung des Achaz v. d. Schulenburg gegen ein Urteil der Justizkanzlei in Wolfenbüttel.
23 Taufbuch Bodenwerder 1657; Bürgerschaft (Huldigung) 1671 und 1680 (StAH: Cal. Br. 22 Nr. 788 Bd. I u. Nr. 795 Bd. I); lt. der Leichenpredigt seiner Urenkelin Johanna Sophie Christiane Wedemeyer geb. Gundlach (Hildesheimer Leichenpredigten und Gelegenheitsschriften: Hannover 1963, S. 106) soll er fstl. br.-lüneb. Stadtvogt und Bürgermeister in Bodenwerder gewesen sein, was aber offenbar ein Irrtum ist, da er 1655/80 als Stadtsekretär amtierte und dort erst im Jahr 1696 wieder ein fürstlicher Stadtvogt (Bernhard Grobeck) eingesetzt wurde (Rose, wie Anm. 2, S. 110).
24 StAH: Cal. Br. 19 Nr. 866.
25 Rauchschatzbeschreibung 1688 (StAH: Cal. Br. 19 Nr. 1115 Bd. I; Kopfsteuerbeschreibung (wie Anm. 2); lt. den Taxbeschreibungen von 1697 und 1698 (StAH: Dep. 7 C. Nr. 877 u. 878) war dieses Brauhaus im Besitz von Jochim Knipping und wurde von einer Soldatenfrau, dann von einem Leutnant bewohnt.
26 Ehebuch Hameln (St. Bonifatii) 1652, S. 26: *8. Februarij. Der Ehrnvheste undt Wolgelartte Johan Christianus Behm, undt Die Ehr undt Tugentreiche Jungfer Anna Margareta Gerlings weilandt H. Adrian Gerlings Sehl. hinterlassene eheleibliche Tochter.*
27 Adrian Gerling, □ Hameln (St. Bonifatii) 13.1.1652, ∞ I. vor 1631 NN, □ ebd. (St. Bonifatii) 25.6.1638 *(Adrian Gerligs Frauw),* ∞ II. ebd. (St. Bonifatii) 23.7.1639 Margreta Schütte(n), ebd. 29.6.1649 *(H. Adrian Gehrlings Haussfrawe); Der EhrnVeste undt Wolfürnehmer Herr* Adrian Gerling ∞ III. Hameln (St. Nicolai) 4.2.1651 (prokl. St. Bonifatii 26.1.) *Die Ehr undt VielTugentsahme Jungffer* Anna Lucia Lindemann/ Linnemann, * err. 1630, † nach 1689, hat 1689 ein Brauhaus im Oster-Quartier (sie ∞ II. Hameln/St. Bonifatii 6.1.1653 Barthold Wrengel, † vor 1689, wohnt 1680 im Oster-Quartier, Sohn von Johan W.), Tochter des verstorbenen *Herrn* Diderich L., Bürgers in Blomberg; Adrian Gerling lässt am 20.10.1633 einen Sohn Author in St. Bonifatii taufen, am 19.6.1636 einen Sohn Johan Adrian; das gedruckte Türkensteuerregister der Stadt Hameln von 1596 nennt die Familie des Autort Gerlingk (5 Personen) in der Bäcker-Bauerschaft (dort wohnt noch 1671/89 Adrians Sohn, der Brauer, Wandschneider, Handelsmann und bis 1688 Umstandsherr Autor Gerling); 1585 besaß Auctor Gerlinges ein Haus in der Fischpfortenstraße, Hans Gerlinges das Haus Nr. 43 in der Bäckerstraße (beide in der Bäcker-Bauerschaft).
28 StAWF: 3 Alt 555: Heinrich Julius Behm, Bestallung als Pagenhofmeister (1686), Sekretär des Prinzen Ludwig Rudolf (1689), Sekretär und Pagenhofmeister (1690), Konsistorialassessor und Professor der Mathematik an der Akademie in Wolfenbüttel (1703, mit Revers), Gesuche wegen eines Deputats (1709) und wegen Besoldung (1712), Anzeige seines Todes (6.1.1717) durch seine Witwe; Verleihungen der hzgl. Vikarie St. Nikolai im Stift St. Blasii zu Braunschweig (u. a. an Heinrich Julius Behm), 1568-1794 (StAWF: 2 Alt 8943).
29 Das Testament der Majorin Juliana Margaretha de Byers geb. Behme v. 28.11.1753 wurde am 4.3.1755 in Gegenwart ihres Sohnes August Wilhelm publiziert (Stadtarchiv Braunschweig: C I 7 Nr. 4, S. 335): sie vermacht ihren Besitz ihren beiden Söhnen und bedenkt auch ihre *bey mir habende liebe Jungfer Wase Maria Albertina Behmen;* ihr Mann hatte von ihrer seligen Mutter 300 Taler geliehen und nicht zurückbezahlt; es wird viel Schmuck und sonstiger Besitz aufgezählt, u. a. *meines Seeligen Vatter und Mutter Portrait, oval, meines Vatter Bruders Portrait mit vergoldeten Rahmen* (diese Bilder sollen an ihre Söhne fallen).
30 Die Schlosskapelle hieß ab 1709 Schlosskirche.
31 Vgl. StAWF: Michael de Byers, Fähnrich, Leutnant, 3 Alt 680 (1724), 3 Alt 681 (1726), 3 Alt 682 (1729); 2 Alt 19445: Interzession an Herzog Christian Ludwig (II.) von Meckl.-Schwerin für den Leutnant J. E. Schorkopf in Braunschweig wegen Rückzahlung eines Darlehens durch den Leutnant Michael v. Byers daselbst, das diesem zur Auskurierung einer bei Neustadt/Meckl. erlittenen Verwundung gegeben war, 1736-1738; sein Sohn Ernst de/von Byers wird 1749 Fähnrich (3 Alt 691).
32 StAWF: 2 Alt 4283.
33 StAWF: 38 B Alt 29: Des Majors Michael von Byers Herzog Karl I. von Braunschweig-Lüneburg und

gleichzeitig dem Hofrat Christoph Friedrich von Schrader vorgelegte Projekte, wie sieben Regimenter Infanterie im Umfang von 6000 Mann im Inland anzuwerben seien, 1749.

34 Ehebuch Wolfenbüttel (Schlosskirche) 1743, Nr. 2: *Den 21ten Febr. sind von dem Herrn Hof-Diac. Märtens in der Kirche Copuliret Julius Böhme Fürstl. Courier und Reitknecht, und Jungfer Christian Elisabeth Meyers, seel. Mstr. Andreas Meyers gewesenen Schneiders und Einwohners in Bleckenstedt hinterl. Eheleibl. Tochter.*

35 Die Angaben zu ihm und seiner Familie in Holland lt. http://www.genealogieonline.nl/stamboom-beem.

36 Taufbuch Hameln (St. Bonifatii) 1654, S. 109: *Den 26. Augusti Christianus Behm ein Sohn Moritius.*

37 StAWF: 298 N 23.

38 http://www.wissenburg.info/pdf/pwonderzoek.pdf.

39 Zeugen: Franciscus d'Osimont und Theresia Roovt.

40 Braunschweigisches Biographisches Lexikon : 8. bis 18. Jh. (Braunschweig 2006), S. 74/75; SEEBASS/FREIST (wie Anm. 18), Bd. 2, S. 18, Bd. 3, S. 11; Festschrift für Karl Heinrich Rengstorf, 1963, S. 29 f.; vgl. auch Braunschweigische Anzeigen, Jg. 1757, Sp. 1477; seine literarische und Familienkorrespondenz 1698-1724 (9 Bände) im StAWF: 298 N 23-31; ebd.: 27 Alt 1587: Die Lehen der Familie Behm, (1569-)1704-1749, darin: Herzog Anton Ulrich belehnt den Generalsuperintendenten Christian Heinrich Behm mit den ihm von Christoph Jacob Straube verkauften Lehen: 1 Schäferei und 1 Hufe in Seboldshausen, 1 wüster Kothof und ½ Hufe in Ellierode, die Grevenwiese bei Bornum und Zinsen aus Helmscherode 1707. – Desgl. Herzog August Wilhelm für denselben 1715. – Desgl. Herzog Ludwig Rudolf für denselben 1732. – Desgl. Herzog Carl für denselben 1736. – Desgl. derselbe für Albrecht August Julius Behm 1741. – Desgl. derselbe für Ernst Leopold Friedrich Behm 1743. – Desgl. derselbe für Anastasius Behm 1745. – Desgl. derselbe für Carl Friedrich Behm 1749.

41 Taufbuch Bodenwerder 1662, Bl. 98: *NB. 7. Christianus Behme Secretarius ein K. taufen lassen wozu gefatter Hinrich Gehrling seiner Frawen Bruder welches Christian Hinrich genant.*; dieses Taufdatum auch richtig bei SEEBASS/FREIST (wie Anm. 18), Bd. 3, S. 11.

42 Sein dortiger Vorgänger Johann Hassel wurde am 21.9.1693 bei St. Johannis beerdigt.

43 KRONENBERG, Kurt (Bearb.): Häuserchronik der Stadt Bad Gandersheim. Hildesheim 1983, S. 379.

44 Vgl. aber Ernennung des Abts zu Amelungsborn Böhme zum Konsistorialrat, 1733 (StAWF: 3 Alt 555).

45 Ehebuch Wolfenbüttel (BMV) 1695, S. 176: *October. Den 1ten 8bris ist H Christian Henrich Behm, der Augustus Städtschen Kirche und Gemeine wolverordneter Prediger mit Jfr Johanna Dorothea Behrens, Herrn Licent: Julij Georgij Behrens, Hoch-Fürstl. Br. Lüneb. Hochverordneten Raths und Leib-Medici hieselbsten eheleibl. Tochter in Hause ehel. copuliret von H.ⁿ M. Oldekop.*

46 Vgl. StAWF: 2 Alt 4616: Eingabe des Amtmanns Just Friedrich Mackensen in Lichtenberg wegen seines Streites mit der Witwe des dortigen Amtmanns Gundelach über Anteile an Gerichtssporteln und Gebühren, 1741.

47 KUNZE, Klaus: Glasmacher-Sippenbuch Werra-Weser-Bergland. Uslar 2000, S. 148.

48 StAWF: 3 Alt 574, darin: Ernennung des Glasemeisters im Solling Jobst Heinrich Gundelach zum Amtmann (28.3.1735).

49 StAWF: 4 Alt 2 Seesen Nr. 1939.

50 Vgl. StAWF: 2 Alt 18123, darin: Witwe des Amtmanns Gundelach in Lichtenberg, Elisabeth Juliane Sophie geb. Behme, und Bestrafung ihres 2. Ehemannes Karl Gustav Klentze ebd. (1742-1743).

51 StAH: Hann. 88 C Nr. 1038.

52 Kinder ab 1757; Großeltern des Architekten Leo von Klenze, vgl. Neue Deutsche Biographie, Bd. 12, 1980, S. 45-47.

53 Deren Vorfahren siehe WILCKENS, Hans Jürgen von: Hildesheimer Leichenpredigten und Gelegenheitsschriften. Hannover 1963, S. 106.

54 So lt. Sterbeurkunde (StAWF: 27 Alt 1587, Bl. 177); vgl. Begräbnisse Apenrade 1742, Nr. 40: *d. 6 7br. D. Boehm* <arkivalieronline.dk>.

55 Vgl. *Herr Justus Friedrich Hartmann, 1699 Fürstl. Br. Lüneb. Cantzeley und Criminal-Secretarius* in Wolfenbüttel, 1725 *Cantzeley-Secretarius* ebd., ∞ ebd./BMV (im Hause) 20.4.1699 Anna Sabina Löber, *des seel. Herrn Obristen Löbers nachgelassene älteste Jungfer Tochter.*

56 SEEBASS/FREIST (wie Anm. 18), Nr. 3523.
57 Braunschweigische Anzeigen, Jg. 1749, Sp. 855-856.
58 *mit einem erhobenen schwartzen Tannen Sarg 1 ¼ Ellen, von der Kirchen Wand, unter des seel. H: Pastor Bärtlings Epitaph: neben denselben, des abends um gleich nach 10. Uhr in aller stille Frey in der Kirche bey gesetzet so wie derselbe es in seinen leben zu mir gesagt und derselbe es verlangt ist durch 12 Träger der Opferleute, und Schul-Collegen getr.*
59 Vgl. Interzessionsschreiben an den Fürsten von Nassau-Saarbrücken für die Witwe des Pastors Behm in Braunschweig wegen der für den Musikus Ritter geleisteten Bürgschaft, 1764 (StAWF: 2 Alt Nr. 18309).
60 Das Testament der Amalia Wilhelmina Behm/Böhm geb. Gundelach v. 30.9.1785 wurde am 25.11.1786 publiziert (Stadtarchiv Braunschweig: C VI:2, S. 127): sie setzt ihren Enkel Carl Johann David Lastrop zum Universalerben ein, er ist aber noch minorenn und muss *wegen seiner mir sehr mißfällig seyenden Lebens Art, unter eine Vormundschaft und Curatel nach meinem Ableben nothwendig kommen und gesezet werden*, er soll das Geld erst erhalten, wenn *er sich auf eine würckliche solide Art etabliret haben wird*; ihr Schwiegersohn Lastrop erhält, *weil er ein Freund von Schildereyen ist, meine sämtl. in meinen Hause befindl. Portraits und Schildereyen jedoch mit dem Vorbehalt daß solche nach dessen Absterben, weil darunter viele Familien Portraits sind an meinen Universal Erben wider zurück fallen sollen.* Auch ihre Schwiegertochter Ernestine Lastrop, ihre Kinder, Ernestines Schwester Frau Stedel geb. Scherenberg und die Magd Elisabeth Eschershausen werden bedacht.
61 Stadtarchiv Braunschweig: C I 8 Nr. 77 (Verpfändungs- und Contractbuch 1762-63), Bl. 232.
62 Vgl. den Kaufmann Johann Berenbostel in Hamburg (1718-1772; 1769 Firma Joh. Berenberg u. Goslar), ∞ ebd. 1748 Anna Maria Lastrop (1723-1761), Tochter des Kaufmanns Wichmann L. und der Ilsabe Tönnies.
63 Elisabeth Lastrop (Tochter von Peter L.), ∞ 4.2.1710 Johann Hermann Luis (1680-1746), Jurat in Hamburg.
64 Todeszeit lt. Begräbniseintrag: *den 26. hujus des Nachts um 3. Uhr*; dagegen Braunschweigische Anzeigen Sept. 1767, Spalte 769: *Absterben characteris. Personen. Am 25. [!] Aug. a. c. ist der Hofmeister beym Fürstl. Collegio Carolino, Herr Heinrich Julius Ernst Behm, nach einer vier wöchentlichen Brustkrankheit, im 27ten Jahre seines Alters hieselbst verstorben.*; vgl. auch GÄRTNER, C. C.: Kurzgefaßte Lebensumstände des im vorigen Jahre verstorbenen, am hiesigen Collegio Carolino gestandenen Herzogl. Hofmeisters, Herrn Heinrich Julius Ernst Behm. In: Gelehrte Beyträge zu den Braunschweigischen Anzeigen, Jg. 1768, Sp. 249-254 (auch dort ist als Sterbedatum der 25. August, nachts zwischen 11 und 12 Uhr, genannt).
65 Ehebuch Braunschweig (St. Katharinen) 1761, Nr. 10: *Im Monat Aprill. 9. Herr Carl Friedrich Behm, Fürstl. Braunschw. Lüneb. Cammer-Fiscal und Cantzeley-Advocatus auch Syndicus bey dem Fürstl. Stifte St: Ciriaci hieselbst, Herrn Heinrich Christian Behm, weyland Consistorial- und Kirchen-Raths, Abts und General-Superintendentens zu Holtzminden, hinterlaßener Sohn, und Jgf: Louise Maria Henriette Behm, Herrn Ernestus Leopoldus Friedricus Behm, weyland Pastoris Primarii bey hiesiger St: Catharinen Kirche und Decani des Stiffts St: Matthaei hieselbst, nachgelaßene jüngste Tochter. Sind Dom: Quasimodogeniti et Misericordias Domini proclamiret und von dem Herrn Pastor Jahns in Pastoris Witbe Behm Hause privatim copuliret worden. Copia eines Serenissimi Decret: Der Durchlauchteste Fürst und Herr, Herr Carl, Hertzog zu Braunschweig und Lüneburg. p. laßen dem Cammer-Fiscal Behm hiedurch die Gdgste Resolution ertheilen: Daß, wenn derselbe demnächst bescheinigen wird, daß er Einhundert Thaler an die Armen Anstalten zu Wolffenbüttel, welchen solche geschenckt seyn sollen, erleget habe, ihm sodenn die Heyrath und Copulation mit seines verstorbenen Halb-Bruders Tochter auf Vorzeigung dieses und vorgedachter Bescheinigung in Gnaden gestattet seyn solle. Urkundlich Höchstged. S⸗ Durchl. Handzeichens und beygedruckten Fürstl. Geheimen Cantzley-Siegels. Braunschweig den 13ten Januar: 1761. Carl H z Br. u. Lüneb. L. S. Intus gedachte Gelder sind der A. A. Caße hieselbst dato ausgezahlet, deren Empfang quitirend bescheinigen sollen. Wolffenbüttel den 29sten Mart: 1761. H Coordes Registr: der A. A. daselbst. AA v Cramm.*; Ehe auch aufgeboten in Braunschweig (St. Andreas).
66 StAWF: 3 Alt Nr. 552: Von der Registratur geführtes chronolog. Verzeichnis über (die Akten betr.) Deklarationen, Bestallungen und Entlassungen von Beamten und Bediensteten aller Art, 1747-1807 (S. 24: Karl Friedrich Behme, Kammer-Fiskal, 1760); Übertragung des Kammerfiskalats an Kanzleiadvokat Behme, 1760 (ebd.: 3 Alt Nr. 555); Ernennung des Kanzleiadvokaten Karl Friedrich Behme zum Kammerfiskal, 1760 (ebd.: 2 Alt Nr. 3208).

Helfen Sie,

**Informationen aus
Vergangenheit und Gegenwart
für die Zukunft zu bewahren!**

Das Stadtarchiv Holzminden sammelt und bewahrt

**Akten, Briefe, Broschüren, Bücher zur
Heimatgeschichte, Festschriften, Karten, Nachlässe,
Photographien, Protokolle, Schulbücher, Skizzen**

aus Gemeinden, Vereinen, Verbänden, Firmen
und Familien über Wirtschaft, Handel, Industrie,
Landschaft, Umwelt und alle Aspekte der Alltagskultur.
Es gibt fast nichts, was nicht interessant sein könnte!

Pflegliche und sichere Aufbewahrung sorgen für die
Weitergabe an unsere Nachkommen.

Archivbestände können auch unter Wahrung des
Eigentumsrechtes deponiert werden.

Für Informationen wenden Sie sich bitte an das

Stadtarchiv
c/o Kulturamt
Obere Straße 30
37603 Holzminden
Tel.: 05531/936426

Dr. Matthias Seeliger
Leiter des Stadtarchivs

Obertelegraphist Kortenbeil – Lebensschicksal eines Beamten im 19. Jahrhundert

von Hartwig Drope

Mit 1 Abbildung

Der im April 2009 zufällig in Wangelnstedt aufgefundene Grabstein der 1834 auf der Telegraphenstation 27 auf dem Holzberg bei Linnenkamp im Kindbett gestorbenen Louise Kortenbeil lenkt unseren Blick auf das Leben ihres Ehemannes, des Königlich Preußischen Obertelegraphisten Carl Ludwig Ferdinand Kortenbeil.

Die Freiheitskriege gegen Napoleon, der sich halb Europa unterworfen hatte, endeten 1813 mit der Völkerschlacht bei Leipzig. Beim Wiener Kongress haben sich 1815 die Siegermächte über die Neuverteilung der Länder geeinigt, der preußische König Friedrich Wilhelm III. erhielt die Rheinprovinz und die Provinz Westfalen zugesprochen. Für den König war es in der Folgezeit schwierig, die besonders unruhigen, gleichzeitig auch weit entfernt liegenden Rheinlande zu kontrollieren und Befehle zu erteilen. Ein reitender Bote benötigte damals für die Strecke von Berlin bis Koblenz bei gutem Wetter vier Tage, bei ungünstiger Witterung deutlich länger! Was lag also näher, als die Nachrichtenübermittlung zu beschleunigen. Die letzten Jahre des 18. Jahrhunderts haben vor allem drei technische Erfindungen hervorgebracht, die damals die Menschen sehr erstaunten: Der erfolgreiche Einsatz von Blitzableitern, die Entwicklung erster Fluggeräte (Mongolfière) und die Erfindung des Optischen Telegraphen. Letzterem hatte Napoleon einen Teil seiner militärischen Erfolge zu verdanken.

Als der preußische König im Jahr 1831 eine Kommission mit dem Auftrag einsetzte, von Berlin nach Koblenz eine erste deutsche Telegraphenlinie zu erbauen, eröffnete sich für Carl Ludwig Ferdinand Kortenbeil die Chance für eine berufliche Karriere. Kortenbeil muss zu dieser Zeit schon Angehöriger des preußischen Militärs gewesen sein, denn nur altgediente Unteroffiziere und andere Militärangehörige mit einem Versorgungsanspruch kamen für eine Anstellung im neu zu bildenden „Telegraphen-Corps" überhaupt in Frage.

Mitglieder des Telegraphen-Corps unterstanden direkt dem Kriegsministerium, sie blieben also Militärangehörige! Sie mussten technisches Verständnis nachweisen, um kleinere Reparaturen der Apparate selbst durchführen zu können. Im Vordergrund standen aber preußische Tugenden wie ein untadeliger Leumund, Gewissenhaftigkeit und absolute lebenslange Verschwiegenheit über alle dienstlichen Belange. Die Verschwiegenheit musste der Anwärter bei seinem Dienstantritt durch einen Eid versprechen.

Carl Ludwig Ferdinand Kortenbeil wurde 1833 gleich zur Eröffnung der optischen Telegraphenlinie als Obertelegraphist – das heißt Verantwortlicher – einer Station eingesetzt, die aus preußischer Sicht im braunschweigischen „Ausland" lag, also zusätzliche Zuverlässigkeit erforderlich machte. Sein Dienst (bis etwa 1838) begann auf der Station Nr. 27 auf dem Holzberg zwischen Linnenkamp und Stadtoldendorf. Die Räumlichkeiten der Telegraphenstationen waren ganz auf dienstliche Abläufe zugeschnitten. Die Unterbringung der Familien muss als preußisch spartanisch, besser gesagt als sehr primitiv bezeichnet werden.

Die wenigen Informationen, die wir heute zur Verfügung haben, bestehen aus knappen handschriftlichen, manchmal unleserlichen Eintragungen in alten Kirchenbüchern. Das Leben von Carl Ludwig Ferdinand Kortenbeil lässt sich danach etwa folgendermaßen rekonstruieren:

Geboren wurde er am 10. Januar 1803 in Werder im Havelland als Sohn des Ökonomie-Verwalters Kortenbeil aus Groß-Glienicke bei Berlin. Auf dem Gutshof ist er in für die damalige Zeit „besseren Verhältnissen" aufgewachsen.

In erster Ehe verheiratet mit Louise Kortenbeil, Tochter eines Brigadierförsters Oppermann, die am 17. August 1834 im Alter von 24 Jahren im Kindbett auf der Station verstorben ist (vgl. Grabstein: Abb. 1). Der Sohn Adolph Kortenbeil verstarb ebenfalls 1834. Als Taufpaten sind im Kirchenbuch Linnenkamp der Förster Schmelzer, der Reitende Förster Stöcklein aus Möhle bei Hildesheim und die Frau des Amtszimmermeisters Schnelle aus Stadtoldendorf, dem Erbauer der drei Telegraphenstationen auf dem Elfas bei Mainzholzen (Nr. 26), dem Holzberg bei Linnenkamp (Nr. 27) und auf dem Burgberg bei Warbsen (Nr. 28), eingetragen.

Die zweite Ehe mit Marie Dorothee Töpperwien aus Hornhausen wurde am 15. März 1835 in der Kirche in Wangelnstedt geschlossen. Am 22. März 1836 wurde auf Station 27 der Sohn Hermann Adalbert Kortenbeil geboren, er verstarb nur wenige Wochen später, am 8. Mai 1836. Die Taufpaten kamen wieder aus dem Telegraphen-Corps. Es waren der Obertelegraphist Tesch und seine Frau von der Telegraphenstation 26 bei Mainzholzen und der Obertelegraphist Steinhoff mit Frau von der Station 28 bei Warbsen.

Abb. 1: Grabstein Kortenbeil, Fundsituation. (Aufn.: Verfasser)

Nach dem Tod des Sohnes hat das Ehepaar Kortenbeil wohl angestrebt, die Station 27 auf dem Holzberg zu verlassen. Ganz in der Nähe des Geburtsortes der Frau, auf dem Spitzberg bei Groß-Oschersleben, wird 1838 die Stelle des Obertelegraphisten vakant. Kortenbeil bekommt diese Stelle, es handelt sich um die Station 17.

Mit der Versetzung nach Groß-Oschersleben ist die persönliche Tragödie des Obertelegraphisten Kortenbeil aber noch nicht beendet. Am 2. März 1842 verstirbt seine zweite Ehefrau im Alter von 34 Jahren. Die Todesursache konnte bisher noch nicht festgestellt werden. Schon am 19.Juni 1842 heiratet Kortenbeil in Hornhausen in dritter Ehe die 20-jährige Jungfer Christiane Roloff, vermutlich eine Nichte seiner zweiten Frau.

Am 23. November 1845 wird der 43jährige Obertelegraphist Kortenbeil auf dem Weg von seiner Station 17 bei Groß-Oschersleben zu seinen Verwandten in Hornhausen tot aufgefunden. Als Todesursache wird *Blutsturz* angegeben.

In der ersten Hälfte des 19. Jahrhunderts war die Lebenserwartung der Bevölkerung im Vergleich zu heute sehr gering. Viele junge Frauen starben im Kindbett, Kinder oft schon kurz nach der Geburt. Der ungarische Arzt Ignaz Semmelweis hat in Wien erst um 1860 mangelnde Hygiene als Ursache vieler Todesfälle erkannt.

Durch die Benennung von Paten vorwiegend aus den Reihen des Telegraphen-Corps konnte die Interessengemeinschaft Optische Telegraphie im Landkreis Holzminden weitere Namen von Ober- und Untertelegraphisten feststellen. Nicht oft wird es aber möglich sein, die Unterlagen so vollständig zu erhalten, wie im tragischen Fall des Obertelegraphisten Kortenbeil. Sein Lebensschicksal erscheint beispielhaft für das der Menschen in der ersten Hälfte des 19. Jahrhunderts.

Quellen:
Kirchenbuch Linnenkamp 1815-1870: S. 75, Eintrag 11; S. 81, Eintrag 2; S. 257, Eintrag 7
Kirchenbuch „St. Stephani" Hornhausen (1824-1846)

Zur Teilnahme auch jüdischer Soldaten aus Holzminden und Stadtoldendorf an den Feldzügen gegen Dänemark in den Jahren 1848/49

von Klaus Kieckbusch

Mit 6 Abbildungen

Einige Zufälle gaben den Anstoß zum vorliegenden Aufsatz: Das Stadtarchiv Holzminden erhielt 2010 die Anfrage einer jüdischen Familie aus Kalifornien nach Spuren von Vorfahren mit zunächst unklarem Familiennamen. Die vom Verfasser aufgenommene E-Mail-Korrespondenz führte zu den Holzmindener jüdischen Familien des Uhrmachers Samuel und der Metallhandwerkerfamilie Rothgießer. Letztere gehört in eine seit dem Jahre 1700 in der Stadt nachzuweisende Familien-Linie. Zwei Mitglieder dieser Familie trugen den Namen „Itzig genannt Julius Rothgießer": Der eine wurde 1822 geboren, der andere, sein Neffe, 1843. Die Absenderin jener Anfrage aus Kalifornien, Frau Debohra Cahn, ist Urenkelin des Jüngeren. Der Ältere war eine Zeitlang herzoglich-braunschweigischer Soldat und marschierte als solcher 1849 mit nach Schleswig. Das Niedersächsische Staatsarchiv Wolfenbüttel konnte zu diesem Faktum sogar noch einen seltenen Beleg liefern: einen eigenhändigen Brief dieses Holzmindener Juden von eben jenem Feldzug.

Zu etwa der gleichen Zeit, in der Frau Cahn ihre Anfrage nach Holzminden sandte, nahm der Urenkel eines Stadtoldendorfer Juden aus der Familie Frank, Ulrich Hausmann, Kontakt zu Jens Meier auf, der sich in der Homburgstadt intensiv um die Erforschung der jüdischen Geschichte bemüht. Auch hier handelte es sich darum, „roots" zu finden. Das Stichwort „braunschweigischer Militärarzt" führte schnell zu der ganz unerwarteten Möglichkeit eines Nachweises, daß ein zweiter Jude aus dem Kreis Holzminden an den Feldzügen von 1848/49 teilnahm, und daß beide sich wohl auch gekannt haben werden.[1]

Historischer Hintergrund

Was in Schleswig-Holstein die Kämpfe gegen das Königreich Dänemark hervorrief[2] und wie es zur Teilnahme von Truppen des Bundesheeres kam – Truppen des Deutschen Bundes –, unter denen im 10. Corps die Braunschweiger[3] mitwirkten, gehörte und gehört augenscheinlich nicht zum schulischen Geschichtspensum im weiten deutschen Land außer in Schleswig-Holstein selbst. (Anders verhält es sich mit den Düppeler Schanzen des Jahres 1864, um die es hier aber nicht geht.) Die Dänen gebrauchen für die hier gemeinten Kämpfe den festen Begriff des „Dreijahreskriegs" und meinen die Jahre von 1848 bis 1851. Es läßt sich daher nicht vermeiden, den Hintergrund der kriegerischen Ereignisse, deren Echo bis nach Holzminden reichte, kurz zu skizzieren.

Der Ausbruch der Kämpfe hing – auch – mit jener Zeitströmung zusammen, die politisch zu den französischen und deutschen Revolutionen der Jahre 1830 und 1848/49 führte. Sowohl liberale Ideen, die sich in freiheitlichen Bewegungen äußerten, als auch der aufkommende Nationalismus der ersten Hälfte des 19. Jahrhunderts wirkten in der hier anzusprechenden Entwicklung mit. Auch die Schleswig-Holsteiner übten sich in revolutionärem Geist und trieben gleichzeitig das voran, was als „Identitätsfindung" der Deutschen, in einer deutschen Nation, zu sehen ist. Der kriegerisch werdende Streit mit Dänemark wurde „der wichtigste aller 1848 aufbrechenden Nationalitätenkonflikte".[4]

Ein zwischen Deutschen und Dänen scheinbar unlösbares Problem war aus ererbten politischen Gegebenheiten erwachsen: Seit der unter Metternich 1815 geschaffenen europäischen Ordnung umfaßte das Herrschaftsgebiet des dänischen Königs auch die drei alten Herzogtümer Lauenburg, Holstein und Schleswig. Während Schleswig unmittelbar zum dänischen Reich gehörte, war der dänische König in Lauenburg und Holstein nur der regierende Herzog. Dänemark hatte immerhin so direkte Nachbargrenzen zu Hamburg, Lübeck, Mecklenburg-Schwerin-Strelitz und zum Königreich Hannover.

Das Herzogtum Holstein aber zählte nach der Akte von 1815 zum Deutschen Bund: Also war der dänische König als Herzog über Holstein auch Mitglied des Deutschen Bundes.

Über diesen Deutschen Bund, dem 39 kleine und sehr kleine Staaten angehörten, ist hier einzuschieben, daß er auch 1848 in Frankfurt am Main noch mit einem „Bundestag", der ständigen Vertretung der „Bundesversammlung", präsent war. Dieser „Bundestag" ist nicht zu verwechseln mit jener „Nationalversammlung", die aus den revolutionären Prozessen des Jahres 1848 erwuchs und das Ziel der staatlichen deutschen Einheit vertrat. Ab 1821 verfügte der Deutsche Bund offiziell über ein Bundesheer mit zehn Armeekorps. Nichts in diesem eigentlich nur nominell bestehenden Heer war vereinheitlicht, das 10. Korps bestand aus neun Einzelkontingenten, wovon die Braunschweiger eines stellten. Andere Kontingente stellten unter anderen Hannover, Mecklenburg und Oldenburg.

Theoretisch konnten Holsteiner – nicht jedoch die Schleswiger – zum deutschen Bundesheer aufgerufen werden. Praktisch jedoch unterstanden die Soldaten hier dem Herzog – das heißt aber, wie oben gesagt, dem dänischen König.

Innerhalb Schleswigs entwickelten sich nationale Spannungen zwischen Deutschen und Dänen. Deutsche identifizierten sich bewußt durch den Gebrauch der deutschen Sprache und stärkten ihr Gemeinschafts- oder Zusammengehörigkeitsgefühl innerhalb der „deutschen" Turnbewegung oder des „deutschen" Chorwesens.

Während die dänische Seite eine nationale Grenze an der Eider wünschte, die ganz Schleswig umfassen sollte, wollte die national-liberale deutsche Bewegung eine Grenze weiter nördlich (an der „Königsau"). Fragen der Thronfolge in Dänemark förderten die Auseinandersetzungen: Eine vom König Christian VIII. gewünschte, eigens von ihm durchgesetzte Möglichkeit der weiblichen Thronfolge stärkte die dänisch-nationale Partei; die männliche hätte sich zugunsten der deutschen Seite ausgewirkt.

Christian VIII. starb am 20. 1. 1848. Beide Seiten beriefen sich auf überlieferte alte Ansprüche oder Rechte: Schleswigs Lehnszugehörigkeit zum dänischen Königreich über Jahrhunderte hindurch stand gegen den Vertrag von Ripen, der sehr früh, im Jahre 1460, festgelegt hatte, daß Schleswig und Holstein *up ewig ungedeelt* zu bleiben hatten.

Zur Nationalversammlung in der Paulskirche

Weil sowohl Holzminden als auch Stadtoldendorf durch Abgeordnete der Nationalversammlung unmittelbar in der Frankfurter Paulskirche vertreten waren, soll auch die Haltung dieses kurzzeitigen gesamtdeutschen Parlaments zur Schleswigfrage hier wenigstens knapp berührt werden.

Aus Braunschweig-Wolfenbüttel wurden nach Frankfurt am Main entsandt:[5]
Carl Heinrich Jürgens, 1801-1860, Pfarrer,
Johann Friedrich Stolle, 1794-1864, Kaufmann, gewählt am 29. April,
Gustav Langerfeldt, 1802-1883, Oberlandesgerichtsrat aus Wolfenbüttel,
August Hollandt, 1800-1882, Rechtsanwalt / Obergerichtsanwalt aus Braunschweig.

Der Theologe Jürgens war zwar in Braunschweig geboren, diente aber als Pfarrer in Amelungsborn-Negenborn und Stadtoldendorf. Er vertrat den Wahlkreis Braunschweig-Stadt. Kaufmann Stolle lebte und starb in Holzminden und ging auch als Vertreter des hiesigen Wahlkreises nach Frankfurt.

Die Schleswig-Holstein-Frage bewegte die Gemüter der Abgeordneten in mehreren Sitzungen. Am 7. Juni 1848 erklärten sie zum Beispiel die schleswigsche Sache zur *Angelegenheit der deutschen Nation*. Die Entscheidung, wegen des Kampfes mit Dänemark eine deutsche „Reichsflotte" zu schaffen, fiel schon wenige Tage danach. Den Abgeordneten wurden Berichte zur militärischen Lage oder zu den politischen und rechtlichen Feinheiten erstattet. Sie hätten die Einwohner im nördlichen Teil von Schleswig gern darüber abstimmen lassen, ob sie deutsch oder dänisch sein wollten.[6]

Stolle und Hollandt, „gemäßigte Linke"[7], unterlagen zusammen mit anderen bei der Frage, ob die Nationalversammlung zu fordern habe, daß ihr der (noch abzuschließende) Friedensvertrag mit Dänemark zur Genehmigung vorgelegt werden müsse.

Nachdem die *Verfassung des Deutschen Reiches* (die „Paulskirchenverfassung") zwar am 28. März 1849 von den Abgeordneten angenommen, aber am 7. Mai des Jahres durch Preußen abgelehnt worden war, bedeutete dies das praktische Ende des demokratischen deutschen Parlaments in Frankfurt. Den Waffenstillstand vom Juli 1849 und den Friedensschluß von Berlin (Juli 1850) verhandelten und beschlossen Dänemark und Preußen, Preußen *zugleich für den Deutschen Bund*.

Ausbruch des Krieges

Die Revolution vom Februar 1848 in Paris, die Unruhen in Wien (Sturz Metternichs) sowie in Berlin im März des gleichen Jahres trugen dazu bei, daß zum einen in Kiel die sog. „Provisorische Regierung" für Schleswig und Holstein zusammentrat, sich zum anderen in Kopenhagen jedoch die national-liberalen Kräfte – auch in einer Art Revolution – durchsetzten. Die Einverleibung Schleswigs ins dänische Königreich zählte zu ihren Forderungen.

Den Beginn des Kriegs bestimmt die Einnahme der dänischen Festung Rendsburg durch die eiligst formierten Truppen der Provisorischen Regierung: ein „Blitzsieg" durch einen Überrumpelungsangriff (24. März 1848). Die schleswig-holsteinische Armee gerät jedoch im April in militärische Schwierigkeiten. Als erste der zu Hilfe herbeiziehenden deutschen Truppen treffen preußische Einheiten ein (Auftrag des Deutschen Bundestages vom 4. April 1848). Sie waren quasi sofort einsatzbereit und gehören nicht dem 10. Korps des Bundesheeres an. Ihre Vorhut überschritt schon am 2. Mai die Königsau, die Grenze nach Jütland.

In der Frankfurter Paulskirche tagte vom 31. März bis zum 3. April das revolutionäre Vorparlament. Hier wurde bereits die Forderung erhoben, Schleswig sofort in den Deutschen Bund aufzunehmen. Der offizielle Beschluß des Bundestages, das Herzogtum tatsächlich zum Mitglied des Bundes zu erklären, fiel am 12. Mai 1848. Der Beschluß forderte gleichzeitig von den deutschen Fürsten, mit Waffengewalt vorzugehen. Eine Genehmigung für die Bundestruppen, aktiv einzugreifen, lag schon per 20. April 1848 vor.

Die Bundestruppen sollte Freiherr Hugh von Halkett, hannoverscher General-Leutnant, kommandieren.[8] Eine *Division* aus Hannoveranern, Oldenburgern, Mecklenburgern und Braunschweigern sollte Mitte April in Holstein eintreffen. Je rund 12.000 Preußen und Soldaten der Bundestruppen standen zur Verfügung.

Wegen Unruhen abwesende Einheiten

Herzog Wilhelm von Braunschweig begegnete Mitte April 1848 jedoch einer gewissen Schwierigkeit, seine Truppen für den Marsch nach Norden zusammenzustellen – einer Schwierigkeit, die gerade mit dem Kreis Holzminden zu tun hatte: Auch die Einwohner der Stadt Holzminden und mehrerer Dörfer des Kreises waren von der allgemeinen sozialen und politischen Unruhe des Frühjahrs 1848 nicht unberührt geblieben. Der Stadt war bereits die Schaffung einer Bürgergarde zugestanden worden (Kommandeur Kreisrichter Vorwerk). In einer *Adresse* hatte die Stadt dem Landesherrn im März übermittelt, die Wünsche der Einwohner um *Anhörung* seien denen der Stadt Braunschweig gleich. In Merxhausen und Wangelnstedt haben aufrührerische *Elemente* Zolleinrichtungen angegriffen, anderswo griff man Förster an, die hart gegen Waldfrevel vorgingen. Die Unruhe griff auch auf Fürstenberg über, wo es Klagen wegen ausstehender Fuhrlöhne gab. Schließlich aber wurde am 25. März die Zahl der rabiat auftretenden Menschen in Boffzen so groß, daß die Kreisdirektion das braunschweigische Staatsministerium um militärische Hilfe bat: Später wurde hier gegen 50 Personen ermittelt.[9]

Es rückten nun 220 Soldaten des 2. Bataillons der braunschweigischen Infanterie in Holzminden und Boffzen ein; Teile davon wurden auch im Kreis Gandersheim gebraucht. Die noch neue Eisenbahn hatten sie bereits bis Hildesheim benutzen können. Teile des Leibbataillons kehrten nach ihrer „Beruhigungsaktion" am 8. April von Blankenburg zurück. Als die Soldaten des 2. Bataillons schließlich die Ruhe im Kreis Holzminden wieder hergestellt hatten und um den 13. April nach Braunschweig zurückkamen, waren andere Truppen bereits auf dem Weg nach Schleswig-Holstein.[10]

Die braunschweigischen Einheiten in den beiden Feldzügen

Es bestand ein braunschweigisches Infanterieregiment; daraus gingen mit:
1. Bataillon, Stab, Pioniere und 1. bis 4. Kompanie; als Bataillonsarzt: Dr. Baumgarten.
2. Bataillon, Stab und 1. bis 4. Kompanie; als Bataillonsarzt: Dr. Helmbrechts.
   (1849 neu: Je zwölf Zimmerleute pro Bataillon)
Artillerie (1 Batterie); als *Bataillonsarzt*: Dr. Benjamin Frank.
„Das" Husarenregiment (nur 1849): 1. und 3. Escadron.
In Schleswig-Holstein wurden auch ein braunschweigisches Lazarett und eine Ambulanz aktiv.

Die beiden braunschweigischen Bataillone bildeten das herzogliche Infanterieregiment. Das herzogliche Leibbataillon blieb im Lande. Die mitziehenden Bataillone zählten während des Feldzuges 1848 zur 3. Infanteriebrigade der *Mobilen Division* des 10. Bundes-Armee-Korps. Das Oberkommando über die zu Hilfe eilenden Truppen des Deutschen Bundes hat kurze Zeit der hannoversche Generalleutnant v. Halkett, später der Preuße General v. Wrangel, während v. Halkett dann in das Kommando über die *Mobile Division* zurücktrat.

Das 1. Bataillon des Braunschweiger Regiments führt Major Adolph Otto von Brömbsen. Diesem Adolph Otto, damals noch Hauptmann, unterstand zu dessen Holzmindener Zeit die erste Kompanie eines *herzogl.-braunschweig. Weser-Reserve-Bataillons*. Im Januar 1817 bat er um die Genehmigung der Militärverwaltung zu seiner Hochzeit, zwischen 1817 und 1821 wurden vier seiner Kinder in Holzminden geboren, darunter Emil Carl Adolph (am 11. 9. 1821) und Carl Hans Friedrich Georg (am 12. 1. 1819). Vater Adolph Otto wurde im April 1849 als Oberstleutnant pensioniert. Der Sohn Emil durchlief ebenfalls eine militärische Karriere im braunschweigischen Heer (1848 Premierleutnant im Leibbataillon, das nicht nach Holstein ging). Carl wiederum bat 1854 (vergeblich) die Frankfurter Vertretung des Deutschen Bundes um eine *Pension*: Er hatte nämlich in der Schleswig-Holsteinischen Armee, freiwillig dort eingetreten, als Leutnant auch gegen Dänemark gekämpft.[11]

Das 2. Bataillon stand unter dem Kommando des Oberstleutnants von Paczinsky. Chef der Artillerie und der Pioniere war Major Orges. Die braunschweigischen Husaren sind nicht schon 1848, sondern erst 1849 mit ausgezogen (nur die 1. und die 3. Schwadron). Ihr Chef war Major Ernst Adolph von Mansberg aus Meinbrexen. Er stand seit 1824 im Dienst des braunschweigischen Militärs.

Mannschaftszahlen

Beim Ausrücken zählte das 1. Bataillon 1848 15 Offiziere, 33 *Hoboisten* (oder Spielleute), 553 Unteroffiziere und einfache Soldaten sowie einen Arzt. Die beiden Bataillone des Regiments wurden bei der Ankunft in Holstein (Bramstedt) mit 33 Offizieren, 1212 Unteroffizieren und Mannschaften sowie insgesamt acht Ärzten vermerkt.[12] Jede Kompanie umfaßt 165 bis 178 Köpfe. Zwei Kompanien führten übrigens die Namen von *Waschweibern* in ihren Namenslisten mit auf (siehe *Bediente*), in den Kopf-Zahlen erscheinen diese Frauen aber nicht.

Etwas mehr als fünf Prozent jedes Bataillons bildeten demnach die *Hoboisten* oder Spielleute: Überbleibsel aus früheren Zeiten. Sie mögen die vielen Märsche begleitet haben; da bei einem Angriff auch ein *Tambour* verletzt wurde, ist anzunehmen, daß die Militärmusiker nach friderizianischer Art auch die geschlossenen Reihen beim Vorrücken im Gefecht begleiteten.

Als die Preußen wie auch die Truppen des Deutschen Bundes in Holstein eingetroffen waren, hatten sich auf deutscher Seite im April 1848 rund 32.000 Soldaten versammelt, grob gerechnet je ein Drittel Preußen, Bundessoldaten und Schleswig-Holsteiner.

Als recht spät, 1891, an die Teilnehmer der Feldzüge von 1848/49 eine Braunschweiger Verdienstmedaille ausgegeben wird, melden sich allein im Kreis Holzminden noch 47 Männer, um diese Ehrung zu erfahren.[13]

Die Holzmindener Teilnehmer an den Feldzügen von 1848 und 1849[14]

Namen und Vornamen	Dienstbeginn	1848	1849	Anmerkungen
Böker, Carl Hnr. Wilh. Ernst	1.5.48	x		
*16. 3. 1826, So. eines Tagelöhners				
Bost, Ant. Chr. Fr. Ldw.	1.5.45	x	x	
* 28. 10. 1823, So. eines Dachdeckermeisters				
Fette, Christian Heinr.	1.5.42	x		Sergeant, Pionier
* 9. 4. 1820, So. eines Zimmergesellen				
Gattermann, Carl Conrad Frdr.	1.5.44	x		
* 29. 11. 1821, So. eines Stahlschmieds				
Gerhardt, Otto Carl Chr.	1.5.48	x		
evtl. nicht in Holzm. geb.				
Glitz, Christian Julius	1.5.43	x		
* 15. 9. 1821, So. eines Leinewebers				
Haewecker/Heveker, Carl Hnr. Wilh.	1.5.47	x		
* 21. 8. 1825, So. eines Fleischermeisters				
Hartmann, Carl Wilh. Ferd.	.. 8.40	x		Hornist
* 22. 5. 1827, So. eines Musikers				
Hentze/Henze, Hnr. Christian	1.10.48	x	x	
* 2. 6. 1823, So. eines Hufschmieds				
Hohmann/Homann, Frdr. Ferdin.	1.5.48	x		
* 11. 7. 1826, So. eines Kopisten				
Lindwurm, Hugo Aug. Jac.	17.11.48	x		Corporal
* 5. 5. 1831 in Bevern, Gymnasiast 1846-47				
Lutterberg, Fr. Hnr. Conr.	1.5.48	x		
* 10. 12. 1826, Sohn eines Maurermeisters				
Meyer/ Denecke gen. Meyer, Chr. C. A. W.	1.5.43	x	x?	
im Kirchenbuch nicht identifiziert				
Niemeyer, Carl Frdr.	1.5.45	x	x	
* 24.4. 1824, So. der Witwe eines Dieners				
Pfannkuche, Christ. Conr. Wilh. Edu.	1.5.45	x	x	
* 26. 8. 1823, So. eines Fleischermeisters				
Raecke I, Carl Heinr. Frdr. Ldw.	1.5.41	x		
* 15. 12. 1819, So. eines Klempnermeisters				
Raecke II, Hnr. Frdr. Joh. Chr.	1.5.48	x	x	Kanonier
* 1. 9. 1826, jüng. Bruder zu Raecke I				
Reese I, Chr. Frdr. Carl Wilh.	?		x	im 1. Bat.
* 3. 10. 1815, So. eines Schuhmachermeisters				
Reese II, Heinrich Conrad	1.5.46	x	x??	
* 23. 10. 1823, jüng. Bruder zu Reese I				

Reese III, Hnr. Frdr. Wilh. Ldw.	?	x		im 2. Bat.
* 21. 11. 1824, So. eines Ackermanns				
Rothgießer, Itzig/Julius	10.10.48	x		Vizesergeant
* 6. 6. 1822, So. des Gelbgießers Itzig Herz (Rothgießer)				
Schäfer, Hnr. Frdr. Ldw.	16.10.48	x		
* 18. 6. 1828, So. eines Seifenkochs				
Schröder, Chr. Frdr. Ldw.	1.5.45	x	x	
* 21. 5. 1823, So. der ledigen, 23 Jahre alten Johanne Schr.				
Spormann, Hnr. Christian	1.5.41	x	x	aus Altendorf
* Dez. 1819 in Höxter, So. eines Messerschmieds				
Tebbe, Hnr. Ldw. Herm. Ant.	5.? 5.46	x	x	Corporal
* 4. 3. 1824, So. eines Schneiders				
Teiwes, Aug. Frdr. Wilh. Dan.	1.5.45	x	x	
* 6. 2. 1823, So. eines Tagelöhners				
Wicke, Carl Aug. Frdr.	1.5.47	x		
* 22. 2. 1825, So. eines Färbermeisters				
„Wicke Frdr. Wilh.“: identisch mit Obigem! kein Hinweis		x (s. Carl Aug. Frdr.)		
(Zu Krüger, Albert: siehe weiter unten)				

Zur Liste der Teilnehmer[15]

Stand oder Beruf der meisten Soldaten-Väter (oder -Mütter) verdienen besondere Beachtung.

Soweit kein besonderer militärischer Rang vermerkt ist, tritt der Genannte in den Akten als *Soldat* oder *Grenadier* auf (letzteres nur in den 1. Kompanien). – Die Bezeichnungen *Corporal / Vizecorporal* scheinen je nach Kompanie den Rängen *Sergeant / Vizesergeant* zu entsprechen.

Aus insgesamt 26 Gemeinden des heutigen Landkreises Holzminden stammten rund sechzig weitere Soldaten der braunschweigischen Truppen im 10. Korps des Deutschen Bundes. Die Orte waren halbwegs gleichmäßig belastet; Ottenstein stellte fünf Mitmarschierer, Derental deren vier, Dörfer wie Schorborn und Merxhausen je einen, die größeren Gemeinden Bevern und Stadtoldendorf allerdings nur je zwei. Hehlen jedoch entsandte gleich sieben junge Männer.

Der Hornist Hartmann aus Holzminden ist den Unterlagen nach mit dreizehn Jahren ins herzogliche Heer aufgenommen worden und mit einundzwanzig Jahren ausmarschiert. Mit 17 ½ Jahren, schon als Korporal, zog der Gymnasiast (Primaner) H. A. J. Lindwurm mit nach Holstein. Er wird sich als „Einjährig-Freiwilliger" gemeldet haben. Sein Vater, ein Oberleutnant, leitete damals die Arbeits- und Besserungsanstalt Bevern.

Bei der Reiterei waren Männer aus Holzminden nicht vertreten, vielmehr nur einzelne aus den Dörfern (z. B. Christian August Lott aus Bevern als Unteroffizier).

Die Liste der Feldzugsteilnehmer aus Holzminden ist um den Soldaten Albert Krüger zu erweitern. Er wurde am 19. Juli 1826 hier geboren, sein Vater war Dr. med. Joh. Gottl. Ludw. Krüger. Er selbst hatte bis Ostern 1846 die Prima des Gymnasiums besucht, war ohne Reifeprüfung abgegangen, hatte sich (1849?) freiwillig für den Kampf gegen Dänemark gemeldet und war schnell Vizekorporal geworden. Er fiel am 6. Juni 1849 bei den Kämpfen nahe Düppel als Angehöriger des 1. braunschweigischen Bataillons. Sein Grab befindet sich in Atzbüll. – Die Holzmindener Kirchenbuch-Einträge der Jahre 1848/49 sagen nichts über gefallene Soldaten. Warum die oben herangezogene Liste der Soldaten aus Holzminden Krüger nicht nennt, war noch nicht zu klären.[16]

Ein anderer Teilnehmer am Feldzug von 1848 aus dem Gebiet des Kreises Holzminden, der seinen Einsatz auch mit dem Leben bezahlte, war der Leutnant Carl von Grone aus Westerbrak. Ihn nennen die Akten in Wolfenbüttel deswegen nicht, weil er in preußischen Diensten stand. In der nur ein halbes Jahr erschienenen *Zeitung für das deutsche Volk* vom 12. 5. 1848 teilte sein Bruder Adolph mit, der junge Leutnant sei am 23. April *beim Ersteigen des Margaretenwalles vor Schleswig* gefallen[17].

Bereits die braunschweigischen Marschierer des Jahres 1848 konnten *ausgehoben* sein oder aber sich als *einjährig Freiwillige* zum Soldatendienst gemeldet haben. In einer Liste erscheinen beim Namen Julius Rothgießer beide Begriffe: möglicherweise also hat er sich freiwillig gemeldet.

Zur Frage nach dem Militärdienst von Juden: Neben dem Holzmindener Itzig/ Julius Rothgießer,[18] dessen Familie gut erforscht ist, läßt sich in den überlieferten Listen nur der Soldat Otto Rothschild aus Braunschweig von seinem Namen her relativ sicher als Jude vermuten. Bei wenigen anderen Namen müßte Näheres recherchiert werden. Die offiziell vorgegebene Dienstpflicht für junge männliche Untertanen im Braunschweigischen ließ sich bis zum Herbst 1848 vielfach dadurch unterlaufen, daß der Dienstpflichtige für Geld einen Stellvertreter fand.

Artillerie

Die braunschweigische Artillerie bestand aus sechs Geschützen, aus sogenannten „Sechspfündern". Zwei der Geschütze werden einmal „Haubitzen" genannt, als sie vom Ufer aus auf kleinere „Kanonenboote" schießen[19]. Offenbar besaßen alle anderen Geschütze der „Bundesarmee" ein größeres Kaliber. Soweit allerdings bei Gefechten von Artillerie überhaupt die Rede ist, gelingt es ihr jeweils schnell, dänische Fußtruppen zu stoppen.

Diese kleine Artillerietruppe zählt 200 Köpfe, allerdings zusammen mit der „Ambulanz".[20] Soweit extra erwähnt, wird eine eigens zusammengestellte „Pioniertruppe" zusammen mit der Batterie geführt.[21] Sie beseitigt einfache Sperren – gefällte Bäume zum Beispiel –, baut Kolonnenwege und legt auch Geschützstellungen an oder schafft Brustwehren.

Bei den ersten Gefechten der Braunschweiger am 24. April 1848 „hätte" die Feldartillerie mit Erfolg eingreifen können: Ziele in einer Entfernung von 900 Metern „hätten" sich angeboten. Entsprechende Befehle waren nicht ergangen.[22] Die Batterie war dann wohl unverzüglich mit nach Flensburg gezogen und sorgte dort am 25. 4. mit dafür, daß dänische Schiffe, die vor der Stadt lagen, verschwanden. Als sie die Schiffe auf 1.400 Schritt Entfernung direkt vom Kai aus beschoß, geriet sie selbst unter gefährlich intensives Feuer der Schiffsgeschütze.

Während der wochenlangen Vorposteneinsätze Ende April auf Düppel stand die Batterie, wie immer unter dem Befehl von Orges, dort auch mit in der Stellung. Als Anfang Mai hannoversche Truppen[23] die Vorposten auf Düppel übernahmen, ging die Artillerie mit nach Gravenstein. Von hier aus wurde sie wie auch das erste Bataillon mit in den Angriff vom 28./29. Mai geschickt. Zwei der Kanoniere verloren bei einem überstürzten Stellungswechsel ihr Leben. Die landesüblichen Knicks in der Feldmark behinderten die Artillerie so, daß die Soldaten „Schießscharten" ins Gebüsch schnitten. Eine Woche später (5. 6.) war sie noch einmal mit dem 1. Bataillon in der „Avantgarde" vorgegangen und erwies sich von neuem als so „tüchtig", daß sie gelobt wurde.[24] Ins Gefecht einbezogen wurde sie auf der „Büffelkoppel", einem Terrain auf halbem Wege zwischen Düppel und Nübel.

1849, während des eigentlich „tatenlosen" Feldzugs, nimmt die Artillerie am 6. Juni einmal ein Gehöft unter Feuer und greift infanteristisch mit an.

Die Batterie begleitete als Arzt Dr. Benjamin Frank, Sohn aus einer in Stadtoldendorf lebenden jüdischen Familie (siehe weiter unten).

Lazarett, Ambulanz

In der Umgebung Gravensteins wird schließlich auch zum ersten Mal ein braunschweigisches „Lazarett" erwähnt. Dr. Knocke leitete es.[25] Das Lazarett hat während des Feldzuges entschieden viel zu tun: Zunächst wären die Verwundeten zu nennen, doch deren Zahl bleibt begrenzt. Viele Soldaten leiden unter Krankheiten und fallen dadurch aus. Den Berichten nach greift auch die Krätze um sich und beschäftigt die Ärzte.[26] Als gegen Ende des Feldzuges von 1848 über 2.000 Mann an Verstärkungen für die unter Halketts Befehl stehende Division eintreffen, gleichen diese Zugänge kaum die Abgänge an Kranken aus.

Da ein Dr. Lippelt den ärztlichen Dienst in der braunschweigischen „Ambulanz" versieht, wird es sich hier um eine weitere medizinische Einrichtung handeln, die im Gefecht den Soldaten folgt: Schließlich gerät Dr. Lippelt, „Bataillonsarzt", der Soldaten versorgte, ohne auf anderes zu achten, am 28. Mai sogar in dänische Gefangenschaft. (Wie andere auch, wird er noch während des Feldzuges, schon im Juni, wieder ausgetauscht.[27])

Den Posten des obersten Mediziners in der ganzen Division des Generalleutnants Halkett erhielt Dr. Bacmeister, im Rang eines Oberstabsarztes. Die militärische Führung hob hervor, daß er am 5. Juni auch nahe am Gefechtsfeld Verwundete operiert habe.

Umstände des alltäglichen Soldatenlebens

Die Soldaten aus Braunschweig-Wolfenbüttel erhielten als monatlichen Sold 2 Taler, 12 Groschen und 11 Pfennige. – Dem Soldaten standen pro Tag folgende Mengen an Lebensmitteln zu[28]: 2 Pfund Brot, ¾ Pfund Fleisch oder ½ Pfund Speck, ¼ Pfund Reis oder 1/3 Pfund Graupen oder 1 ½ „Kannen" Kartoffeln (1 brschw. Kanne hat 0,9 l), 2 „Loth" Salz (zwischen 14 und 8 Gramm), 1/8 „Quart" Branntwein (etwa 1/8 Liter). Statt des Branntweins durften ab Juni 1848 auch 1 ½ Loth geröstete Kaffeebohnen ausgegeben werden.

Dem Brief[29] von Julius Rothgießer wird zu entnehmen sein, daß ihm (zuweilen?) das Essen nicht reicht (siehe weiter unten). Andererseits notiert der ebenfalls bei den Braunschweigern dienende Soldat Woratz in einem überlieferten Tagebuch[30], der Herzog von Augustenburg habe mit einem Teil seiner Kompanie auch ihn einmal auf Schloß Gravenstein eingeladen. Bei der Gelegenheit tranken *wir 22 Mann* ganze 28 Flaschen Wein und *aßen feines Brot*. Zweifellos ein Sonderfall.

Wie es die weiter unten folgenden Abschriften der Briefe zeigen, konnten die Soldaten dieser Feldzüge eine wohlgeregelte Feldpost nutzen. Zum Postservice gehörte auch die Zustellung von Paketen (portofrei bis 3 kg: siehe den Brief von Julius Rothgießer!).

Wenn die Kompanien von Gravenstein aus auf Vorposten zogen, so wurde ihnen das Gepäck mit den Kochkesseln und Lebensmitteln hingefahren. Das Kochen geschah so gut wie individuell. Mehrfach heißt es, daß die Soldaten in schwieriger Lage nicht abkochen konnten.[31] „Kleine Menagekessel", welche die Soldaten auf dem Tornister mit sich führten, waren schließlich in schwarze Leinenbeutel zu stecken, weil klar wurde, daß die Dänen gern auf alles Glänzende schossen.[32] Deswegen hatte eine braunschweigische Abteilung bei einem Gefecht auch alle ihre Tschakos gegen einfache Mützen getauscht und die hohen Helme ordentlich abgelegt. Die 200 guten Stücke waren leider den Dänen komplett in die Hände gefallen. – 72 Patronen führt der Infanterist mit sich.

Friedliche Berührung mit dem Gegner

Es muß sowohl Gelegenheit gegeben als auch Neigung bestanden haben, daß die gegnerischen Soldaten untereinander eine kaum noch feindliche Haltung einnahmen. Braunschweiger Vorposten, die besonders im Jahre 1849 wochenlang dänischen Posten auf etwa 200 Meter gegenüber standen, taten einander nichts. Es „ließen beide Teile einander hergebrachter Weise unbehelligt".[33]

In seinem bereits genannten Tagebuch sagt es der braunschweigische Soldat Woratz so: Als man nach Düppel *auf Piquett* – auf Wache und auf Vorposten – kam, lagen die Dänen im Abstand von 80 und etwas mehr Fuß gegenüber. Unter dem 5. Mai 1849 vermerkt er, es sei jedoch *mit den Dänen ausgemacht, daß die Vorposten nicht aufeinander schießen sollen.*

Auf ihrem Fußmarsch nach Norden haben die Braunschweiger in der Kirche zu Rendsburg dänische Gefangene *besucht,* wie Albert Woratz im Tagebuch festhält. Neugier oder Mitleid? – Die braven Krieger nahmen auch durchaus das dänische Angebot an, sich fehlenden Bedarf von den Gegnern gegen entsprechendes Geld in deren Hinterland besorgen zu lassen. Es soll pünktlich geliefert worden sein. Auch einzelne erbeutete Pferde können zurückgegeben werden: der braunschweigische Oberst von Specht erhielt vom neuen dänischen Besitzer ohne Bezahlung ein wertvolles Tier zurück, nachdem er zuvor Lösegeld angeboten hatte. Die entsprechende Kommunikation durch Boten vollzog sich reibungslos.[34] Ein gewisses Einverständnis der Soldaten beider Seiten untereinander in den „ruhigen" Tagen oder Wochen schloß übrigens nicht aus, daß die deutschen Soldaten in überwiegend dänisch sprechenden Regionen – zu denen offenbar auch der Sundewitt gehörte – höchst ungern gesehen wurden, daß man ihnen unfreundlich begegnete und daß die militärische Führung immer mit Landeseinwohnern rechnete, die den Truppen des dänischen Königs Nachrichten zukommen ließen.

Der Ausmarsch 1848

Die als Verkehrseinrichtung eigentlich noch recht neue Eisenbahn spielt beim Ausmarsch der braunschweigischen Truppen wie ebenso bei ihrer Rückkehr eine beachtliche, wichtige Rolle. Ihre Leistungsfähigkeit ist auch aus heutiger Sicht erstaunlich, weil die Bahn von Hannover über Lehrte und Celle zum hannoverschen Seehafen Harburg erst 1847 zum ersten Mal mit einem Zug befahren wurde. Nach dem Tagebuch des Albert Woratz brauchte seine Einheit im April 1849 bis Harburg nur acht Stunden.

Wegen der Situation in Holzminden und Gandersheim muß das 1. Bataillon zunächst allein abmarschieren. Die Soldaten tun das am 10. April 1848. Artillerie und Pioniere folgen am 13. April. Manche oder die meisten der Soldaten besteigen sicher zum ersten Mal die Eisenbahn. Auch das Material kann auf der Schiene mitgenommen werden. Soweit die Braunschweiger nun beieinander sind, gehen sie am 14. April mit dem Dampfschiff „Altona" von Harburg über die Elbe nach Altona. – Das verspätete 2. Bataillon folgt erst am 16. April.

Eher unergiebig wäre es, die Marschrouten und die Logierorte oder Biwaks hier mit darzustellen. Nur im Zusammenhang mit den wiederzugebenden Briefen der Holzmindener Kriegsteilnehmer wird auf die entsprechenden Orte hingewiesen. Auch der allgemeine Verlauf des Feldzuges und der Kämpfe wird in diesem Aufsatz nicht dargestellt.

Eingreifen der Braunschweiger in die Kämpfe

Das Gros der „Bundesdivision" hat am 23. April einen anstrengenden Marschtag erlebt, als auch die braunschweigischen Einheiten – hier zusammen mit Preußen – am folgenden Tag in eine erste kriegerische Begegnung mit den Dänen geraten: im Laufe des „Gefechts bei Bilschau". Die Nachhut der Dänen, die sich eigentlich zurückziehen, hält sich noch in Oeversee. Die Braunschweiger nehmen zunächst erbeutete dänische Bagage in ihre Obhut und besetzen das Dorf Munkwolstrup. Schließlich unternimmt das 2. Bataillon noch vor Bilschau einen Bajonettangriff, begleitet von seinen Tambours. Die dänische Stellung nehmen sie jedoch ohne einen wirklichen Nahkampf ein, weil die Dänen im letzten Augenblick aufgeben. Zum braunschweigischen Erfolg gehören rund 250 Gefangene und eine erkleckliche Beute.

Während des Gefechts fällt durch einen Kopfschuß der Premierleutnant Fricke aus dem Generalstab. Die braunschweigischen Soldaten Melchior, Runge und Grünig werden leicht verwundet.

Die Erfolge dieser Gefechte bei Bilschau bewirken bei den Dänen eine gewisse Verwirrung. Sie führt dazu, daß die dänischen Truppen sich aus Flensburg zurückziehen und auf die Insel Alsen übersetzen. So kommt es, daß der von Halkett geführten Division die Aufgabe übertragen wird, die Halbinsel Sundewitt zu besetzen und zu sichern. Dadurch gelangen auch die Braunschweiger nach Gravenstein und auf die Düppeler Schanzen.

Der Sundewitt (dänisch „Sundeved") liegt zwischen der Apenrader Förde im Norden und der Flensburger Förde im Süden; von den Düppeler Höhen am schmalen Alsensund aus blickt man nach Osten auf die Insel Alsen mit der Stadt Sonderburg.

Während andere Teile des Bundesheeres nach Jütland ziehen, um Kolding und Fredericia einzunehmen, schickt Halkett seine Brigaden in Quartiere um Gravenstein, Satrup, Nübel, Broacker und Düppel. Die Braunschweiger übernehmen bis in den Mai hinein auf Düppel Vorpostendienste, jeden Tag mit etwa 230 Soldaten. An vier Schanzen hatten die Dänen dort gebaut, sie aber ohne Gefecht geräumt. Die Hügel liegen unter dänischem Artilleriebeschuß von Alsen aus. Als Hannoveraner im Mai die „Piketts" stellen, bleiben die Braunschweiger des 1. Bataillons in Quartieren um Gravenstein und Satrup, während das 2. Bataillon weiter zur Besatzung in Flensburg gehört.

Das Schloß Gravenstein, Besitz der Herzöge von Augustenburg, blieb selbstverständlich den Stäben vorbehalten.

Als es am 7. /8. Mai zu Scharmützeln mit den Dänen kommt, die gegenüber Sonderburg einen Brückenkopf vorbereiten, scheinen die Braunschweiger daran nicht beteiligt.

Aus dem nicht verhinderten dänischen Brückenkopf heraus unternehmen die Dänen am 28. Mai einen größeren Angriff auf Düppel. Das Bataillon Brömbsen muß mit anderen in Richtung auf die Nübeler Mühle vorrücken, jedoch ohne die 2.Kompanie: Sie steht auf Vorposten längs des Alsensunds und schlägt sich erst im Laufe des Tages ganz bravourös durch dänische Truppen hindurch zum Bataillon. Dabei wird Soldat Ahrens durch einen Kopfschuß getötet.

Die Höhen von Düppel werden aufgegeben. Beim Kampf an der Nübeler Mühle geben die Braunschweiger Rückendeckung und Schutz an den Flanken, auch die Batterie Orges wird eingesetzt. Es fällt der Grenadier Huchthausen. Nachts kann das 1. Bataillon bei Quars in ein Quartier gehen. Als am folgenden Tag die Mühle zurückerobert wird, ist dieses Bataillon daran nicht beteiligt. Der Sundewitt wird vorläufig aufgegeben.

Im beinahe ruhigen Mai darf die 4. Kompanie des 1. Bataillons auch einmal in Scharmützeln „tirailleren", die Artillerie muß einmal mit ihren Haubitzen schießen. Solche Schußwechsel können dänischen Versuchen folgen, von Schiffen aus – der Alsensund liegt nahe – das Schloß Gravenstein zu beschießen. Hierhin kam auch das 2. Bataillon aus Flensburg zurück, das dann Anfang Juni Streifzüge an der Straße nach Tondern unternimmt.

Die deutsche Seite verfügt eigentlich über eine beachtliche, jedoch nur wenig genutzte militärische Kraft. Sie soll aber am 6. Juni (endlich) für einen größeren Angriff aktiviert werden. Um Dänenfreunde und damit dänische „Ohren" zu täuschen, wußten die Truppen Halketts nur, man wolle zu einer großen Parade ausrücken. Als Unterstützung für hannoversche Einheiten greift das Bataillon Brömbsen aber am 6. Juni dann die Dänen an, welche an der Nübeler Mühle liegen. Mit Erfolg: Es werden dem Bataillon später erbeutete Pferde und ein Anteil an erbeutetem Geld zugeteilt.

Die Dänen gehen aber nur bis zu den Düppeler Höhen zurück, wo ihre Hauptmacht verbleibt und von wo aus heftiges Artilleriefeuer die Angreifer festhält. Sie biwakieren an der Mühle und gehen dann in Quartiere in und bei dem Orte Bau. – Der Soldat Velke fällt an diesem Tag, Korporal Heine und Hornist Karsten werden am Abend des Angriffstages vermißt. Der Sundewitt bleibt in dänischer Hand. Der Feldzug des Jahres 1848 ist damit praktisch abgeschlossen – er „schläft ein".

Bei der bedeutenden Aktion, während der nach dem 28. Juni 1848 eigentlich starke dänische Verbände in Hadersleben angegriffen werden sollen, zieht zwar auch das braunschweigische 2. Bataillon samt Ambulanzen mit nach Norden. Der so ausgeübte Druck, möglicherweise auch ein Sieg über große Teile der dänischen Armee, soll sich wohl beim erwarteten Waffenstillstand positiv auswirken. Der geplante Schlag geht aber ins Leere, weil die Dänen sich schnell genug zurückzogen. Zudem ergeht etwa am 7. Juli allgemeine Order, in Erwartung des Waffenstillstands Ruhe zu bewahren.

Den Waffenstillstand schließen die beiden Oberbefehlshaber. Er gilt erst vom 15. bis zum 24. Juli 1848 und wird definitiv am 26. August in Malmö unterschrieben. Die Deutschen sehen in ihm einen „traurigen Vertrag". Moltke soll gesagt haben, der Feldzug sei „mit Erfolg begonnen, matt fortgeführt und ruhmlos geendet".[35]

Rückkehr 1848

Bei den Märschen in Richtung Süden berührt das 2. braunschweigische Bataillon um den 12. August den Ort Riesjarup, wo Soldat Wicke aus Holzminden einen seiner Briefe[36] (Brief I) schreibt. Nach einer längeren Ruhepause zieht das Gros der braunschweigischen Einheiten am 5. September durch Rendsburg, geht am 9. des Monats wieder bei Altona über die Elbe und wird am 10. September in Broitzem vom Landesherrn und den im Lande gebliebenen Truppen begrüßt und in die Hauptstadt geführt. Die Artillerie folgt einige Tage später.

Im Herbst 1848 traten im Fürstentum Braunschweig-Wolfenbüttel einige Neuerungen in Kraft, die für die Soldaten des kommenden Jahres eine gewisse Bedeutung hatten. Unter anderem betrafen sie die Abschaffung der „Stellvertretung": Der Dienstpflichtige sollte nicht mehr die Möglichkeit haben, sich durch einen anderen Landeseinwohner, wenn dieser denn unter Umständen dazu bereit war, vertreten zu lassen (was wohl durch Geld bewirkt werden konnte). Eine andere Änderung betraf das Äußere der Soldaten: Die in wesentlichen Teilen blau gewesene Uniform wurde durch eine schwarzgraue ersetzt.

Gefechte der Bundes-Division Halkett 1848, braunschweigische Verluste an Toten

24. 4. 1848	Gefechte bei Oeversee und Bilschau. 1 Offizier im Stab fällt.
(8. 5. 1848)	Nur leichte Gefechte am Alsensund, Braunschweiger evtl. nicht beteiligt
(16. 5. 1848)	„Lebhaftes Tirailleurgefecht", Braunschweiger wohl auch nicht beteiligt
28./29. 5. 1848	Kämpfe an der Nübeler Mühle. 2 Soldaten des 1. Bat., 2 Soldaten der Artillerie fallen.
5./6. 6. 1848	Angriff unter dem Vorwand einer Parade. Ein Soldat des 1. Bat. fällt. Verschwunden (vermißt) sind ein Korporal und ein Hornist.

Im 10. Korps fielen 1848 insgesamt fünf Offiziere und 44 Unteroffiziere oder Soldaten.[37] Wie bereits gesagt, riefen Krankheiten unter den Truppen des Generals Halkett wesentlich größere Verluste hervor als die Kampfhandlungen.

Feldzug des Jahres 1849

Der Feldzug des Jahres 1849 führte noch weit höhere Mannschaftszahlen in das umstrittene Gebiet, doch blieben sie dank des außenpolitischen Drucks, den England und Rußland zugunsten Dänemarks ausübten, und der daraus resultierenden Neigung Preußens, einen Waffenstillstand einzugehen, letzten Endes inaktiv.

1849 kommandiert Generalleutnant von Prittwitz des Bundes-Armee-Korps. Die Braunschweiger mit den beiden Bataillonen, den zwei Husarenschwadronen und der „sechspfündigen Fußbatterie" stehen nun in der „Reservedivision". Ein kurfürstlich-hessischer Generalleutnant führt sie, ihre Einheiten stammen aus rund zehn Kleinstaaten. Die braunschweigischen Kommandeure: Major Ahrens (1. Bataillon) und Major Ahrberg (2. Bataillon).

Dänemark hat fristgerecht den Waffenstillstand aufgekündigt, so daß ab dem 26. März 1849 wieder Krieg herrscht.

Zwischen dem 17. und dem 19. April rücken die Braunschweiger aus, Eisenbahn, Schiffe und Fußmärsche bringen sie ins östliche Holstein. Aus dem Sundewitt, den sie zuvor im April besetzten, werden die Dänen schnell vertrieben; dessen Sicherung übernimmt die „Reservedivision". Die Braunschweiger liegen in Satrup und in Staugard; ihre Artillerie bekommt einmal bei Kirchdüppel zu tun.

Auch die Düppeler Höhen waren (am 13. Mai) eingenommen worden. Auf Düppel werden Stellungen für rund sechzig teils recht schwere Geschütze ausgebaut. Für die Infanteristen folgen etwa drei Wochen eines an sich stillen Lebens. Allerdings haben die Soldaten der beiden braunschweigischen Bataillone in Düppel regelmäßig, an je einem von drei Tagen, auf Vorposten zu stehen. Die wachsenden Vertraulichkeiten mit den gegnerischen Soldaten rufen etliche Verbote der Divisionsführung hervor.

Bei einer gegenseitigen Kanonade fällt allerdings am 17. Mai ein Soldat aus dem braunschweigischen Bataillon Ahrens. „Am 6. Juni kam es zum einzigen, einigermaßen lebhaften Gefecht dieses tatenlosen Feldzuges."[38] Das Bataillon Ahrberg nimmt daran aber nicht teil, während die Artilleristen Gelegenheit finden, zu Fuß einen erfolgreichen Angriff vorzutragen. Wiederum aus dem Braunschweiger Bataillon Ahrens fallen an diesem Tag vier Kämpfer: Die Soldaten Haase, Fischer I und Heidecke, zudem der Vizekorporal Krüger aus Holzminden.

Es folgen einige mehr oder minder tatenlose Wochen, in denen nur die Zahl der Fieber- und Pockenkranken der deutschen Seite Sorgen bereitet. Unter dem Druck sowohl englischer als auch russischer Diplomatie bereiten die Preußen einen Vorfrieden vor (10. Juli 1849, Berlin). Die ausländischen Mächte wünschen keine Änderung der politischen Verhältnisse im Bereich Schleswig-Holsteins, jedenfalls keine Schwächung Dänemarks.

Am 20. Juli leistet das 2. braunschweigische Bataillon seinen letzten Vorpostendienst, ab dem 24. Juli rückt die „Reservedivision" aus dem Sundewitt ab. Der preußische Generalleutnant von Prittwitz bereitet die Truppen des Deutschen Bundes darauf vor, bei den Märschen durch Holstein anhören zu müssen, wie die Bevölkerung die jeweiligen Regierungen der abziehenden Soldaten beschimpft. In der Tat werden die Truppen der Herzogtümer Schleswig und Holstein, die weiter zu kämpfen versuchen, böse im Stich gelassen.

Den endgültigen Frieden schließen die beteiligten Mächte am 2. Juli 1850: Schleswig wird praktisch dänisch, die alten Herzogtümer werden getrennt. Die Frage der angemessenen Grenze zwischen Dänen und Deutschen führt 1864 noch einmal zum Krieg und wird erst im 20. Jahrhundert einigermaßen sinnvoll geklärt.

Die Braunschweiger versammeln sich am 5./6. August 1849 in Altona, die Infanterie setzt am 7. August über die Elbe und erreicht noch am gleichen Tag die heimatliche Hauptstadt. Nur die Husaren reiten bis nach Hause: Sie werden am 13. und 18. des Monats durch den Landesherrn begrüßt – nicht ohne größere Zeremonie.

Dr. Benjamin Frank aus Stadtoldendorf, Arzt der Artillerie-Einheit

Hier ist kurz auf das Leben des zweiten bekannten Juden aus dem Landkreis Holzminden einzugehen, der mit den braunschweigischen Truppen in den Kampf gegen Dänemark zog. Für Dr. Frank aus Stadtoldendorf[39] wird es eine Ehre gewesen sein, als „Bataillonsarzt" zum braunschweigischen Heer gerufen zu werden (Herzogliches Patent vom 10. April 1848). Er wurde in eine Epoche hineingeboren, in der Juden sich in der deutschen Gesellschaft langsam und in Teilgebieten des gesellschaftlichen Lebens emanzipieren konnten. Das Studium der Medizin und der Jurisprudenz stand ihnen so gut wie offen, der Staatsdienst im allgemeinen nicht, wie auch der Militärdienst in gehobener Position (als Offizier) eigentlich nicht.

Seine Eltern Rela (Rachel) und Simon Frank waren Bürger der Homburgstadt seit 1811. Die Gräber von beiden findet der Besucher heute noch auf dem dortigen jüdischen Friedhof, ebenso wie den Grabstein für Benjamins Bruder Herz. Benjamin Frank, jüngstes Kind der Franks, wurde hier am 22. April 1822 geboren und starb in Braunschweig am 2. Juli 1893. Das Gymnasium zu Holzminden trug von 1834 bis 1837 zu seiner Schulbildung bei, die Universität Göttingen bezog er 1839. Für seine medizinische Dissertation über Fragen der Selbsttötung (Selbstverbrennung) erhielt er einen königlichen Preis. Als praktischer Arzt, Wundarzt und Geburtshelfer ließ er sich zuerst in Wolfenbüttel nieder und leitete dort auch das Krankenhaus – bis zu den Ausmärschen nach Holstein.

Nach seiner Teilnahme am deutsch-dänischen Krieg unterstützte ihn die braunschweigische Staatsbehörde offenbar ganz erheblich bei wissenschaftlichen Reisen zu berühmten Chirurgen in Österreich, England, Frankreich und Holland. Eine eher kurze Zeit führte ihn in preußischem Dienst auch nach Breslau. Ansonsten blieb er bis 1855 als Arzt im Garnisonslazarett in Blankenburg dem Militär treu. Er zog dann nach Braunschweig, wo er ein eigenes orthopädisches Institut leitete, nachdem er auch hierfür spezielles Wissen bei Kollegen in Berlin erworben hatte. Zum Amtsarzt (Physikus) berief ihn die fürstliche Verwaltung zunächst im Kreis, dann auch in der Stadt Braunschweig. Im Deutsch-Französischen Krieg 1870/71 diente er als Stabsarzt in einer Garnison, wofür der Kaiser ihn mit einer Medaille belohnte. Den ehrenden Titel Sanitätsrat erhielt er 1886. Um die Erinnerungsmedaille für Schleswig-Holstein bewarb er sich noch 1891.

Seine medizinischen Publikationen finden sich – außer der Göttinger Dissertation – vor allem in Fachzeitschriften (Beispiel eines Titels: „Anwendung der Schießwolle in der Chirurgie" in Allg. Zeitung für Militairärzte, 1847). Die Feldzüge nach Holstein erwähnt er leider nur mit einem einzigen Satz in einem Lebenslauf von 1877.

Als er 1893 starb, betonte die „Braunschweigische Landeszeitung" in einem Nachruf die Beliebtheit des Arztes wie auch die gewissenhafte Arbeit des Beamten Dr. Frank.[40]

Dr. Frank heiratete zweimal: Die Jüdin Emilie Schwabe 1852 (sie starb 1869) und die Christin Mathilde Falke aus Eschershausen. Er hinterließ acht Kinder, zwei davon aus der zweiten Ehe. Deren Nachkommen gehören auch heute der evangelischen Religion an. Er selbst bekannte sich weiter zur jüdischen Religion. Leider läßt sich nicht mehr feststellen, ob die beiden jüdischen Feldzugteilnehmer aus dem Kreis Holzminden sich tatsächlich kannten. Da sie beide lange Jahre nach 1855 in Braunschweig lebten, mögen sie sich später, nach den Feldzügen von 1848 und 1849, vielleicht auch dort begegnet sein, zumal beide in zweiter Ehe ihre Partnerinnen im Christentum suchten. Dies erzeugte zuweilen ein Gefühl gesellschaftlicher Verbundenheit.

Briefe der Holzmindener Teilnehmer Rothgießer und Wicke an den Feldzügen 1848/1849

11. Mai 1849, Düppeler Schanze

Itzig (=Julius) Rothgießer an eine seiner beiden Schwestern, Betti oder Hanchen[41]

Düppeler Schantze 11 / 5 1849[42]
Liebe Schwester! Ich hätte Dir schon längst mal geschrieben, wenn ich nur eher Gelegenheit gehabt hätte, bequem zu schreiben; – seit dem 29 d.[?] liegen wir unter freiem Himmel, wo wir wenig LogisGeld zu bezahlen haben. – Sehr leid thut es mir, bei uns[abgekürzt] Reise nicht nach dort kommen zu können, da wir schon bei Altona abgesetzt wurden. – Wir stehen hier dichte vor dem Feinde u morgen Nacht das erste Gefecht. – wie es da ausfallen wird, das wißen die Götter!! – – Daß ich vor dem Ausmarsche in Fähndrichs-Range avancirt bin, glaube ich, Dir schon angezeigt zu haben. – Im übrigen ist es ein ganz fideles Leben im Felde; – nur daß man so seine Verpflegung u Aufwartung nicht hat. – Immer sehr viel Appetit und wenig zu eßen, da man für Geld nichts bekommen kann. –

Von Helffts habe ich gestern einige Würste u ¼ Kistchen Cigarren zum Present bekommen. – Sollten sogar[?] [Tintenfleck] dort auch solche Mezihes⁴³ zu haben sein, so kannst Du sie nur dreist an untenstehende Adr. schicken. – Wenn ich nach Braunschweig komme, werde ich alles wieder gut machen. –. – Nach Holzm: habe ich schon geschrieben. – Schreibe mir bald wieder u grüße Herrn & Mad. Löwenthal u Alles was im Hause ist.

Dein Julius

Meine Adr. ist: An das Commando des Herzogl: Braunschw. Inf: Regiment / 1 tes Bataillion 3 te Compagnie / für den Vice-Sergant [sic] I. Rothgießer / in Schleswig-Holstein

(Paquete von 6 [Zeichen für Pfund] u alle Briefe sind für uns frei)

Der Briefschreiber Rothgießer und der Tagebuchverfasser Woratz kannten sich: Beide dienten in der 3. Kompanie des 1. Bataillons. – Rothgießer ist geborener Holzmindener (geb. 6. Juni 1822). Sein Vater, Itzig Herz, lebte bis 1809 noch unter den Bedingungen eines braunschweigischen „Schutzjuden". Der Sohn Itzig, deutsch-bürgerlich genannt Julius, war das jüngste von sechs Kindern. Er selbst wird in einer Militärliste nach 1842 noch als Gelbgießer (Messinggießer) bezeichnet, wurde aber Lehrling bei einem jüdischen Manufakturwarenhändler in Hildesheim und ist offenbar 1848/49 schon Handlungsdiener (*Commis*) bei den Gebrüdern Helfft in Braunschweig (siehe auch den Brief), in deren Handelsgeschäft er zunächst eintritt und deren *Rouleau- und Wachstuchfabrik* in Braunschweig er 1856 nach dem Militärdienst übernimmt. In einem Brief an den Magistrat zu Holzminden bittet er dafür um einen Geburtsschein und möchte sehr gern darin nur den nichthebräischen Vornamen „Julius" vermerkt finden: in seiner *Offiziersbenennung* habe er ihn auch führen dürfen.⁴⁴

1858 heiratet er die evangelische Christin Johanne Friederike Roggenbach, Tochter eines Bildhauers und Vergolders. Er stirbt am 2. Dezember 1877 in Braunschweig. Von den vier Kindern wurde eines vor der Eheschließung geboren: Das Fürstentum ließ sich Zeit mit der offiziellen Zulassung „gemischter" Ehen.

Der Ton des Briefes verrät einen gewissen Stolz des wohl freiwillig Dienenden, nicht nur als gemeiner Soldat mitzumarschieren.

18. August 1848, Riesjarup

Carl Wicke an seine Schwester Auguste Wicke in Holzminden (Brief I)

An Freulein Auguste Wicke in Condition bei Herrn Kreisrichter Vohrwerk in Holzminden Herzogthum Braunschweig / Militärbrief

Abb. 1: Im Kopf des Briefbogens die Lithographie „Gravenstein" nach der spätestens 1844 entstandenen Darstellung Wilhelm Heuers. (alle Vorl.: StAWF: 276 N Nr. 58)

Riesjarup den 18ten August 1848

Liebe Schwester

Wen [„wen" meist = wenn; „den" oft = denn] *dich dieses schreiben bei guter Gesundheit antrieft soll mich recht freuhen, ich kan dir wohl Schreiben das ich noch recht Gesund bin welches ich auch von unseren andern, alle hoffen werde, meinen letzten Brief habe ich aus Kiedingen*[!] *geschrieben und darinnen bemerkt, das ich den Thalerschein den du mir geschikt hast, richtieg empfangen habe, ob ich mich darin bei dir bedankt habe kan ich nicht behaupten, den ich war auf Wache und muste auf Posten, und hatte nicht fiel Zeit, darum must du es nicht Uebel nemen wen ich es vergeßen hatte, so schreibe ich an dich selbst einen Brief, um in den, dich meinen Dank abzustatten, für dasjenige, was ich von dich empfangen habe, dieses bild oben ist ein theil von Grafenstein, das Schloß und einige nah gelegene Heuser, du must dich nicht denken das es so schön auch in anderen sachen ist wie es dich da vorgespiegelt wird*[.]

o ja es ist auch sehr schön, vorzüglich wen einer die Gegend bloß bereisen thut und sich alles ordentlich besehen kan, aber durch diese Geschichte ist das Schloß, schon sehr mit den Anlagen um das selbe von Pferden und Menschen ruinirt worden, die Kirche an rechten Flügel desselben die zeichnet sich mit verziehrrungen und schönheit sehr aus die müstet ihr bloß sehen sie ist schöner als zu Korvei, aber die Dänen haben sehr schändlich drin gehaust und fiele Gemälde mit den Bajonetten zerstochen,

Auch hatt unsere Kompanie den Kriegsintendant Rittmeister von Motern an 17ten begraben er ist an Altersschwäche gestorben es war sehr feierlich anzusehen, auch ist der ärgste Spion, gefangen worden er war aus Broaker[,] *der hat auch sehr viel den Dänen von uns, zugebracht, aber es wird ihn schon angesacht werden was es heißt, zu verrahten*[.]

weiter ist nichts neuhes fohrgefallen [Neues vorgefallen] *das ich euch schreiben könnte*[.]

Was macht mein Schwager Karl und Sofiehe und ihre Kinder sind sie noch alle recht wohl grüße sie von mir.

Also liebe Schwester ich sage nochmals dich, meinen Herzlichen Dank.

Ich verbleibe dein Getreuer Bruder Carl Wicke

viele Grüße an alle

Auguste Conradine Wicke wurde am 11. März 1819 als Tochter des Färbermeisters Jacob Wicke in Holzminden geboren. Sie war knappe sechs Jahre älter als ihr Bruder und arbeitete als Hausmädchen (stand *in Condition*) im Haushalt des Kreisrichters Vorwerk.

Der Handwerkersohn Carl Wicke ist beim ersten Ausmarsch nach Holstein 23 Jahre alt. Eine Holzmindener Schule muß er besucht haben, doch hat ihm Julius Rothgießer, Sohn eines ehemaligen „Schutzjuden", im Stil und in der Rechtschreibung eindeutig einiges voraus. Bemerkenswert ist, daß er offenbar den barocken Innenraum der Kirche in Corvey kennt.

„Spion": Gerichtsschreiber Soerensen aus Broacker, in der Nacht zum 11. August 1848 erneut verhaftet, *weil er seine Freiheit benutzte, um die Halbinsel Broacker im Dänischen Interesse zu fanatisieren.*[45]

Undatiert, ohne Ortsangabe
[zwischen 20. u. 26. April 1849, Segeberg?]
Carl Wicke an seine Schwester Auguste Wicke in Holzminden (Brief II)

Liebe Schwester

Ich schicke dich dieses blos aus Scherz weil ich dich auf den anderen das bemerkt habe Wen du meine Adresse so schreibst als hir[:] *An den Soldat Carl Wicke bei der 2ten Comp des 2ten Batt Braunschweiger Truppen Corps in Schleßwig Holstein*[.] *Adje Lebe recht wohl und Schreib bald recht bald wieder Den man freut sich immer Wenn man* [oder „mann"] *einen Brief hatt*

Das Briefblatt liegt ohne die Empfängeradresse vor. Vielleicht ist dies die in Brief III angesprochene Nachricht an oder über Johanne Arens, die „ein Bild" zeigen soll. 1 Folio-Seite, undatiert, ohne Ortsangabe. Auf der Rückseite von der Hand der Empfängerin: *von meinen* [meinem?] *Bruder Carl.*

Segeberg.

Abb. 2: Im Kopf des Briefbogens eine Ansicht von Segeberg:
Lithographie aus dem Verlag Kanning, Hamburg.

30 Mai 1849, Satrup
Carl Wicke an seine Schwester Auguste Wicke in Holzminden (Brief III)

*An Freulein Auguste Wicke bei Herrn Kreißrichter Vohrwerk in Holzminden
Herzogthum Braunschweig / Militär Brief*
[Ein Rund-Stempel mit springendem Pferd besagt:] *Reichsmilitair / Herzg.Brauns.2tes
Bat.*

Satrup den 30ten Mai 49
Liebe Schwester
*Ich muß jetzt die Feder zum zweiten mal ergreifen um dich zu Schreiben wie es mir
geht, den ich habe schon am 16ten d. M. einen Brief an Friedrich geschrieben aber
habe bis jetzt noch keine Antwort erhalten, ob der Brief nicht angekommen ist, oder
was heißt das, den hier ist man auch Neugierig wie es bei euch geht. Darum liebe
Schwester ist es mein gröster Wunsch das ihr jedesmal sobald als möglich wieder
Schreibt, und wenn [hier richtig!] dich dieses Schreiben bei guter Gesundheit antrifft
soll mich von Herzen freuhen was mich anbetrift so bin ich Gott sei Dank noch recht
Gesund und Munter[,] Welches ich auch von euch hoffen werde,*

Abb. 3: Im Kopf des Briefbogens eine Lithographie „Erstürmung der Düppler Schanzen am 13ten April 1849".

ich wolte so lange warten als bis wir erst mal wären mit den Dänen zusammen gewesen aber das hatt hir lange weile, es war am 17ten d. M. als wir gerade auf Feldwache kamen und die Oldenburger ablösten[.] es war Nachmitags gegen ½ 5 Uhr, Da fing eine Kannonade an und dauerte wohl bis um 7 Uhr wobei einer vom 1ten Battallion, von den Stück einer 84 [Pfund-Zeichen]digen Bomme [Bombe?] sehr schwer verwundet wurde und einige Tage nachher Starb[.] das war den Tag der ganze Spaß[!] den es wurde nur von beiden Seiten mit Bommen geschoßen, es wird wohl wieder so ein Spaß Krieg werden wie voriges Jahr, aber wen man die Zurüstungen ansieht so kömmt einen die Sache bedenklich vor, es hatt ja wohl da bei euch schon gehießen wir hetten scheußlich gelitten nicht wahr? Das ist aber Dummes Zeug wer das geschrieben hatt[.]

Die Sachsen und die Beiren die stellen obiges Bild vor welche da die Schanzen genommen haben, die haben ziemlich gelitten, weiter ist hir nichts neuhes paßiert ich habe den Brief mit den Gelde bekommen wofür ich meinen Herzlichen Dank sage habt ihr mein Rock und Unterjacke bekommen auch das Bild welches an dich geschickt ist durch Johanne Arens, ich bitte um baldige Antwort

Fiele grüße an alle Freunde und Verwante

Hiermit schließt dein dich liebender Bruder

Carl Wicke

Seitlich Angabe der Anschrift des Absenders: *An Soldadt Carl Wicke beim 2ten Bataljon 2ter Kompanie Braunschweiger Infantrie in Satrub / Militer Brief.* Möglicherweise ist der adressenlose Briefbogen Nr. II hier mit dem Begriff „Bild" (Segeberg) gemeint. – Die erwähnte Kanonade am 17. Mai 1849 entspann sich zwischen den deutschen Batterien der Düppelstellung und den gegenüber liegenden dänischen Küstenbatterien auf Alsen; dabei wurde der Soldat Bremer des 1. braunschweigischen Bataillons durch Splitter getroffen und tödlich verwundet.[46]

22. Juni 1849, Staugard
Carl Wicke an seine Schwester Auguste Wicke in Holzminden (Brief IV)

An Freulein Auguste Wicke bei Herrn Kreißrichter Vorwerk [sic] *in Holzminden /*
Millitär-Brief
[Rund-Stempel wie auf Brief III]

Staugaard[!] *den 22ten Juni 1849*
Liebe Schwester!
So eben erhielte ich deinen mir so lieben Brief welchen ich schon erwartet hatte, und sehe daraus das du noch und alle recht wohl sind welches mich recht Freut, auch ich bin noch recht Gesund und Munter, Liebe Schwester du wirst doch wohl über diese oben angeführte Geschichte gelesen haben, jetzt kanst du durch dieses Bildes dich deutlicher erklären wie da hergeht wo Krieg ist[.] *da wo an den Hause die par Buchstaben stehen das sind die Dänen und die andern das sind die Holsteiner*[.] *das ist den Tag ein sehr heißer Kampf gewesen, schade das solches hir nicht paßiert*[.] *hir ist es angenemer Posten stehen den hir herscht die größte eintracht, zwischen uns und den Dänen, den es war an 20ten d. M. da waren wir auf Feldwache da sind viele von uns nach den Dänen zum Besuch hingewesen und mit ihnen Rum und Schnaps zusammen trinken taten*[.]
und wen sie zurück kamen so hatten sie sich ziemlich Gütlich gethan[.] *als ich das erfahren that, so ging ich und noch merere mit gefülten Flaschen auch dahin, und ich kan es mit Warheit schreiben das die Leute sehr Freundlich waren aber doch eine gewisse Angst vor uns Schwarzen hatten aber welche Freude wen sie aus unseren Flaschen tranken und wen wir wieder weggingen dan Schwenkten sie ihre Mützen oder Schacko* [= Tschako] *und Jubelten, den es wird hir auch jetzt sehr stark von Frieden gesprochen, und bei ihnen desgleich* [sic?] *darum waren sie so erfreut wen sie von uns einen sprechen konten*
sonst ist hir nichts neues als das alle Holzminder noch Gesund und Munter wir haben recht gelacht über die Dummen Gerüchte die dort bei euch herum laufen.
Ich gehe morgen zum Heiligen Abendmale Heinrich Reese F Bost auch

Abb. 4: Anschrift (Brief IV) mit dem Stempel des Reichsmilitärs.

Liebe Schwester ich habe eine Bitte an dich, wilst du so gut sein und schicke mir doch 1 [Zeichen für Pfund] *Taback den dieser ist theuer und schlecht aber nim ihn* [von?] *Bock und grüße sie von mich.*

Liebe Schwester was macht den Carl Dauer hatt er schon einen kleinen Ableger oder nicht und was macht Schwager Theodor ist den mein Gustfetter [Vetter August?] *Munter auch Mutter und alle. Liebe Schwester das Porto ist frei wen du mir den Taback schicken wilst, es werden wohl 4 - 6* [Zeichen für Pfund] *frei sein, und auch schicke ich dich meine Adreße so wie richtig ist.*

Viele Herzliche Grüße an alle Freunde und Freundinnen Verwanten Bekanten u. a. m. [und andere mehr?] *Hirmit schließt dein Bruder der dich recht liebt und viel von dich hält*

Carl Wicke

Orthographischer Fortschritt: „viel" statt „fiel".

„uns Schwarzen" meint: Die Braunschweiger in den neuen grau-schwarzen Uniformen (Abb. 5)[47].

Abb. 5: Braunschweigische Infanterie in den 1849 bis 1866 getragenen Uniformen:
ganz links „Soldat 1849". (Vorl.: KORTZFLEISCH, Uniform-Tafel III)

Zu den Lithographien in den Briefköpfen des Soldaten Wicke

Die vier im Staatsarchiv Wolfenbüttel überlieferten Briefe Carl Wickes zeigen
jeweils auf der Vorderseite eine bildliche Darstellung. Vermutlich ist es dieser
Tatsache zu verdanken, daß sie jahrzehntelang in Privatbesitz aufbewahrt wurden,
bis sie schließlich in das Archiv gelangten. Sicher ist, daß es sich nur um einen
Teil der Korrespondenz des Feldzugsteilnehmers mit seiner Schwester handelt,
erwähnte Wicke doch 1848, als er aus Riesjarup (nordwestlich von Apenrade)
schrieb, seinen *letzten Brief* aus Kieding, südöstlich von Apenrade. Zeigte dieser
Brief kein Bild und wurde deshalb weniger sorgfältig (oder sogar von vornherein
überhaupt nicht) aufbewahrt?

In der ersten Hälfte des 19. Jahrhunderts kam es dank neuer Entwicklungen
im druckgraphischen Bereich zu einem ungeheuren Aufschwung der Produktion
von Bildern – hauptsächlich bezogen auf die Menge, erst in zweiter Linie auf
die Qualität der Erzeugnisse. Der Stahlstich und noch mehr die Lithographie
ermöglichten es, mit verhältnismäßig geringem Aufwand eine relativ große Zahl
von Exemplaren eines Bildes herzustellen. In wirtschaftlicher Hinsicht folgerte
daraus ein Herabsetzen der Preise für bildliche Darstellungen auf ein Maß,
welches es auch den „kleinen Leuten" ermöglichte, Bilder zu erwerben. Sogar
Gebrauchsgegenstände wie einfaches Briefpapier wurden nun mit Bildern versehen.

Ein einfacher Soldat konnte damit nur *aus Scherz* seiner Schwester zeigen, wie
es in jener weit von Holzminden entfernten Gegend, in die es ihn verschlagen
hatte, aussah. Dabei ist davon auszugehen, daß das durch Wicke erworbene

Die Erstürmung von Kolding durch die Schleswig-Holsteinischen Truppen
am 20sten April 1849

Abb. 6: Im Kopf des Briefbogens eine Lithographie „Die Erstürmung von Kolding durch die Schleswig-Holsteinischen Truppen am 20sten April 1849".

Briefpapier Motive zeigte, die mit seinem persönlichen Erleben in direktem Zusammenhang standen: sei es mit den kriegerischen Ereignissen des Feldzuges, sei es mit der Topographie seiner Aufenthaltsorte. Insofern darf man annehmen, daß beispielsweise die Darstellung von Segeberg (Brief II) nicht irgendwann und irgendwo von ihm gekauft wurde, sondern einen tatsächlichen Aufenthalt in oder bei dieser Stadt belegt – daher könnte jener Brief im April 1849 geschrieben worden sein.[48]

Ganz typisch für gebrauchsgraphische Erzeugnisse wie Briefpapier ist es, daß die Vorlagen der Abbildungen nicht originäre künstlerische Darstellungen waren, sondern daß auf „höherwertige" Drucke zurückgegriffen wurde. Im Falle des Briefpapiers handelte es sich bereits ebenfalls um Lithographien, die jedoch zunächst als Einzelblätter erschienen waren und nun für die Produktion des Briefpapiers genutzt wurden. Für alle vier erhaltenen Briefe Wickes lassen sich entsprechende Blätter finden:

Die 1848 nach Holzminden geschickte Darstellung des Schlosses Gravenstein[49] basiert auf einer spätestens 1844 entstandenen Lithographie von Wilhelm Heuer. Heuer war sowohl Urheber der grundlegenden Darstellung *nach der Natur* als auch der Steinzeichnung – das Blatt fand Aufnahme in seine 1847 veröffentliche Sammlung „Malerische Ansichten von Schleswig, Holstein und Lauenburg".[50]

Die daraus von unbekannter Hand für den Briefbogen entwickelte Darstellung beschneidet das Original vor allem am oberen und unteren Rand, um es dem zur Verfügung stehenden Platz anzupassen und genügend Raum zum Beschreiben des Briefbogens zu lassen. Ansonsten aber wird Heuers Entwurf sehr genau übernommen, sogar die Figurenstaffage im Vordergrund, was hinsichtlich der topographischen Genauigkeit gar nicht erforderlich gewesen wäre.

Anders die Darstellung des Städtchens Segeberg auf einem von D. M. Kanning in Hamburg verlegten Briefbogen. Der Zeichner ist etwas freier mit der Vorlage umgegangen, z. B. in den Proportionen des dargestellten Kirchturmes und bei der Wiedergabe des Kalkberges. Vor allem bietet er eine veränderte Figurenstaffage im Vordergrund. Klose vermutet in dem anonymen Blatt, das er „um 1830" datiert, sogar die Vorlage für Heuers Lithographie.[51] Die Angabe des letzteren, er habe *nach der Natur gezeichnet* (s. o.), wäre in diesem Fall eine Lüge gewesen. Wenngleich eine solche Angabe zuweilen mit Vorsicht zu genießen ist,[52] gibt es im Falle des ebenfalls bereits 1844 nachweisbaren Blattes „Segeberg" keinen Grund, die Darstellung auf dem Briefbogen für die ältere zu halten.

1849 konnte – dank der Geschäftstüchtigkeit und Schnelligkeit eines unbekannten deutschen Briefpapier-Druckers – Carl Wicke seiner Schwester sogar mit „Bildern aus dem Kampfgebiet" imponieren. Zwei der erhaltenen Briefe zeigen die „Erstürmung der Düppler Schanzen am 13ten April 1849" sowie „Die Erstürmung von Kolding durch die Schleswig-Holsteinischen Truppen am 20sten April 1849". Beide Darstellungen sind dem Graphikliebhaber bekannt: sie finden sich auch in der Serie der berühmten Neuruppiner Bilderbogen der Offizin Gustav Kühn: „Das merkwürdige Jahr 1848 [bzw. 1849]. – Eine neue Bilderzeitung", und zwar mit den Nummern 58 und 66.[53] Für diese Bilderbogen gilt ebenso wie für die Briefbogen, daß sie nach graphischen Vorlagen entstanden. Nachweisbar ist für die Nr. 66 eine Lithographie aus dem bereits genannten Verlag D. M. Kanning, Hamburg.[54]

Bezüglich der von Wicke verwendeten Briefbogen stellt sich nun die Frage: entstanden sie unter Verwendung der Neuruppiner Bilderbogen, oder griffen sie auf die auch von jenen genutzte Vorlage zurück? Vergleicht man die Kanning'sche Lithographie mit dem Bilderbogen,[55] ist kein aussagekräftiger Unterschied zu finden. Einen Hinweis gibt jedoch die Bildunterschrift: sie entspricht auf dem Briefbogen buchstabengetreu jener auf der in Hamburg erschienenen Lithographie, so daß wir also von einer gemeinsamen Vorlage für Bilder- und Briefbogen ausgehen können.

Im Hinblick auf die für den erfolgreichen Vertrieb eines derartigen, ein bestimmtes Ereignis aufgreifenden Blattes war dessen Aktualität von großer Bedeutung. Die beiden Briefe wurden Ende Mai sowie Mitte Juni verwendet, also eineinhalb bis zwei Monate nach dem wiedergegebenen Kampfgeschehen. Diese Tatsache deutet ebenfalls auf die direkte Verwendung der in Neuruppin benutzten Vorlage auch durch den Hersteller der Briefbogen hin, denn nur so war die erstaunliche schnelle Herstellung (und der Vertrieb!) der Blätter damals möglich. Für eine Darstellung Wilhelm Heuers der Schlacht bei Kolding am 23. April 1949 ist das Erscheinen der Lithographie etwa einen Monat später durch eine Anzeige vom 26. Mai 1849 belegt.[56] Respekt vor dem Geschäftsgeist, der dahinter sichtbar wird.

Anmerkungen

1 Mein Dank gilt Herrn J. Meier für die mir zugesandten Informationen. Herzlich danke ich auch Herrn Ulrich Hausmann in Lagesbüttel, Urenkel von Dr. B. Frank, für die Übermittlung seiner Unterlagen zu den Militärdiensten des Urgroßvaters.

2 Allgemein vgl. STOLZ, Gerd: Die schleswig-holsteinische Erhebung: Die nationale Auseinandersetzung in und um Schleswig-Holstein von 1848/51. Mit einem Beitrag von Inge Adriansen. Husum 1996.

3 Niedersächsisches Landesarchiv – Staatsarchiv Wolfenbüttel (nachfolgend abgekürzt: StAWF): 25 B Neu Nr. 29 (Acta den Feldzug in Schleswig-H. 1849 betreffend).

4 HAHN, Hans-Werner und Helmut BERDING: Reformen, Restauration und Revolution 1806-1848/49 (Handbuch der Deutschen Geschichte, 14). 10. Aufl. Stuttgart 2010; hier S. 599.

5 BEST, Heinrich u. Wilhelm WEEGE: Biographisches Handbuch der Abgeordneten der Frankfurter Nationalversammlung 1848/49 (Handbücher zur Geschichte des Parlamentarismus und der politischen Parteien, 8). Düsseldorf 1996.

6 Stenographischer Bericht über die Verhandlungen der deutschen constituirenden Nationalversammlung zu Frankfurt am Main, hrsg. v. Franz Wigard. 9 Bände Frankfurt/Main 1848/1849.

7 SCHILDT, Gerhard: Von der Restauration zur Reichsgründungszeit. In: Die Braunschweigische Landesgeschichte: Jahrtausendrückblick einer Region, hrsg. v. Horst-Rüdiger Jarck u. Gerhard Schildt. Braunschweig 2000, S. 751-786; hier S. 782.

8 Er wurde im Juni 1848 General der Infanterie.

9 SEELIGER, Matthias: Das Jahr 1848 im Kreis Holzminden. In: 1848 – (K)eine Revolution an Weser und Leine, hrsg. v. Matthias Seeliger. Bielefeld 1999, S. 232-283: hier S. 234 ff.

10 KORTZFLEISCH, Gustav von: Geschichte des Herzoglich Braunschweigischen Infanterie-Regiments und seiner Stammtruppen. Band 2: 1809-1869. Von der Errichtung des neuen Truppenkorps 1813 bis zum Ausbruch des Krieges 1870. Braunschweig 1898, S. 205.

11 StAWF: 26 Neu 1 Nr. 455/12 (Adolf von Brömbsen); 19 A Neu Nr. 285 (Carl von Brömbsen).

12 KORTZFLEISCH (wie Anm. 10), S. 206 u. 208. Zahlen für das gesamte Regiment etwas später, am 30. August 1848: 33 Offiziere, 112 Unteroffiziere, 65 Spielleute, 1319 Soldaten, 5 Bediente (ebd.: S. 284).

13 SFELIGER (wie Anm. 9), S. 272.

14 Ermittelt nach StAWF: 25 B Neu Nr. 30 (Namentliche Listen der Teilnehmer am Feldzug gegen Dänemark 1848); 25 B Neu Nr. 31 (Namentliche Listen der Teilnehmer [...] 1849); 25 B Neu Nr. 570 (Rekrutierungen 1846-1848).

15 Stand der Eltern und Geburtsdaten aus Kirchenbuchamt Holzminden: Kirchenbücher der Luthergemeinde Holzminden, vor allem: Verzeichnis der Geborenen, Getauften, Konfirmierten, Gestorbenen 1815 - 1828 (mit Ergänzungsband). – Das Kürzel „Chr." ist immer als „Christian", nicht „Christoph" zu lesen.

16 Vgl. auch ALLERS, Wilhelm: Album des Herzoglichen Gymnasiums zu Holzminden: Ephoren, Kuratoren, Direktoren, Lehrer und Primaner von Neujahr 1760 bis Johannis 1910. Auf Grund des Albums von 1894 bearbeitet und erweitert. Holzminden 1910, S. 136, sowie SEELIGER (wie Anm. 9), S. 272.

17 So zitiert bei SEELIGER (wie Anm. 9), S. 272.

18 Zu seiner Person vgl. StAWF: 39 E Slg, S. 132 f.; 130 Neu 1 Nr. 546a; 40 Neu 2 Nr. 459. Vgl. ebenso KIECKBUSCH, Klaus: Von Juden und Christen in Holzminden, 1557-1945: Ein Geschichts- und Gedenkbuch. Holzminden 1998.

19 SICHART, Louis Heinrich Friedrich von: Tagebuch des zehnten Deutschen Bundes-Armee-Corps unter dem Befehle des Königlich Hannoverschen Generals Halkett während des Feldzuges in Schleswig-Holstein im Jahre 1848. Hannover 1851, S. 177.

20 KORTZFLEISCH (wie Anm. 10), S. 371 (Aufstellung vom 30 August 1848).
21 SICHART (wie Anm. 19), S. 57.
22 KORTZFLEISCH (wie Anm. 10), S. 215.
23 POTEN, [...]: Die althannoverschen Überlieferungen des Infanterie-Regiments von Voigts-Rhetz (3. Hannoverschen) Nr. 79. Berlin 1903.
24 SICHART (wie Anm. 19), S. 192.
25 KORTZFLEISCH (wie Anm. 10), S. 229.
26 Ebd.: S. 262 f.
27 Ebd.: S. 265.
28 Ebd.: S. 264, 215; SICH 371.
29 StAWF: 276 N Nr. 47 (Brief Julius Rothgießers vom 11. Mai 1849).
30 Ebd.: 276 N Nr. 61.
31 KORTZFLEISCH (wie Anm. 10), S. 267.
32 SICHART (wie Anm. 19), S. 241.
33 KORTZFLEISCH (wie Anm. 10), S. 302.
34 SICHART (wie Anm. 19), S. 254.
35 Beides KORTZFLEISCH (wie Anm. 10), S. 284.
36 StAWF: 276 N Nr. 58 (Vier Briefe des Infanteristen Carl Wicke an die Schwester in Holzminden).
37 SICHART (wie Anm. 19), Anlage IV.
38 KORTZFLEISCH (wie Anm. 10), S. 304.
39 StAWF: 40 Neu 2 Nr. 442 u. 466; 111 Neu Nr. 1208 u. 1250; 3 Kb 28. Die Darstellung nutzt neben Akten des Staatsarchivs das freundlich überlassene Material der privaten Sammlung U. Hausmanns.
40 BLZ vom 4. Juli 1893, zitiert bei BEIN, Reinhard: Sie lebten in Braunschweig: Biografische Notizen zu den in Braunschweig bestatteten Juden (1797 bis 1983) (Mitteilungen aus dem Stadtarchiv Braunschweig, 1). Braunschweig 2009, S. 298.
41 Die Akte enthält nur den Brieftext, nicht die Adresse. Wenn R. bei der Reise nicht nach dort kommen konnte, weil man die Truppen schon bei Altona absetzte, dann müßte die Schwester weit nördlich wohnen, nicht in Holzminden. Vermutlich ist es Betti. Von Bettis Leben wissen wir aber so gut wie nichts; Hanchen hingegen (nach Holz: habe ich schon geschrieben) heiratete spät, nach 1859, Moses Kleeberg in Boffzen. – Den Brief übergab Rothgießers Tochter Louise, verheiratete Langebartels, dem Staatsarchiv.
42 Zusätze des Verfassers zum originalen Text in eckigen Klammern; Unterstreichungen im Original.
43 Das jiddische Wort „Mezihes" (Plural) stammt vom hebräischen Wort „Metziah" (wörtlich „Fund"), was beim Einkaufen eine günstige Gelegenheit meint. Herrn Dr. Gideon Hess in Tel Aviv danke ich für die Worterklärung.
44 Stadtarchiv Holzminden: Akte „Israelitische Gemeinde, 1843-1869".
45 SICHART (wie Anm. 19), S. 327.
46 KORTZFLEISCH (wie Anm. 10), S. 302/303.
47 Ebd., S. 289 f.
48 Ebd., S. 295-297.
49 Ulrich Klose berücksichtigt leider „Bilder vom Schloß Gravenstein allein" nicht in seinem Katalog der Ortsansichten. KLOSE, Olaf u. Lilli MARTIUS: Ortsansichten und Stadtpläne der Herzogtümer Schleswig, Holstein und Lauenburg: Textband (Studien zur schleswig-holsteinischen Kunstgeschichte, 7). Neumünster 1962, S. 159. Dank geht an Dr. Matthias Seeliger für Hinweise auf die hier zitierten Publikationen der graphischen Vorlagen.
50 Anmut des Nordens: Wilhelm Heuer und sein graphisches Werk, hrsg. v. Fred SALAMON. Einführung von Rolf MÜLLER. Neumünster 1996, S. 131, Abb. S. 132.
51 KLOSE / MARTIUS (wie Anm. 49), S. 261 (Segeberg Nr. 20 u. 23).
52 SALAMON / MÜLLER (wie Anm. 50), S. 155 (Kat.-Nr. SHA 4a).
53 IWITZKI, Angelika: Europäische Freiheitskämpfe: Das merkwürdige Jahr 1848. Eine neue Bilderzeitung von Gustav Kühn in Neuruppin (Schriften des Museums für Volkskunde Berlin, 19). Berlin 1994.
54 Ebd., S. 144.
55 Ebd., S. 145.
56 SALAMON / MÜLLER (wie Anm. 50), S. 158.

Parteibuchbeamte in der Weimarer Republik – das Beispiel „Landeserziehungsanstalt Bevern"

von Matthias Seeliger

Mit 4 Abbildungen

Je stärker das Programm einer Partei ideologisch ausgerichtet ist, desto wichtiger ist für einen langfristigen Erfolg seiner Durchsetzung das Gewinnen der heranwachsenden Generation für die Inhalte dieses Programms. Ziel und Art der Erziehung der Kinder und Jugendlichen sind dabei von großer Bedeutung. Die Nationalsozialisten schufen sich während ihrer Herrschaft mit Jungvolk und Hitler-Jugend, Jungmädelbund und Bund Deutscher Mädel Organisationen, die durch flächendeckende Erfassung der betroffenen Jahrgänge einer lückenlosen Indoktrination dienten. Die „Linksparteien" verfügten während der Weimarer Republik ebenfalls über verschiedene Kinder- und Jugendorganisationen, deren Geschichte für den Bereich des Kreises Holzminden leider noch nicht erforscht ist. Zu nennen sind u. a. die Sozialistische Arbeiter-Jugend und die Reichsarbeitsgemeinschaft der Kinderfreunde mit den „Rote Falken"-Guppen. Hinsichtlich der Vorgänge in der Landeserziehungsanstalt Bevern soll aus dem linken Parteienspektrum nachfolgend nur die SPD betrachtet werden, da die Kommunisten in diesem Zusammenhang keine größere Rolle spielten.

Jahrhunderte lang hatte das Bildungswesen in den Händen der Kirchen gelegen oder war zumindest stark durch diese beeinflusst worden. Das änderte sich nach dem Ende des Kaiserreiches 1918 und dem damit verbundenen Zerbrechen des sprichwörtlichen Bündnisses von Thron und Altar. Die Parteien sahen darin, je nach ideologischer Ausrichtung, eine Chance zu neuen, eigenständigen Entwicklungen ihrer Bildungspolitik. Die Kirchen hingegen bemühten sich verzweifelt um ihren Vorstellungen wohlgesinnte Parteien, Verbände usw., mit denen sie zuweilen – aus heutiger Sicht – fragwürdige Allianzen eingingen. Jeder Streit um die „richtige" Erziehung der Jugend beinhaltete somit automatisch eine kirchenpolitische Auseinandersetzung.

Die sozialdemokratische Presse war voll von antikirchlichen Äußerungen. So freute sich der „Volksfreund" über 262 Kirchenaustritte während der Jahre 1928 und 1929 in den Ämtern Eschershausen, Holzminden und Stadtoldendorf; für den gesamten Freistaat gab er die Zahl nur für das Jahr 1929 mit 2.828 an.[1] Dass in Grünenplan 68 Kinder vom Religionsunterricht abgemeldet wurden, war ihm ebenfalls eine Meldung wert.[2] Der Verband für Freidenkertum und Feuerbestattung war ebenso im Holzmindener Raum tätig wie der Volksbund für Geistesfreiheit, und es gab einen *Kreisausschuss der dissidentischen Fürsorge*.[3]

Im Streit um das Schulwesen ist ein wichtiger Grund für die antikirchliche, ja extrem kirchenfeindliche Politik der SPD im Freistaat Braunschweig während der 1920er-Jahre zu sehen. Sie veranlasste Bernd Rother zu der Frage, ob die SPD „mit dieser Haltung und ihrer Personalpolitik 1927-30 selber mit schuld am Aufstieg der Nationalsozialisten in Braunschweig" war?[4] Diese Personalpolitik – und ebenso jene des politischen Gegners, der NSDAP – soll im Mittelpunkt der folgenden Ausführungen stehen.

Grundlagen der Erziehung in Bevern

Das Bestehen einer Landeserziehungsanstalt während der Weimarer Republik war Abschluss einer längeren Geschichte der Nutzung des Schlosses in Bevern als „Wilhelmstift" für die Unterbringung devianter Personen.[5] In den letzten Jahrzehnten des Kaiserreiches war unter Direktor Otto Eißfeldt Grundzug der pädagogischen Bestrebungen in Bevern die *Erziehung zur Pünktlichkeit, Ordnung, Zucht und geregelter Arbeit, alles getragen von christlichem Geiste*.[6] Die Tatsache, dass diese Zusammenfassung ein Zitat aus dem Jahre 1932 ist, lässt tief blicken – ist sie doch direkt verbunden mit der durch die bürgerliche Zeitung zu diesem Zeitpunkt vertretenen Bewertung von Eißfeldts Arbeit: *Hunderte gefährdeter, junger Menschen hat er [dadurch!] auf die rechte Bahn gebracht.*

Unter Eißfeldts Nachfolger, Direktor Staats, wurde im Wilhelmstift *an der christlichen Grundlage der dortigen Erziehung festgehalten*,[7] allerdings richtete sich nunmehr *neuzeitlicher Auffassung entsprechend* die Aufmerksamkeit *mehr auf die Erziehung als auf die bloße Beaufsichtigung der Insassen*.[8] Staats war sehr daran interessiert, *die Erziehung nach den Forderungen moderner Pädagogik durchzuführen* und knüpfte u. a. Kontakte zum Pädagogischen Seminar der Universität Göttingen unter Professor Dr. Herman Nohl.[9] Nohl kam 1922 mehrfach mit seinen Studentinnen und Studenten nach Bevern, um letzteren die Möglichkeit zu bieten, *die Praxis des Anstaltslebens eingehend kennen zu lernen.*[10] Dies hätte er sicherlich nicht getan, wäre er nicht von der Qualität der im Wilhelmstift geleisteten Arbeit überzeugt gewesen. Bei aller Fortschrittlichkeit seiner pädagogischen Methodik orientierte sich Nohl hinsichtlich des Ziels der Erziehung allerdings an bürgerlich-konservativem Gedankengut, was auch für Staats galt. Im Gegenzug gab letzterer *den jungen Leuten in Göttingen im Rahmen der Seminarveranstaltungen einen Einführungskursus.* Eine Folge dieser Verbindung war die Bereitstellung von Praktikumsplätzen in Bevern.[11]

Nicht nur aus pädagogischer Sicht kam es unter Staats Nachfolger zu einschneidenden Veränderungen. Direktor Gotthard Eberlein verließ, so jedenfalls die Kritik seiner Gegner, diese *christliche Grundlage* der Erziehung: *Der letzte Direktor Eberlein brach damit. Bewusst wurde alles, was an das Christentum erinnert, beseitigt. In der Kapelle wurde die Christusstatue entfernt, zu Weihnachten wurde ein Sprechchor aufgeführt, der christlichem Empfinden hohnsprach, so dass ernst denkende Menschen die Feier verließen.*[12] Hinsichtlich dieser Vorwürfe ist festzuhalten, dass sich die zugrunde liegenden Ereignisse aus den überlieferten Akten nicht genauer beschreiben lassen. So konnten beispielsweise keine Hinweise auf die Begründung der Entfernung der *Christusstatue* gefunden werden. Wie allerdings in einem eigenen Abschnitt dieser Arbeit zu zeigen sein wird, vertrat Eberlein, bis 1922 evangelischer Pfarrer, mit Sicherheit nicht die Ansichten der überwältigenden Mehrheit kirchlicher Kreise im Braunschweigischen!

Ein (aber wohl kaum der entscheidende) Grund für die Zurückdrängung christlicher Inhalte bei der Erziehung war für Eberlein die überproportional große Zahl der Dissidenten unter den Zöglingen der Erziehungsanstalt. Am 8. April 1929 waren laut einer Angabe Eberleins 21 der 60 Schulkinder Dissidenten.[13] Damals ging es um die Erteilung von lebenskundlichem Unterricht in der Anstalt, wie er an den Bürgerschulen eingeführt worden war. Fritz Ziegert schlug seitens des Kreisausschusses der dissidentischen Fürsorge dafür den Lehrer Karl Dankert vor, der bereits in Holzminden Lebenskunde unterrichtete.[14] Dankert gehörte zu den Freidenkern und trat über Holzminden hinaus auf deren Veranstaltungen als Redner auf;[15] 1930 war er als Weiheredner für die Jugendweihe in Delligsen im Gespräch.[16] Mit dem Unterricht in Bevern wurde er jedoch nicht betraut, ebenso wenig Eberlein, der angeboten hatte, selbst diesen Unterricht zu übernehmen. Die Entscheidung fiel auf den Lehrer Robert Dargatz,[17] einen Dissidenten, der im Frühjahr 1929 als *Hilfslehrer* nach Bevern gekommen und dort bis zum 1. Mai 1931 tätig war.[18]

Neben ihm wurden 1931 zwei weitere Lehrer als Dissidenten bezeichnet: Lamby und Specht.[19] Es war wohl kein Zufall, dass sie alle während des Direktorats Gustav Eberleins eingestellt worden waren. Und ebenso war es kein Zufall, dass sie unter seinem Nachfolger wieder entlassen wurden. Zunächst verließ im Frühjahr 1931 der Lehrer Lamby das Wilhelmstift. Seine Frau, die mangels passender Wohnung noch nicht mit ihrem Mann umziehen konnte, bat am 13. April 1931 um die vorübergehende Beschäftigung als Hilfserzieherin in Bevern. Dies wurde jedoch angesichts der ihr unterstellten *Geistesrichtung* abgelehnt.[20]

Der Lehrer Specht war als SPD-Mitglied ab 1931 ebenfalls nicht mehr gern gesehen, blieb aber zunächst in Bevern. Im Juni 1932 sah er sich denselben

Verdächtigungen des neuen Direktors ausgesetzt wie Kurt Groschopp, worüber nachfolgend noch zu berichten sein wird. Seine Entlassung erfolgte allerdings erst zum 31. August 1933 *gemäß § 4 des Gesetzes zur Wiederherstellung des Berufsbeamtentums.*[21]

Mit diesen Angaben zur Entlassung der Dissidenten unter den Lehrern ist chronologisch bereits die Zeit von Eberleins Nachfolger, Direktor Milzer, erreicht. Inzwischen hatte auch die politische Herrschaft in Braunschweig gewechselt: dort regierte nach der Landtagswahl am 14. September 1930 eine Koalition aus DNVP und NSDAP. Am 1. Oktober jenes Jahres wurde Dr. Anton Franzen (NSDAP) zum Minister gewählt: als Innen- und Kultusminister war er knapp ein Jahr im Freistaat Braunschweig tätig, bis er, diskreditiert durch die Begünstigung eines Parteigenossen, zurücktrat.[22] Als Minister war er insbesondere bemüht, die Maßnahmen der vorangegangenen SPD-Regierung rückgängig zu machen, gerade im Bereich des Schul- und Erziehungswesens. Wichtige Ämter besetzte er mit NSDAP- und DNVP-Mitgliedern – so auch in Bevern.

Milzer gehörte zur DNVP und war aus Sicht der neuen Machthaber schon deshalb geeignet, *sein Amt als Nachfolger eines entlassenen Sozialdemokraten* anzutreten.[23] Er tat dies zum 1. April 1931. Wie er selbst später äußerte, hatte er das *vorgezeichnete Ziel, wieder Ordnung, Sauberkeit in sittlicher Beziehung und Ruhe in die Anstalt zu bringen.*[24] Es sollten *das System und die Geistesrichtung [...] geändert und in neue Bahnen gelenkt werden.*[25] Im Februar 1933 konnte er sich rühmen, sein Ziel *unentwegt verfolgt und durchgeführt* zu haben. Seinen Erfolg begründete er u. a. mit der Feststellung: *Hetzende und Unruhe stiftende Erzieher sind weder unter den Herren noch unter den Damen mehr vorhanden.*[26]

Natürlich griff ihn die sozialdemokratische Presse nach seiner Ernennung scharf an. Der Volksfreund schrieb: *Herr Milzer ist in politischer Hinsicht schon mannigfach hervorgetreten. Er ist seit Jahren ein führender Mann bei den Deutschnationalen und betätigt sich besonders auf dem Gebiete der Kommunalpolitik. Bei allen fortschrittlich eingestellten Menschen gilt Herr Milzer schon seit Jahren als die Personifizierung engstirnigster Reaktion.*[27] Der Landtagsabgeordnete Karl Poth aus Holzminden schimpfte, Milzer sei *Parteibuchbeamter*[28] – damit hatte er zwar recht, unterschlug allerdings die Tatsache, dass man auch den Vorgänger Eberlein als solchen bezeichnen konnte.

Schon diese knappen Angaben zu den Direktoren des Wilhelmstifts verdeutlichen, wie stark die Ziele der Erziehung sowie die konkrete pädagogische Arbeit von den handelnden Personen und deren weltanschaulicher Einbindung abhängig waren. Welche Aufbruchstimmung und zugleich verworrene Situation in der Weimarer Republik herrschte, ist bereits aus der Tatsache abzuleiten, dass Eißfeldt 35 Jahre Direktor in Bevern war, während in der relativ kurzen Zeit von 1919 bis zur Schließung der Anstalt im Herbst 1933 drei Männer – je nach herrschender politischer Konstellation – diesen Posten innehatten.

Angesichts dieser Feststellung lohnt es sich zweifellos, nachfolgend intensiver den Blick auf einige der damals in der Landeserziehungsanstalt tätigen Personen zu richten.

Direktor Gotthard Eberlein

Nicht nur angesichts seiner exponierten Stellung als Direktor ist Gotthard Eberlein an erster Stelle zu betrachten. Mit seiner Person ist auch besonders deutlich zu zeigen, wie sowohl die Anstellung als auch die Entlassung unter politischen Vorzeichen geschahen – zumal es sich bei der Leitung des Wilhelmstifts nicht um seine erste Tätigkeit im Freistaat Braunschweig handelte: Bereits von 1923 bis 1926 war er Wirtschaftsinspektor und leitender Erzieher des Schülerheims der staatlichen Realschule in Seesen.[29] Anfang und Ende dieser Tätigkeit waren ebenso wie die Vorgeschichte so kennzeichnend, dass zunächst darüber berichtet werden muss. Schon der Weg, auf dem sich Eberlein ohne eigenes Wissen in Braunschweig bekannt machte, war aufschlussreich. Der braunschweigische Landesschulrat Dr. Ernst Stoelzel,[30] Vorsitzender des Landesschulamtes für

Abb 1: Gotthard Eberlein; Illustration eines Zeitungsartikels im Januar 1930.
(Vorl.: StAWF 12 Neu 7 II Nr. 96/1)

das höhere Schulwesen, war laut eigener Angabe auf ihn *durch einen „Vorwärts"-Artikel aufmerksam gemacht worden*.[31] Wie kam es, dass über Eberlein in der Presse berichtet wurde? Durch einen Skandal!

Der am 8. Oktober 1885 in Royn, Kreis Liegnitz, geborene Sohn eines Superintendenten hatte in Breslau und Halle Theologie, Philosophie und Volkswirtschaft studiert.[32] Nach dem Studium war er von 1910 bis 1922 evangelischer Pfarrer an der St. Gertrudkirche in Stettin.[33] In dieser Arbeitergemeinde wendeten sich Eberlein und sein Kollege Otto Buchholz besonders der Jugendarbeit zu und gelangten zu einer aus ihrer Sicht *verständlichen und notwendigen, bewussten, positiven Stellung zum Proletariat*,[34] verbunden mit der *aktiven Beteiligung an der sozialdemokratischen Partei und der Arbeiterbewegung*.[35] Bereits 1912 wurde ein

Verein „Freunde der Jugendpflege [...]" gegründet, der ab 1917 eine Ortsgruppe der Sozialen Arbeitsgemeinschaft Berlin-Ost bildete.[36] Der Vorsitzende dieser Ortsgruppe urteilte 1923: Eberlein *war bemüht, der Jugend seiner Gemeinde ein Wegweiser zu selbständigem Menschentum zu sein.*[37] Die folgende Angabe von Otto Buchholz aus dem Jahr 1923 dürfte sich vor allem auf die Zeit ab 1919 beziehen: *So gelang es uns z. B. bei der Neuwahl der kirchlichen Gemeindekörperschaften eine sozialistische Mehrheit zustande zu bringen. Wir verweigerten ferner als einzige Gemeinde Pommerns aus religiösen Gründen das Glockenläuten bei der Beerdigung der ehemaligen Kaiserin. Auch sprachen Eberlein und ich auf Einladung des öfteren in sozialistischen Volksversammlungen.*[38]

Zugleich beschäftigte Eberlein sich *ausgiebig* [...] *mit den modernen pädagogischen Fragen,* war auch Mitglied im Bund der Entschiedenen Schulreformer. Studienrat Dr. Tacke in Stettin bezeichnete ihn Anfang 1923 als einen der *Männer, die den Mut bereits 1919 fanden, eine entschiedene Umstellung zu allen Schulfragen zu fordern.* Eine andere Beurteilung aus jenen Tagen lautete: *An seiner Auffassung der Jugendpflege hätte ich nur auszusetzen, dass er sie, seiner gutherzigen fröhlichen Natur entsprechend, zu sehr als eine Art von Erholung für die Jugendlichen aufzieht und vielleicht zu wenig berücksichtigt, dass man diese nicht nur angenehm, sondern in erster Linie nützlich und zwar so beschäftigen soll, dass sie für das tägliche Leben brauchbare Fähigkeiten erwerben.*[39]

Sowohl innerhalb der Gemeinde als auch beim vorgesetzten Ev. Konsistorium der Provinz Pommern wurde diese Entwicklung sehr misstrauisch beobachtet. Gerüchte über Beziehungen Eberleins *zu einem jungen Mädchen, das dem von ihm geleiteten Jugendklub angehörte,*[40] wurden daher offenbar bereitwillig aufgegriffen und sollten zu einem Ermittlungsverfahren führen. Dem Pastor, der sich längst innerlich von seinem Amt distanzierte, reichte es nun: er verzichtete auf die Rechte des geistlichen Standes und legte am 28. Juli 1922 sein Amt nieder. Zum 1. April 1923 tat dies ebenfalls sein Kollege Otto Buchholz, dem inzwischen ein Verhältnis mit der Frau Eberleins nachgesagt wurde.[41] Gemeinsam rechtfertigten beide sich in einer Druckschrift mit dem Titel *Wir Ausgestoßenen. Der Abschied zweier sozialistischer Pfarrer von der Kirche.*[42]

Wenn der Landesschulrat 1923 diesen Mann in den Freistaat Braunschweig holte, war dies zweifellos auch eine politische Entscheidung. Kritik ließ nicht lange auf sich warten – sie kam ebenso vom Landeskirchenamt in Wolfenbüttel wie auch von der Elternvereinigung der Jacobsonschule in Seesen: Eberlein wurden *recht eigenartige Äußerungen* im Religionsunterricht nachgesagt; Landesbischof Bernewitz fragte den Volksbildungsminister süffisant, ob er es wünsche, *die Jugend des Landes zum Kommunismus erzogen zu sehen?* Der Landesschulrat stellte sich vor Eberlein; politisch rechnete er ihn zur USPD.[43] In der Folgezeit war es allerdings Eberlein selbst, der tatsächlich Anlass zur Kritik bot, und zwar hinsichtlich der Erledigung seiner dienstlichen Angelegenheiten. Zum 1. April 1925 wurde ihm daher die Leitung des Alumnats entzogen – er wurde dem Direktor der Schule unterstellt. Zum 1. Oktober 1926 wurde ihm im Rahmen allgemeiner Sparmaßnahmen gekündigt, und er übernahm die Leitung eines privaten Schülerheims in Schwedt/Oder.

Ein zweites Mal bewarb sich Gustav Eberlein um eine Stelle im braunschweigischen Staatsdienst,[44] als er vom Freiwerden der Direktorenstelle im Wilhelmstift hörte.[45] Am 1. November 1928 begann seine Tätigkeit in Bevern. Schon bald stieß er dort auf Gegnerschaft, die zwar in vielen Fällen politisch motiviert, aber auch inhaltlicher Art bezüglich der pädagogischen Richtung sein konnte – sogar der dissidentische Lehrer Dargatz musste schon Anfang 1930 bezüglich des Verhältnisses zwischen Kollegium und Direktor zugeben: *Wir waren uns nur oftmals sachlich nicht einig, was unser Zusammenarbeiten dann störte.*[46] Wie sollten die Erzieherinnen und Erzieher auch mit Äußerungen ihres Vorgesetzten umgehen, wenn dieser z. B. auf einer Tagung der Freien Lehrergewerkschaft[47] zum Thema *Kinderfehler und soziales Milieu* in Braunlage am 4. Januar 1930 in einem Vortrag über *Verwahrlosung und Gesellschaft* feststellte: *Asozial sind junge Menschen infolge ihrer besonderen Jugenderlebnisse im elenden sozialen Milieu. Gerade die „Verwahrlosten" sind die schlechtesten Elemente nicht. Unbewusst lebt in jedem der Instinkt des Empörers, der, richtig geleitet, in die Reihe der Klassenkämpfer führen könnte.* Und zum Thema „Verwahrlosung" führte er weiterhin aus: *Leider werden noch vielfach dafür moralische Wertmaßstäbe herangezogen. Lebensfremde Menschen urteilen nach einer Moral, die im wirklichen Leben kaum vorkommt. Das Milieu, aus dem Erzieher und Leiter privater kirchlicher Anstalten stammen, ist das kleinbürgerliche Milieu.*[48]

Für die bürgerliche Kritik waren solche Vorstellungen untrennbar verbunden mit Eberleins politischer Einstellung: sie sah in ihm den *neuen sozialdemokratischen Direktor.*[49] Dazu passte, dass er öffentlich in Bevern auf einer Versammlung der SPD gegen den Nationalsozialismus agitierte.[50] Wenn er wenige Monate nach Eintritt der Nationalsozialisten in die Regierung in den Ruhestand versetzt und diese Maßnahme in einem Dienststrafverfahren sogar später in eine Dienstentlassung umgewandelt wurde,[51] könnte man in ihm ein frühes Opfer der Verfolgung Andersdenkender vermuten. Dazu passt allerdings nicht die Tatsache, dass das Dienststrafverfahren bereits Anfang August 1930 unter dem 1940 im KZ Mauthausen umgekommenen Innenminister Gustav Steinbrecher[52] (SPD) eröffnet worden war.[53] Vielmehr war es erneut die, wie Hans-Windekilde Jannasch es ausdrückte, *unheilvolle Schwäche dem weiblichen Geschlecht gegenüber,*[54] die ihn in Schwierigkeiten brachte. Im konkreten Fall waren es die Anschuldigungen einer nur dreieinhalb Monate im Wilhelmstift tätigen Stenotypistin, die Eberlein belasteten.[55] Und als sich in der Untersuchung viele der angeblichen *Enthüllungen* über die Zustände in der

Landeserziehungsanstalt *als erheblich übertrieben* herausstellten, blieb schließlich *von allen Beschuldigungen nur das eigenartige Benehmen des Angeklagten seiner Sekretärin gegenüber bestehen.*[56] Auffallend ist in diesem Zusammenhang, dass die Angestellte wegen Streitigkeiten um die Höhe ihres Lohns zum 1. August 1930 kündigte, dieserhalb auch Klage beim Arbeitsgericht einreichte[57] und dann am 4. August nach Braunschweig fuhr, um dort bei der Regierung ihre Beschwerden über Eberlein vorzubringen.[58]

Wenn seinerzeit schon die Berechtigung einzelner Vorwürfe nicht einwandfrei geklärt werden konnte, vermag es der Historiker heute erst recht nicht. Der Anteil politischer Animosität an der Dienstentlassung Eberleins ist also nicht mehr festzulegen. Eindeutig politisch motiviert waren jedoch die anschließenden Versuche, ihm auch außerhalb Beverns das Leben so schwer wie möglich zu machen. Als er in Berlin sein Geld mit einer Buchhandlung und Leihbücherei zu verdienen suchte, geriet er dort in das Visier von Reichsschrifttumskammer und Kreisleitung. Nachfolgend sei aus einem in diesem Zusammenhang entstandenen Schreiben des Ortsgruppenleiters Meyer in Bevern vom 9. August 1934 zitiert: *Es freut mich ganz besonders von diesem Marxistenhäuptling einmal etwas wieder zu hören. Eberlein ist ein Mensch der weit über die Grenzen des Braunschweiger Landes bekannt ist, einmal als großer Marxist und zweitens als ein Mensch, welcher heute nicht mehr in die menschliche Gesellschaft hineingehört. […] Jedenfalls nenne ich Eberlein von mir aus als ein ausgesprochenes verkommenes Subjekt. Ich würde es sehr begrüßen, diesen[!] großen Gegner der NSDAP endlich von dort aus das Handwerk zu legen.*[59] Offenbar gelang es Eberlein jedoch, einigermaßen unbehelligt die Jahre bis 1945 zu überstehen – anschließend begann für ihn eine zweite Karriere in der Ostzone, die er 1959 mit der Übersiedlung in die BRD beendete.[60]

Bruno Friedrich

Wurde mit Gotthard Eberlein ein exponierter Vertreter des linken Lagers betrachtet, ist nunmehr das Augenmerk auf Bruno Friedrich, einen der führenden Nationalsozialisten in Bevern zu Beginn der 1930er-Jahre, zu richten. Er kam unter Eberleins Nachfolger Milzer nach Bevern: sein Dienstantritt im Wilhelmstift datiert auf den 21. September 1931. Dass hierbei weniger pädagogische Fähigkeiten als seine politische Überzeugung eine Rolle spielten, wurde schnell deutlich. Schon drei Wochen später griff die sozialdemokratische Presse in Braunschweig diese Personalsache auf und teilte den Lesern – nicht zu Unrecht – mit, Friedrich sei *strammer Nationalsozialist.*[61]

Der am 15. Februar 1896 in Derschlag (Gummersbach) geborene Bruno Friedrich war ein fanatischer Nationalsozialist[62] der ersten Stunde, einer der wirklich „alten" Kämpfer[63]: Mitgliedsnummer 13.210, Ortsgruppe München.[64] Im Juli 1923 war er zum Deutschen Turnfest nach München gereist, wo u. a. Hitler eine Rede vor

Turnern hielt – begeistert schloss er sich dessen Forderungen an und versuchte anschließend im Oberbergischen Land, *gleich gesinnte Volksgenossen organisatorisch zu erfassen.*[65] Am 1. März 1924 leitete er eine nationalsozialistische Versammlung in Gummersbach, was ihm wegen der dort durch den Redner vorgebrachten Beleidigungen des Reichspräsidenten Ebert ein gerichtliches Verfahren einbrachte.[66] In verschiedenen Orten als Lehrer[67] tätig, scharte er eine Reihe von Gesinnungsgenossen um sich, die teilweise eingetragene Mitglieder der Ortsgruppe München waren.[68] Über die Liste des Völkischsozialen Blocks wurde er 1924 Stadtverordneter in Gummersbach.[69]

Abb. 2: Bruno Friedrich; Passbild aus der Zeit in Rebbelroth, ca. 1931.
(Vorl.: StAWF 12 Neu 6 Nr. 282)

Nachdem er am 7. März 1929 in Ehrentalsmühle, seinem damaligen Dienstort, *eine Schulfeier in den Dienst nationalsozialistischer Parteiwerbung* gestellt und am 28. Juni 1929 in Opsen *in öffentlicher Versammlung die deutsche Republik und ihre Leiter* geschmäht hatte, wurde er *vom Amte suspendiert.* Ungeachtet dieser Tatsache trat er weiterhin als nationalsozialistischer Agitator auf, so am 25. November 1930 in Oberkassel und Ende Januar 1931 gleich zweimal in Honnef.[70] Seine endgültige Entlassung aus dem preußischen Schuldienst erfolgte (nach weiteren Vorfällen) Anfang 1931.[71] Die aus seiner Sicht *wegen meiner Betätigung in der NSDAP* erfolgte Entlassung bildete im nationalsozialistisch regierten Braunschweig gewissermaßen eine Empfehlung, und ein halbes Jahr später gelangte Friedrich – zunächst als *Hilfslehrer,* ab 15. Dezember 1932 als *Lehrer* – in den braunschweigischen Schuldienst.

Kurz darauf konnte die sozialdemokratische Presse bereits berichten: *Kaum war er drei Tage in Bevern, da hatte er nichts Eiligeres zu tun, als dort eine nationalsozialistische Versammlung zu inszenieren. Als am Sonntag in Bevern eine öffentliche sozialdemokratische Versammlung stattfand, trat Herr Friedrichs*[!] *als Diskussionsredner für die Nazis auf.* Angeblich rühmte er sich damals, *schon in etwa 1000 Hakenkreuzversammlungen als Redner für Adolf Hitler aufgetreten zu sein.*[72]

Friedrich wirkte, wie sich den Quellen deutlich entnehmen lässt, tatsächlich keineswegs nur als Pädagoge im Wilhelmstift, sondern betätigte sich in dieser von den Nationalsozialisten später so bezeichneten „Kampfzeit" vor allem agitatorisch.

So sprach er bereits am 2. Oktober 1931 auf einer Versammlung in Halle, wo an diesem Tage die örtliche SA gegründet wurde.[73] Ebenfalls für den Oktober 1931 sind Auftritte als Redner während nationalsozialistischer Versammlungen in Bevern, Eschershausen, Merxhausen, Stadtoldendorf und Warbsen belegt.[74] Aus seiner Rede in Stadtoldendorf hob die Presse die Äußerungen zur *Rassenfrage* und sein Verdikt, *dass eine Rassenmischung ein Verbrechen sei*, besonders hervor.[75] Über weitere 14 Auftritte in den nächsten Monaten bis zur Reichspräsidentenwahl am 13. März 1932 liegen Zeitungsberichte vor.[76] Ende 1932 findet er sich im Gauredner-Verzeichnis des Gaues Südhannover-Braunschweig verzeichnet,[77] was als Bestätigung ebenso seiner rhetorischen Fähigkeiten wie seines eifrigen Einsatzes für die Partei zu werten ist. Im April 1932 wurde er *als Redner im Wahlkampf um Preußen* eingesetzt.[78] Sogar als Kandidat für die Reichstagswahl am 6. November 1932 stellte er sich der Partei zur Verfügung.[79]

Direktor Milzer beurteilte Friedrich ein knappes Vierteljahr nach Dienstantritt u. a. so: *Auftreten forsch, seinem rheinischen Naturell entsprechend. [...] Scheint Kampfnatur zu sein und scheut Zusammenstöße nicht. [...] Sein Auftreten in Versammlungen findet nur bei denen Missfallen, die früher hier die Macht in der Hand hatten. Eine ganz natürliche Erscheinung.*[80] Seitens der SPD in Bevern wurden ihm Aussprüche wie dieser nachgesagt: *Wenn Adolf Hitler Reichspräsident ist, gehören die ersten 24 Stunden der SA, dann wird auch der Artikelschreiber aus dem Grünen Wege aus dem Hause geholt.*[81]

1932 wurde Friedrich wegen öffentlicher Beleidigung zu einer Geldstrafe verurteilt, weil er den Landtagsabgeordneten und Kreisvorsitzenden der SPD Poth als *Parlamentswanze* bezeichnet und von *seinem Wasserkopf und seiner weichen Birne* gesprochen hatte.[82] Auf diesen Prozess soll hier nicht näher eingegangen werden; erwähnt sei aber, dass Friedrich seine Strafe nie bezahlte, sondern Berufung einlegte und das Verfahren dann nach Erlass des Amnestiegesetzes[83] eingestellt wurde, da – wie es im Beschluss hieß – *die Tat vorwiegend aus politischen Beweggründen [...] begangen ist.*

Das freiwillige Ausscheiden Friedrichs aus dem braunschweigischen Staatsdienst zum 16. Juni 1933 beruhte auf einem Karrieresprung: er war zum Leiter der neuen preußischen Landesführerschule I in Königswinter ernannt worden.[84] „Zu verdanken hatte er seine Position sicherlich Robert Ley, den er seit Mitte der 1920er Jahre kannte."[85] Die Schule war in den folgenden Jahren „ein ständiger Herd von Provokationen und Angriffen gegen die katholische Bevölkerung" in Königswinter: Mit mancherlei Aktionen brachte Friedrich seine antikirchliche Haltung zum Ausdruck.[86] Im Februar 1935 kam es deshalb sogar zum „Einspruch des Kölner Generalvikariats beim Oberpräsidenten der Rheinprovinz in Koblenz gegen die Tätigkeit des Pg. Friedrichs[!], des Leiters der Landesführerschule in Königswinter" – er blieb unbeantwortet.[87]

Heinz Wiegand

Neben Friedrich war es der Erziehungsinspektor Heinz Wiegand, der den Nationalsozialismus im Wilhelmstift, in Bevern und im Kreis Holzminden förderte. Er kam etwa zeitgleich mit Direktor Milzer nach Bevern[88] und dürfte ebenso wie er seine Stellung seinem Parteibuch verdankt haben. Ebenso wie Friedrich war er propagandistisch im Kreisgebiet sowie in benachbarten Orten tätig: erstmals findet sich sein Name anlässlich einer Veranstaltung am 2. Oktober 1931 in Dielmissen erwähnt.[89] Bis Anfang 1933 trat er als Redner u. a. auf in Bevern, Holzminden, Meinbrexen, Mühlenberg, Stahle (Kreis Höxter) und Wenzen (Kreis Gandersheim).[90] 1932 war er Ortsgruppenleiter in Bevern.[91] Gemeinsam mit Lehrer Bosse versuchte er, junge Leute zur SA anzuwerben.[92] Landtagsabgeordneter Poth kritisierte 1932, *Wiegand sei mehr auf dem Parteibüro als in Bevern.*[93]

Über seine Aufgabe urteilte die Oberweser Volkszeitung: *Nun weiß man allerdings auch im Ort, dass Wiegand nicht etwa zur Erfüllung seiner dienstlichen Verpflichtungen von dem früheren Naziminister Franzen nach Bevern geschickt wurde, sondern dass er den Parteiauftrag erhalten haben soll, die marxistisch verdächtigen Angestellten am Wilhelmstift zu bespitzeln und brotlos zu machen.*[94] Und wenige Tage später war in der Zeitung zu lesen: *Wiegand und Friedrich, die nach hier gekommen sind, um die „Roten" auszurotten, haben in der Praxis gezeigt, wie die „Musterwirtschaft" des 3. Reiches aussehen wird. Die Väter von 11 Kindern sind bis jetzt brotlos gemacht, ohne die vielen Ledigen zu nennen. Gerade der letzte Abbau des Genossen Hiekel hat bis weit in die bürgerlichen Kreise die hellste Empörung hervorgerufen.*[95] Natürlich ist auch diese Angabe Propaganda, und die Zahlenangaben wurden für den vorliegenden Beitrag nicht überprüft. Wie diese „Praxis" der Nationalsozialisten jedoch aussah, sei nun am Beispiel zweier Mitarbeiter des Wilhelmstiftes gezeigt.

Kurt Groschopp

Für den am 19. Januar 1902 in Chemnitz geborenen Wohlfahrtspfleger Kurt Groschopp lässt sich deutlich den Akten entnehmen, dass sowohl seine Anstellung in Bevern als auch die spätere Entlassung vorrangig von seiner politischen Einstellung abhingen. Zum 1. November 1929 kam er als (*Hilfs-*)Erzieher in die Landeserziehungsanstalt, also während des Direktorats Gotthard Eberleins.[96]

Betrachtet man die von Groschopp zu den Akten gegebenen Unterlagen, scheint für Eberleins Entscheidung vor allem die Beantwortung einer von ihm gestellten Frage ausschlaggebend gewesen zu sein: *Haben Sie mit der Proletarierjugend irgendwelche Fühlung?* Groschopp verwies auf seine Herkunft aus dem Proletariat, wenngleich er zugeben musste, in seiner Familie keine *milieuechte Erziehung genossen zu haben* – vielmehr hatte er sich zunächst der Wandervogelbewegung angeschlossen. Seine Berufswahl begründete er dann aber mit *der Hilfeleistung der Proletarierjugend gegenüber.* Laut eigener Angabe führte er *in der dienstfreien Zeit [...] eine große Anzahl Arbeitsgemeinschaften in den Ostthüringer Gruppen der Soz. Arbeiter-Jugend durch.* Zu deren Erfolg äußerte er sich Eberlein gegenüber: *Das immer dringendere Anfordern um die Abhaltung der Abende bestätigte mir die Beliebtheit derselben.* Im Sommer 1929 hatte er am vierwöchigen Zeltlager der Reichsarbeitsgemeinschaft der Kinderfreunde in Probstzella teilgenommen und hob dazu besonders hervor: *Als Vorsitzender des Lagerparlamentes hatte ich wiederum reichlich Gelegenheit, die Gedankenwelt der Proletarierjugend in einer eigenen, selbstverantwortlichen Umwelt kennen zu lernen.*[97]

Im Dezember jenes Jahres, also nach seiner bereits erfolgten Anstellung, ließ er sich dazu noch besondere Bestätigungen ausstellen. So bescheinigte ihm die örtliche Organisation der Reichsarbeitsgemeinschaft der Kinderfreunde in Ronneburg, dass er mit einer Gruppe der Ronneburger „Rote Falken" an dem *Zeltlager in Probstzella teilgenommen hat und dabei seine Funktionen zu unserer vollsten Zufriedenheit erfüllte.* Mit einem weiteren Schreiben aus Ronneburg konnte Groschopp belegen, dort von Januar bis März 1929 *den Vorbereitungsunterricht der Jugendweihlinge unseres Agitationsbezirkes gegen Bezahlung zu unserer vollsten Zufriedenheit durchgeführt* zu haben.[98]

Dass dieser Mann ins Visier der Nationalsozialisten geriet, verwundert nicht. 1931/1932 erfolgten offenbar mehr oder weniger kontinuierlich Sticheleien seines Kollegen Wiegand gegen ihn, von denen beispielsweise folgende Meldung zu den Akten genommen wurde: *Der Hilfserzieher Groschopp kam heute morgen mit seiner Abteilung fünf Minuten zu spät zum Antreten. Bevern, den 8. Januar 1932. Wiegand.* Füllten allmählich solche Lappalien die Akte[99], ohne dass sie zu schwerwiegenden Konsequenzen führten, fand sich im Frühjahr 1932 Anlass zu einer weiteren Denunziation, die nun den Dienstweg bis zum Minister für Inneres und Volksbildung, Dietrich Klagges, nahm: *Bevern, den 8. April 1932. An den Herrn Direktor der Landeserziehungsanstalt Wilhelmstift Bevern. Als vor einiger Zeit die Vertretung des beurlaubten Praktikanten Krauß erörtert wurde, wandte sich der Hilfserzieher Groschopp heftig dagegen, dass diese Vertretung durch Mehrleistung des anderen Personals erledigt würde. Er gebrauchte dabei die Äußerung: „Ich habe keine Lust, für Klagges Gnaden mehr Dienst zu schieben, um mir die Nerven kaputt zu machen." Wir erblicken in dieser Äußerung einen Versuch, unseren vorgesetzten Herrn Minister herabzusetzen und bringen sie deshalb zur Meldung. P. Timmermann Koß Schmidt Wegener.*

Klagges äußerte sich am 10. Mai selbst dem Wilhelmstift gegenüber: *Es ist zu meiner Kenntnis gekommen, dass der dortige Hilfserzieher Groschopp über mich unangemessene Äußerungen getan haben soll.* Dessen Tage in Bevern waren nun offenbar gezählt. Das Fass zum Überlaufen brachte wenig später ein Leserbrief in der sozialdemokratischen Oberweser Volkszeitung[100] über *skandalöse Zustände in*

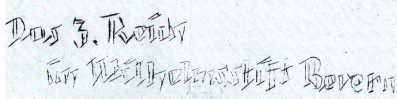

AN DIE WERKTAETIGEN IN BEVERN !

Der FASCHISMUS zeigt von Tag zu Tag mehr
sein wahres Gesicht ! Die Nazi-Klagges-Küchenthal-
Regierung geht mit den rigorosesten Brutalität
gegen die werktätige Bevölkerung vor !

Versprach NAZI-KLAGGES bei seinem Regierungs-
antritt nicht, dass jeder "VOLKSGENOSSE" gleich
welcher Gesinnung er sei, ARBEIT und BROT zu verschaffen ?

UND SEINE TATEN ? !!!

Am 1.Oktober wurde der Genosse BRENN, welcher
als Erzieher auf dem Wilhelmsstift Bevern wirkte, entlassen.
Heute wurden erneut 2 Genossen im Wilhelmsstift
Bevern, wo die Harzburger Koalition uneingeschränkt
herrscht, gekündigt mit dem Hinweis, am 15. d. Mts.
sofort die Anstalt zu verlassen.
Weiter wurde gleichzeitig eine Kollegin zum 31.
Dezember gekündigt, deren soziale Lage insofern eine
ungeheure Härte erfährt, da ihr Vater kürzlich tödlich
verunglückt ist und sie das einzige erwerbstätige Mitglied der Familie ist!

WERKTAETIGE - GENOSSEN ! GEBT DARAUF DIE ANTWORT !

Wir appellieren an Euch und rufen euch angesichts
dieser faschistischen "Heldentat"auf, am 15. November
zum Volksentscheid zum Sturze der NAZI-KLAGGES-REGIERUNG
mit "JA" zu stimmen.

Wer nicht zum VOLKSENTSCHEID geht und nicht mit
"JA" stimmt, unterstützt die rigorosen Massnahmen der
NAZI-KLAGGES- MILSER !

STIMMT AM 15. mit "JA"

Heraus
zum
Volksentscheid!
Stimmt mit JA!

Abb. 3: Flugblatt aus Bevern zum Volksentscheid über das Volksbegehren der KPD zwecks Auflösung
des Landtags am 15. November 1931 mit Bezug auf die Entlassungen im Wilhelmstift.
(Vorl.: StAWF 141 N Nr. 35)

der Fürsorgeanstalt Bevern, unterzeichnet von der örtlichen SPD. Am 9. Juni 1932 wurde Groschopp von Direktor Milzer dienstlich befragt, ob ihm dieser Artikel vor Drucklegung bekannt gewesen sei und ob er ihn billige? Milzer tat dies, weil er Groschopp als Mitglied der SPD in Bevern für mitverantwortlich hielt, wobei er den Vorwurf äußerte, der Artikel enthalte *grobe Entstellungen und Unwahrheiten.*

Groschopp verneinte die Fragen Milzers – ob dies der Wahrheit entsprach, ist der Akte natürlich nicht zu entnehmen. Aber seine Zeit in Bevern war endgültig abgelaufen. Am 28. Juni 1932 wurde der Landeserziehungsanstalt mitgeteilt: *G. ist nach Weisung des Herrn Ministers Klagges zu kündigen zum nächst zulässigen Termin.* Das war der 30. September 1932. Ab dem 16. August wurde Groschopp bereits beurlaubt und durfte insofern nicht mehr seiner Arbeit nachgehen. Auch diese Beurlaubung war (telefonisch) mit Klagges persönlich geklärt worden. Hinzuweisen ist darauf, dass Groschopp mit seiner Familie, da er zunächst keine Ersatzwohnung finden konnte, noch bis zum 1. April 1933 in seiner Dienstwohnung bleiben durfte.[101]

Johannes Hiekel

Wesentlich länger als Groschopp war der am 12. Oktober 1901 in Dresden geborene Büroangestellte Johannes Hiekel im Wilhelmstift tätig: neuneinhalb Jahre.[102] Seit dem 1. Oktober 1923 in Bevern angestellt, erhielt er im Sommer des folgenden Jahres bereits eine sehr positive Beurteilung durch die Direktion: Ihm wurde bescheinigt, dass er *sich sehr gut in den vielseitigen Büro- und Kassendienst des Wilhelmstiftes hineingearbeitet hat und seinen verantwortungsvollen Dienst mit großem Eifer und unbedingter Zuverlässigkeit versieht.* Sogar das angesichts seiner Entlassung Ende 1932 von Direktor Milzer ausgestellte Zeugnis war ebenso positiv: *Hiekel liegt die Aktenführung der Anstalt ob, der er sich mit besonderem Geschick unterzogen hat. Seinen Dienst versieht er pünktlich und gewissenhaft. [...] Über seine dienstliche Führung ist nichts Nachteiliges zu sagen.*

Neben seiner Verwaltungstätigkeit spielte Johannes Hiekel aber noch eine andere Rolle im Leben der Anstalt sowie darüber hinaus: er engagierte sich stark im musischen Bereich. 1927 gab er an, bereits seit mehreren Jahren Mitglied im Deutschen Arbeiter-Sängerbund zu sein und nebenberuflich als Chordirigent zu wirken. Letztere Angabe bezog sich – außerhalb des Wilhelmstifts – auf den Arbeitergesangverein *Brunonia* in Bevern.[103] Welche Ausbildung ihn dazu befähigte, ist seiner Personalakte nicht zu entnehmen. Belegt ist jedoch seine aktive Weiterbildung: so erhielt er vom Wilhelmstift Sonderurlaub vom 10. bis 19. Oktober 1927, um *an einem Kursus an der Staatlichen Hochschule für Musik in Berlin-Charlottenburg* teilnehmen zu können.

In der Jugendarbeit der SPD setzte er ebenso seine musikalischen Fähigkeiten ein. Von seinem Arbeitgeber kritisch beobachtet,[104] führte er im Auftrag der Unterbezirksleitung am 5. und 6. März 1932 in Bevern eine *Arbeitstagung der*

Arbeiter-Jugend und Kinderfreunde durch, an der etwa 50 Jungen und Mädchen teilnahmen. Das Thema des Kurses lautete: *Volkslied und Volkstanz*. Es wurden ebenso Frühlingslieder (Kanons sowie ein- und mehrstimmige Gesänge) eingeübt wie verschiedene Volkstänze.[105] Damit unterschied sich der Inhalt der Veranstaltung offenbar kaum von dem einer vergleichbaren Singwoche der bürgerlichen Jugendmusikbewegung!

Gleiches gilt für Hiekels Aktivitäten an seinem Arbeitsplatz. Auch hierzu ist es die sozialdemokratische Tageszeitung, die uns die Informationen überliefert, nicht die von politischen Streitigkeiten zeugende Personalakte! Im Bericht über die Weihnachtsfeier 1931 im Wilhelmstift wurden *die im Spiel erklingenden alten volkstümlichen Melodien der kleinen Sänger und des Hausorchesters [...] unter Hans Hiekels Leitung* erwähnt.[106] Als Hiekels anstehende Entlassung bekannt wurde, urteilte die Zeitung mit Bezug auf die jugendlichen Zöglinge in Bevern: *Sie haben es ihm nicht vergessen, dass er es war, der in hohem Maße mithalf, das Einerlei des Anstaltslebens farbig zu mischen. Viele Feierstunden, manches Konzert und manche Bühnenaufführung verdanken sie ihm, und gern gedenken sie der Stunden, in denen ihnen ein Hiekel Freude im Chorsingen bereitete.*[107] (Ob wirklich jeder der Jugendlichen Freude am Chorsingen hatte, sei hier nicht näher untersucht.)

Wenn für diesen Mann im Oktober 1932 wiederum Innenminister Klagges persönlich die fristgerechte Kündigung sowie die möglichst sofortige Beurlaubung anordnete, konnten dafür nicht dienstliche Verfehlungen die Ursache sein. Es gab auch tatsächlich nur einen Grund: Hiekel war Sozialdemokrat!

Wieder war es der bereits in Zusammenhang mit der Entlassung Kurt Groschopps genannte Mitarbeiter Paul Timmermann aus Hellental, der gezielt mit einer Denunziation den Stein ins Rollen brachte. Am 26. Juli 1932 konnte er, natürlich auf dem vorgeschriebenen Dienstweg (*An den Herrn Braunschweigischen Minister des Innern durch den Herrn Direktor der Landeserziehungsanstalt „Wilhelmstift"*), Minister Klagges mitteilen: *In der vergangenen Woche brachte der Tägliche Anzeiger eine Mitteilung über das vom Herrn Braunschweigischen Minister des Innern ausgesprochene Verbot des „Volksfreundes" und seiner Kopfblätter. Als ich die Zeitung las, kam der Büroangestellte Hiekel hinzu. Wir kamen ins Gespräch. Er erklärte wörtlich: „Das ist eine Gemeinheit!" Der Büroangestellte Hiekel hat damit eine Amtshandlung des uns vorgesetzten Ministers in herabsetzender Weise kritisiert. Er hat eine beleidigende Äußerung gegenüber dem Herrn Braunschweigischen Minister des Innern getan. Ich halte mich dienstlich für verpflichtet, diesen Vorfall zur Meldung zu bringen. Paul Timmermann.* – Von der Tatsache der Denunziation ganz abgesehen: es ist auch die in den Formulierungen enthaltene Speichelleckerei, die diese *Meldung* für den heutigen Leser so abstoßend macht.

Vom Direktor zu diesem Vorkommnis befragt, versuchte Hiekel abzuwiegeln. Er zweifelte an, überhaupt den zitierten Ausdruck gebraucht zu haben. Die weiteren

Ausführungen zeigten wenig Solidarität mit seinen Parteigenossen: *Jedenfalls bezog sich meine abfällige Äußerung nicht etwa auf die Amtshandlung des Ministers, sondern auf die Torheit der Volkszeitung, die ja ein Verbot herausfordern musste. [...] Übrigens habe ich meine Meinung, dass das Verhalten der Oberweser Volkszeitung eine Torheit war, auch in Parteikreisen der SPD vertreten und stehe noch heute auf demselben Standpunkte.*

In den folgenden Wochen wurde ohne Ergebnis versucht, den Wahrheitsgehalt der unterschiedlichen Aussagen zu prüfen. Hiekel und Timmermann blieben bei ihrer jeweiligen Version. Mit Timmermann sprach Innenminister Klagges sogar persönlich, als er am 14. Oktober 1932 in Bevern weilte, und ließ sich von ihm noch einmal dessen Version bestätigen. Inzwischen war ein weiterer gegen Hiekel gerichteter Vorwurf aktenkundig geworden: Der Landwirt Friedrich Höltje aus Bevern beschuldigte ihn in einem Brief an Klagges vom 19. September 1932, gemeinsam mit einem weiteren SPD-Mitglied, Heinrich Raulfs,[108] Urheber der Berichte über das Wilhelmstift in der Oberweser Volkszeitung zu sein. Hiekel bestritt in seiner Vernehmung am 7. Oktober sowohl, *Material über die Anstalt an die Oberweser Volkszeitung geliefert*, als auch *gemeinschaftlich mit Raulfs unwahre und tendenziöse Artikel über die Anstalt verfasst* zu haben. Vergeblich: am 21. Oktober 1932 verfügte Klagges die Kündigung, und auf Nachfrage teilte Direktor Milzer Hiekel mit, dass letzterer den Grund seiner Kündigung *in einer ungehörigen Äußerung über den Herrn Braunschweigischen Minister des Innern zu suchen* habe.

Allerdings erfolgte offenbar nicht die von Klagges angeregte sofortige Beurlaubung, weshalb Hiekel auch nach der Machtübernahme der Nationalsozialisten im Deutschen Reich noch bis zum 31. März 1933 in der Landeserziehungsanstalt Bevern tätig war. Während seiner letzten Arbeitstage bot er damit für fanatische Nationalsozialisten im Wilhelmstift noch eine Zielscheibe, deren Hilflosigkeit angesichts der inzwischen eingetretenen Verfolgungslage der Sozialdemokratie sie schamlos ausnutzen konnten.

Konkret war es der Lehrer Bosse aus Bevern, der am 13. März Hiekel während eines Gesprächs ins Gesicht schlug. Bosse war überzeugter Nationalsozialist, dem die Oberweser Volkszeitung u. a. vorwarf, sein Amt dafür zu nutzen, gemeinsam mit Wiegand junge Leute für die SA anzuwerben.[109] Inhaltlich ging es bei dem Gespräch um einen Streit, den Bosse einige Tage zuvor mit dem bereits erwähnten Heinrich Raulfs gehabt hatte. Hiekel schilderte den Vorfall folgendermaßen: [...] *Hierauf schlug mich Herr Bosse ins Gesicht mit den Worten: Sie lügen genau so, wie Ihre Presse, jedes Wort, das Sie sagen, ist eine Lüge usw. Es fielen dann noch Worte wie: rotes Gesindel, Halunken, Verbrecher usw. Außerdem gebrauchte Herr Bosse folgenden Satz: Mit Ihnen werden wir abrechnen, und sprechen Sie noch ein Wort (über mich?), dann kann ich für Ihr Leben keine Gewähr übernehmen.*

Aufschlussreich bezüglich des Verkennens der inzwischen eingetretenen bedrohlichen Situation seitens der SPD ist die Tatsache, dass Hiekel mit der Meldung dieses Vorfalls die Hoffnung auf Untersuchung und Ahndung verband. Aus heutiger Kenntnis der Ereignisse jener Monate muss nicht besonders darauf hingewiesen werden, dass bei Taten wie der des Lehrers Bosse damals für den Angreifer keine Sanktionen zu befürchten waren!

Womit sich Hiekel in der NS-Zeit seinen Lebensunterhalt verdiente, konnte nicht ermittelt werden. Bis September 1937 wohnte er noch in Holzminden, dann verzog er nach Worms.[110] Am 2. Mai 1939 verließ er mit seiner Familie Worms, um nach Koblenz zu ziehen.[111] Von 1945 bis 1977 lebte er abermals in Holzminden.

Paul Timmermann

Fast nichts wissen wir über den in beiden Fällen maßgeblichen Denunzianten Paul Timmermann. Beim Eintritt in Bevern im Frühjahr 1932 als *früherer Schulamtsbewerber* bezeichnet,[112] wurde er hier als *Erziehungspraktikant* beschäftigt. Schon wenige Wochen nach Dienstantritt hatte ihn die sozialdemokratische Presse im Visier und stellte fest, er sei *ein strammer Nazimann*.[113] Dass er dies war, belegen bereits die geschilderten Vorgänge. In einer der letzten Ausgaben der Oberweser Volkszeitung,[114] am 1. März 1933, wetterte das sozialdemokratische Blatt noch einmal gegen Timmermann und schrieb: *Timmermann ist das leuchtende Beispiel moderner Parteibuchpolitik, die Eigenschaften des neuen Systems sind in seiner Person besonders verkörpert. Als „Reiniger" zog er in das Wilhelmstift ein und – „arbeitete gut". Ganze Familien brachte er durch wahrheitswidrige Angaben um Stellung und Verdienst, bei allen Aktionen gegen den nicht nationalsozialistisch eingestellten Teil der Angestelltenschaft „kehrte" er an erster Stelle. –* Dem ist nichts hinzuzufügen.

Personalpolitik im Braunschweigischen

Neue Politik mit neuen Beamten nach dem Ende des Kaiserreichs? In den Jahren 1919 bis 1924, als die SPD in Braunschweig an der Regierung beteiligt war, konnte davon nur in Ansätzen die Rede sein. Das lag u. a. an den engen Grenzen des geltenden Beamtenrechts, am Mangel personeller Ressourcen und teilweise wohl auch an politischer Rücksichtnahme.[115] Eine spektakuläre Personalentscheidung wie im Fall der Einstellung Gotthard Eberleins in Seesen war eher die Ausnahme, nicht die Regel.

Das änderte sich 1925, als die inzwischen ohne Beteiligung der Sozialdemokraten regierende bürgerliche Koalition versuchte, die Entwicklung der letzten Jahre zu beenden und viele in der Zwischenzeit getroffene Entscheidungen wieder aufzuheben. Nun fielen *republikanische Beamte* – nicht nur Sozialdemokraten, sondern auch Mitglieder der DDP – fast automatisch in Ungnade, wurden auf unwichtige Posten abgeschoben oder gar entlassen.

Das hatte „weit reichende Auswirkungen auf die Haltung der SPD"[116] in Fragen der Personalpolitik, die sich in der Zeit der sozialdemokratischen Alleinregierung 1927 bis 1930 zeigten. Nun wurde massiv nachgeholt, was bis 1924 nur in Ansätzen durchgeführt worden war: die Besetzung der Dienststellen mit republikanisch gesinnten Beamten. Rother sieht darin mit Recht mehr als nur „Revanchepolitik" bezüglich der vorhergehenden Regierung:[117] Es war die Erkenntnis, dass politische Entscheidungen nicht ohne Mitwirkung der Verwaltungen, erst recht nicht gegen deren Widerstand, durchgesetzt werden können. Braunschweig sollte zum „sozialdemokratischen Musterland"[118] werden.

Zwangsläufig auf die Spitze treiben mussten die Nationalsozialisten eine solche Personalpolitik, ist doch eine Diktatur auf Gedeih und Verderb von der (notfalls erzwungenen) Folgsamkeit nicht zuletzt der Verwaltung abhängig. Zugleich ging es unter ihnen bei einigen vielleicht durchaus um persönliche Revanche für erlittene eigene Benachteiligungen aufgrund ihrer politischen Tätigkeit zu Zeiten sozialdemokratischer Regierungen. Bruno Friedrich war, wie bereits geschildert, aus dem Staatsdienst entlassen worden. Wichtiger für die Entwicklung in Braunschweig dürfte die Tatsache gewesen sein, dass der nationalsozialistische Minister für Inneres und Volksbildung Klagges ursprünglich selbst Lehrer gewesen war, sogar Konrektor der Mittelschule in Benneckenstein/Harz. 1930 war er wegen seiner Tätigkeit u. a. als Ortsgruppenleiter aus dem preußischen Schuldienst entfernt worden.[119] In diesem Punkt könnte sein hartes Vorgehen gegen die missliebigen Angestellten in Bevern also zumindest teilweise auf seiner persönliche Geschichte beruht haben.

Aus heutiger Sicht ist es erschreckend, zu sehen, wie selbstverständlich beide politischen Lager Entlassungen Andersdenkender – nach 1968 würde man sagen: „Berufsverbote" – als Mittel der politischen Auseinandersetzung einsetzten. Auch mit persönlichen Angriffen des Gegners hielten alle Seiten sich leider kaum oder gar nicht zurück. Bei der Verurteilung Friedrichs im erwähnten Beleidigungsprozess berücksichtigte der Richter erschwerend, *dass der in den Redewendungen des Angeklagten liegenden groben persönlichen Verunglimpfung des politischen Gegners, noch dazu in dessen Abwesenheit, als Mittel des politischen Meinungskampfes im Interesse der allgemeinen Gesittung Einhalt geboten werden muss.* Zugleich stellte er fest, *dass ähnliche Ausartungen des politischen Kampfes nahezu in allen Lagern vorgekommen sind und in der Heftigkeit des [...] geführten Streites eine gewisse Erklärung finden.*[120] Justitia resignierte allmählich ...

Wie die beschriebenen Denunziationen in Bevern zeigen, fanden die Nationalsozialisten genügend freiwillige Mitstreiter in ihrem Kampf speziell gegen die Sozialdemokratie. Insofern sei abschließend noch eine Anmerkung zu diesem Thema erlaubt. Denunziation ist in den letzten Jahren zu einem beachteten Forschungsgegenstand geworden, so dass man inzwischen sogar von einer eigenen

Abb. 4: Unterschriften der republikanischen Beamten im Wilhelmstift; Schreiben in Zusammenhang mit der Entlassung Eberleins, Frühjahr 1931. (Vorl.: StAWF 12 Neu 13 Nr. 8164)

„Denunziationsforschung" spricht.[121] Dabei wird die Frage gestellt, ob und in welchem Umfang Denunzianten und ihre Denunziationen für eine diktatorische Herrschaft von Bedeutung sind – sowohl als tatsächlich ausgeführte Tat als auch durch deren bloße Möglichkeit mit der daraus resultierenden Einschüchterung. Lange wurde dieses Thema in der bundesdeutschen „Vergangenheitsbewältigung" totgeschwiegen, stellt es doch eine gerne verdrängte Frage: „die Frage nach der Mitverantwortung jedes Einzelnen für das Funktionieren des Regimes"![122]

Anmerkungen

1 Volksfreund [Braunschweig] v. 14. Februar 1930.
2 Ebd. v. 10. Februar 1930.
3 Landesarchiv Niedersachsen – Staatsarchiv Wolfenbüttel (nachfolgend abgekürzt: StAWF): 12 D Neu Nr. 97.
4 ROTHER, Bernd: Die Sozialdemokratie im Land Braunschweig 1918 bis 1933 (Veröffentlichungen des Instituts für Sozialgeschichte e. V. Braunschweig, Bonn). Bonn 1990, S. 10; Beispiele für antikirchliche Agitation z. B. ebd. S. 151/152.
5 Für das 19. Jahrhundert vgl. ZADACH-BUCHMEIER, Frank: Integrieren und Ausschließen. Prozesse gesellschaftlicher Disziplinierung: Die Arbeits- und Besserungsanstalt Bevern im Herzogtum Braunschweig auf dem Weg zur Fürsorgeerziehungsanstalt (1834 bis 1870) (Veröffentlichungen der Historischen Kommission für Niedersachsen und Bremen, 212). Hannover 2003.
6 Täglicher Anzeiger [Holzminden] (nachfolgend: TAH) v. 7. November 1932 (Nachruf anlässlich des Todes des vormaligen Direktors).
7 STAATS, [...]: Was wird aus dem Wilhelmstift Bevern? In: Ruf und Rüstung: Braunschweiger Blätter zum kirchlichen Aufbau im Geiste Luthers 5 (1931), S. 75-77; hier S. 77. Der Verfasser dieses Artikels war der Neffe des vormaligen Direktors Staats, vgl. TAH v. 22. Mai 1931.
8 StAWF: 12 Neu 13 Nr. 13939.
9 Ebd.: 12 Neu 13 Nr. 8178.

10 Desgl.
11 Desgl. Neben Student/inn/en aus Göttingen wird auch eine Kindergärtnerin aus dem Fröbelseminar Kassel in der Akte erwähnt.
12 STAATS (wie Anm. 7), S. 77.
13 StAWF: 12 D Neu Nr. 97.
14 Desgl. Der am 7. Dezember 1900 in Magdeburg geborene Dankert war ab 13. April 1925 in Holzminden gemeldet und verzog unter dem 8. April 1931 nach Berlin (vgl. Stadtarchiv Holzminden: Meldekartei). Schon bei seinem Zuzug wurde unter „Religion" vermerkt: *diss.*
15 Volksfreund [Braunschweig] v. 1. u. 5. Februar 1930.
16 Ebd. v. 3. Februar 1930.
17 StAWF: 12 D Neu Nr. 97.
18 Ebd.: 12 Neu 13 Nr. 13939.
19 Desgl.
20 Desgl.
21 Ebd.: 141 N Nr. 200.
22 HENNING, Rosemarie: Franzen, Anton, Dr. In: Braunschweigisches Biographisches Lexikon: 19. und 20. Jahrhundert, hrsg. v. Horst-Rüdiger Jarck u. Günter Scheel. Hannover 1996, S. 186/187.
23 StAWF: 141 N Nr. 35; vgl. TAH v. 1. April 1931.
24 Ebd.: 12 D Neu Nr. 97.
25 Ebd.: 12 Neu 13 Nr. 13939.
26 Ebd.: 12 D Neu Nr. 97.
27 Volksfreund [Braunschweig] v. 22. Mai 1931. Der Artikel schreibt den Namen wiederholt falsch: „Mielzer".
28 Ebd. v. 2. Juli 1931.
29 StAWF: 141 N Nr. 176.
30 Zu seiner Person vgl. ROTHER (wie Anm. 4), S. 117/118. Das Biographische Lexikon (wie Anm. 22) widmet ihm keinen Artikel, obwohl er 1926 in einem Aufsehen erregenden Prozess (im *größten Prozess, der je um nichtigste Kleinigkeiten geführt wurde – ein ausgesprochen politischer Prozess*) verurteilt wurde, vgl. ROTHER S. 118 Anm. 163.
31 StAWF: 12 Neu 7 II Nr. 96/2.
32 Ebd.: 12 Neu 7 II Nr. 96/1.
33 Desgl. u. ebd.: 12 Neu 7 II Nr. 96/4; 141 N Nr. 176.
34 Ebd.: 12 Neu 7 II Nr. 96/4 (Äußerung 1923 von Otto Buchholz).
35 Ebd.: 12 Neu 7 II Nr. 96/2.
36 Bericht der Sozialen Arbeitsgemeinschaft Stettin (E.V.) Ortsgruppe der Sozialen Arbeitsgemeinschaft Berlin-Ost 1912-1920. Herausgegeben von dem Leiter Gotthard Eberlein [vorh. in StAWF: (wie Anm. 35)].
37 StAWF: 12 Neu 7 II Nr. 96/4.
38 Desgl.
39 Desgl.
40 Desgl.
41 Das Ehepaar Eberlein wurde im Dezember 1923 geschieden, vgl. ebd.: 12 Neu 7 II Nr. 96/2.
42 In vorgenannter Akte enthalten (*Zu beziehen durch die Geschäftsstelle der Sozialen Arbeitsgemeinschaft, Berlin O 17, Fruchtstr. 63*).
43 Ebd.: 12 Neu 7 II Nr. 96/4.
44 Ebd.: 12 Neu 7 II Nr. 96/1.
45 Volksfreund [Braunschweig] v. 12.5.1928.
46 StAWF: 12 Neu 13 Nr. 8164.
47 Volksfreund [Braunschweig] v. 3. u. 17. Januar 1930.
48 Ebd. v. 16. Januar 1930.
49 StAWF: 12 Neu 13 Nr. 8164.
50 Versammlung am 19. Juli 1930, vgl. TAH v. 26. Juli 1930.

51 StAWF: 12 Neu 7 II Nr. 96/1.
52 Zur Person einführend vgl. Vögel, Bernhild: Steinbrecher, Gustav. In: Braunschweigsches Biographisches Lexikon: 19. und 20. Jahrhundert, hrsg. v. Horst-Rüdiger Jarck u. Günther Scheel. Hannover 1996, S. 587/588.
53 StAWF: 141 N Nr. 19. Vgl. ebd.: 12 Neu 7 II Nr. 96/5.
54 Ebd.: 12 Neu 7 II Nr. 96/1. Jannasch könnte Eberlein bereits Ende des Ersten Weltkrieges kennen gelernt haben, als er für die Soziale Arbeitsgemeinschaft Berlin-Ost tätig war, zu der auch Eberlein aus Stettin wie gezeigt damals enge Verbindungen besaß, vgl. Jannasch, Hans-Windekilde: Pädagogische Existenz: Ein Lebensbericht. Göttingen 1967, S. 263-272.
55 StAWF: 12 Neu 7 II Nr. 96/6.
56 Staatszeitung [Braunschweig] v. 23. Februar 1931.
57 StAWF: 12 Neu 6 Nr. 1078.
58 Ebd.: 12 Neu 7 II Nr. 96/6.
59 Ebd.: 12 Neu 7 II Nr. 96/1.
60 Ebd.: 12 Neu 7 II Nr. 96/8.
61 Volksfreund [Braunschweig] v. 14. Oktober 1931.
62 Sogar in den späten 1960er-Jahren verbreitete er noch „vor rechtsgerichteten Jugendlichen weiterhin seine Nazi-Thesen" (frdl. Mitteilungen von Herrn Pomykaj, Stadtarchiv Gummersbach).
63 Soldat war er laut eigener Angabe im Ersten Weltkrieg und 1921: vom 4. August 1914 bis Januar 1919 als Kriegsfreiwilliger (Eisernes Kreuz 2. sowie 1. Klasse, Silbernes Verwundetenabzeichen), 1921 im Oberschlesischen Grenzschutz (StAWF: 12 Neu 6 Nr. 282/1 sowie 141 N Nr. 203).
64 Klein, Ansgar Sebastian: Aufstieg und Herrschaft des Nationalsozialismus im Siebengebirge. Essen 2008, S. 234.
65 Wirths, Heinrich: Kampf und Sieg der NSDAP. im Oberbergischen Land. In: Buch des Oberbergischen Kreises, hrsg. v. d. Kreisleitung der NSDAP. Oberbergischer Kreis zum Kreistag, 19.-22. Mai 1939. Gummersbach 1939, S. 7 ff.; hier S. 7.
66 Ebd., S. 7/8.
67 Eine Personalakte aus dieser Zeit konnte leider nicht ermittelt werden, vgl. frdl. Auskunft des Landesarchivs Nordrhein-Westfalen – Hauptstaatsarchiv Düsseldorf v. 11. Dezember 2006.
68 Brandenburger, Heinz-Wilhelm: Ley-Land: Dr. Robert Ley und der Nationalsozialismus im Oberbergischen. Köln 1988, S. 17.
69 Ebd. S. 145 (Anm. 17) sowie Mitteilung des Stadtarchivs Gummersbach.
70 Klein (wie Anm. 64), S. 234.
71 StAWF: 12 Neu 6 Nr. 282/1 sowie 141 N Nr. 203.
72 Volksfreund [Braunschweig] v. 14. Oktober 1931.
73 TAH v. 5. Oktober 1931.
74 Ebd. v. 19., 24., 29. u. 30. Oktober 1931. Vgl. allg. Seeliger, Matthias: „Deutscher Tag" und „deutscher Tanz": Nationalsozialistische Propaganda im Kreis Holzminden 1930 bis 1932. In: Jahrbuch für den Landkreis Holzminden 26 (2008), S. 1-30.
75 Ebd. v. 29. Oktober 1931.
76 TAH. Dort noch zwei spätere Belege aus dem Winter 1932/33.
77 Niedersächsisches Landesarchiv – Hauptstaatsarchiv Hannover (nachfolgend abgekürzt: StAH): Hann 310 I B Nr. 11/1.
78 StAWF: 40 Neu 10 Fb. 6 Nr. 797.
79 Ebd.: 12 Neu 6 Nr. 282/2 u. 12 Neu 13 Nr. 13939. 1928 war er bereits in Preußen als Landtagskandidat im Gespräch, vgl. Klein (wie Anm. 64), S. 234.
80 Ebd.: 12 Neu 6 Nr. 282/1 u. 282/2.
81 Oberweser Volkszeitung v. 8. Juni 1932 [vorh. in StAWF: 141 N Nr. 35].
82 StAWF: 40 Neu 10 Fb. 6 Nr. 797. Vgl. Oberweser Volkszeitung v. 16. Oktober 1931 [in dieser Akte vorh.].
83 „Gesetz über die Gewährung von Straffreiheit. Vom 12. Juli 1932". In: Braunschweigische Gesetz- und Verordnungssammlung 119 (1932), S. 100/101.

84 StAWF: 12 Neu 6 Nr. 282/1 u. 141 N Nr. 203; vgl. KLEIN (wie Anm. 64), S. 234. Im Stadtarchiv Königswinter befindet sich offenbar kein Material zu dieser Schule (frdl. Mitteilung v. 27. November 2006).

85 KLEIN (wie Anm. 64), S. 234.

86 Ebd., S. 234-236.

87 Kölner Aktenstücke zur Lage der katholischen Kirche in Deutschland 1933-1945, hrsg. v. Wilhelm Corsten. Köln 1949, S. 54/55.

88 Vgl. Volksfreund [Braunschweig] v. 2. Juli 1931.

89 TAH v. 1. Oktober 1931.

90 Jeweils Ankündigungen und/oder Berichte im TAH.

91 StAH: Hann 310 I A Nr. 73 II.

92 Oberweser Volkszeitung v. 15. Februar 1933 [vorh. in StAWF: 141 N Nr. 35].

93 TAH v. 2. März 1932.

94 Oberweser Volkszeitung v. 28. Oktober 1932 [vorh. in StAWF: 141 N Nr. 35].

95 Ebd. v. 1. November 1932 [vorh. ebd.].

96 StAWF: 12 Neu 6 Nr. 355/1.

97 Ebd.: 12 Neu 6 Nr. 344/2.

98 Ebd.: 141 N Nr. 183.

99 Ebd.: 12 Neu 6 Nr. 344/2.

100 Nr. 132 v. 8. Juni 1932, wie der Angabe in der Akte zu entnehmen ist. Die Zeitung ist nicht überliefert.

101 Ebd.: 12 Neu 6 Nr. 344/1 u. 344/2.

102 Zu Hiekel, sofern nicht anders zitiert, vgl. StAWF: 12 Neu 6 Nr. 423/1 u. 423/2 sowie 141 N Nr. 165.

103 Vgl. Oberweser Volkszeitung v. 12. Dezember 1931 [vorh. in StAWF: 141 N Nr. 35].

104 In dem vom Wilhelmstift aufbewahrten Zeitungsbericht ist die Angabe *Genosse Hiekel, Bevern*, rot unterstrichen. Offenbar wurde die Oberweser Volkszeitung von der Direktion gezielt ausgewertet.

105 Oberweser Volkszeitung v. 16. März 1932 [vorh. in StAWF: 141 N Nr. 35].

106 Ebd. v. 24. Dezember 1931 [vorh. in StAWF: 141 N Nr. 35].

107 Ebd. v. 31. Oktober 1932 [vorh. in StAWF: 141 N Nr. 35].

108 In einem Schreiben an den zuständigen Finanzminister empfahl der Innenminister Anfang Oktober 1932, Raulfs ebenfalls aus dem Staatsdienst zu entlassen (StAWF: 12 Neu 6 Nr. 423/1).

109 Wie Anm. 92.

110 Stadtarchiv Holzminden: Meldekarte.

111 Frdl. Mitteilung des Stadtarchivs Worms.

112 StAWF: 141 N Nr. 204.

113 Oberweser Volkszeitung v. 8. Juni 1932 [vorh. in StAWF: 141 N Nr. 35].

114 Vorh. ebd.

115 ROTHER (wie Anm. 4), S. 219/220.

116 Ebd. S. 187.

117 Ebd. S. 219.

118 Ebd. S. 213.

119 LUDEWIG, Hans-Ulrich: Klagges, Dietrich. In: Biographisches Lexikon (wie Anm. 22), S. 318/319.

120 StAWF: 40 Neu 10 Fb. 6 Nr. 797.

121 Vgl. z. B. DÖRNER, Bernward: NS-Herrschaft und Denunziation: Anmerkungen zu Defiziten in der Denunziationsforschung. In: Historical Social Research 26 (2001), Nr. 2/3 S. 55-69; HENSLE, Michael P.: Denunziantentum und Diktatur: Denunziation als Mittel der Machtausübung und Konfliktaustragung im nationalsozialistischen Deutschland. In: Zeitschrift für Geschichtswissenschaft 51 (2003), S. 144-161; (als neueste Publikation:) Der willkommene Verrat: Beiträge zur Denunziationsforschung, hrsg. v. Michael SCHRÖTER. Weilerswist 2007.

122 DÖRNER (wie Anm. 121), S. 56.

Köhlerei und Torfabbau im braunschweigischen Anteil des Sollings

von Werner Jahns

Mit 4 Abbildungen

Noch in der Gegenwart prägen die ausgedehnten Wälder des Sollings und Voglers das Bild des Landkreises Holzminden. Nach den Untersuchungen von Tacke[1] wurden bis zur Ablösung der Hudegerechtsame um die Mitte des 19. Jahrhunderts ca. 45% des Landes forstlich genutzt, und noch nach der Ausgliederung von 3600 ha Waldfläche (rund 14% des Gesamtbestandes), die den Bauern als Ersatz für den Verzicht auf die Waldweide zur landwirtschaftlichen Nutzung zugesprochen wurden, bedeckten die Wälder fast 40% des Gesamtgebietes. Ein paar Forstflächen am Sollingrand gehörten den Gemeinden, andere Waldstücke waren im Besitz von adeligen Familien, aber der überwiegende Teil der Ländereien war herzoglicher Besitz.

Anders als heute hatte Holz bis ins 19. Jahrhundert nur einen begrenzten Wert. Der Bedarf der Zimmerleute an Brettern und Balken war im Verhältnis zu den ausgedehnten Waldungen gering, und auch der Export von ganzen Stämmen durch die Flößer weserabwärts bis Bremen tat dem Wald keinen nachhaltigen Schaden. Intensiv genutzt wurde der Solling entweder als Sommerweide für das Vieh, oder als Lieferant für Brennholz und Holzkohle.

Für die Bürger in Stadt und Land war die Nutzung der Forsten als Energielieferant von großer Bedeutung. Viele Einwohner besaßen Holzgerechtsame, und zusätzlich mussten die Förster alle Pfarrstellen sowie die Kirchen- und Schulvorstände (nicht die Lehrer) kostenlos mit Brennmaterial beliefern. Das herzogliche Gymnasium zu Holzminden beheizte Klassenräume und Stipendiatenwohnungen mit Holzöfen, und seine Holzgerechtsame haben sich bis auf den heutigen Tag erhalten.

Wo für Handwerk und Industrie die Hitze eines Holzfeuers nicht ausreichte, wurde die Glut der Holzkohle benötigt. Die Köhlerei hat im Solling eine lange Tradition. Die Untersuchungen von Susanne Jahns am Ahlequellmoor bei Neuhaus belegen, dass schon im 9. Jahrhundert im Solling Meiler qualmten.[2] Möglicherweise haben damals die Mönche des Klosters Hethis Schmiedekohlen gewonnen. Bis etwa zur Mitte des 18. Jahrhunderts erhöhte sich der jährliche Eintrag von Kohlepartikeln in das Moor nur wenig, doch dann hatte der Beschluss des Geheimen Rats in Braunschweig, die Wirtschaft des Landes im Sinne des Merkantilismus' zu fördern, einen steilen Anstieg zur Folge. Im Weserkreis wurden damals ortsfeste Glashütten, Eisenfabriken und die Porzellanmanufaktur Fürstenberg gegründet, und die neuen Industrien konnten ihren Energiebedarf nur durch den Einsatz von Holzkohle decken.

Wegen der weitgehenden Entwaldung des Westharzes mussten die dortigen Industrien zusätzlich aus dem Solling beliefert werden, und so wurde 1716 in Moringen ein *Kohlenhof* errichtet. Für die Bauern der Sollingdörfer war es ein willkommener Zusatzverdienst, jährlich 1600 Fuder Holzkohle nach Moringen zu fahren und ihre Ladung dort Harzer Fuhrleuten zu übergeben. Als Rückfracht konnten sie dann Eisenerz aus dem Elbingeroder Gebiet für die Uslarer Hütte laden, was ihren Gewinn verdoppelte. So ist es keine Überraschung, dass die Arbeit von Susanne Jahns für diese Zeit einen Anstieg des Eintrags von Holzkohlenpartikelchen in das Ahlequellmoor um mehr als das Zwanzigfache nachweist.

Der vorliegende Aufsatz beschränkt sich auf eine Darstellung der Köhlerei im braunschweigischen Teil des Sollings und behandelt zusätzlich den vorübergehenden Aufbau einer Torfindustrie, nachdem durch die großflächige Zerstörung der Wälder die Versorgung der Industrie und der Bevölkerung mit Holz und Holzkohlen gefährdet war.

Die Köhlerei bis zum Beginn der frühen Industrialisierung

Nur wenige Familien betrieben im Solling die Köhlerei, und die Söhne wurden vom Vater in die „schwarze Kunst" eingearbeitet, damit auch sie ihren Anteil am Familieneinkommen leisten konnten. Für den braunschweigischen Anteil am Solling werden in den Akten des Staatsarchivs Wolfenbüttel die Namen Bremer, Buchholz, Götze, Mengele, Otte, Pfeiffer und Sievers genannt.[3] Besonders der Name Pfeiffer ist in diesem Zusammenhang interessant, denn er gehört zu einer alten Wiedaer Köhlerfamilie. Um der Sollinger Köhlerei aufzuhelfen, hatten schon in früher Zeit die herzoglichen Räte Harzer Fachleute für eine Übersiedlung in den Solling geworben. Die Verbindung zur alten Heimat scheint auch im 18. Jahrhundert nicht abgerissen zu sein, denn 1789 stellte Christoph Pfeiffer aus Boffzen in Braunschweig einen Antrag, seinen Lebensabend im Hospital des Klosters Walkenried verbringen zu dürfen.

Anders als im Harz waren die Sollinger Köhler mit großer Wahrscheinlichkeit nicht zunftmäßig organisiert. Um an billige Kohlen zu kommen, konnten Schmiede aus Holzminden und den Sollingdörfern im 17. und in der ersten Hälfte des 18. Jahrhunderts als fachfremde Hilfskräfte einige Monate an den Meilern aushelfen und sich kostenlos einen Kohlenvorrat erarbeiten.[4] Sobald sie dann genug

Kenntnisse erworben hatten, war auch nichts dagegen einzuwenden, dass sie auf eigene Rechnung Holz kauften und in Dorfnähe einen kleinen Meiler bauten. Im 17. Jahrhundert konnten sich die Köhlermeister noch als selbständige Klein- oder Kleinstunternehmer verstehen. Sie mussten das benötigte Holz möglichst preiswert auf eigene Rechnung kaufen, wobei als Lieferanten nicht nur die landesherrschaftlichen Förster in Frage kamen, sondern auch adelige Familien, dörfliche Waldbesitzer und sogar Privatleute aus dem hannoverschen Teil des Sollings. Das Geld für den Lohn der Köhlerknechte und Hilfsjungen musste zusammengekratzt und oft auch geborgt werden, damit zunächst die Schlittenführer bezahlt werden konnten, die im Winter und Frühjahr das Holz zum Kohlhai zerren mussten, und dann waren durch den ganzen Sommer die Hilfskräfte zu entlohnen und zu beköstigen. Aber nicht nur das tägliche Brot musste aus den Dörfern herangeschafft werden, sondern auch das Zusatzfutter für die Pferde war zu organisieren, damit diese die schwere Arbeit leisten konnten. Erst wenn die ersten Meiler „gar" waren, meist Ende Mai, wurde durch den Verkauf der Kohle bares Geld verdient, und die Schulden konnten getilgt werden.

Ihre Holzkohlen verkauften die Köhlermeister dort, wo sie den besten Gewinn erzielen konnten, also auch ins „Ausland", worunter meist das Gebiet jenseits der Weser, also Corvey und das Paderborner Land zu verstehen sind.[5] Diese Ausfuhr brachte allerdings dem herzoglichen Amtmann oft Ärger ein, denn an diesen richteten die einheimischen Bäcker, Schlosser und Schmiede ihre Beschwerden, wenn die Kohlen wieder einmal knapp oder zu teuer waren. Um Abhilfe zu schaffen, wurde 1688 in Holzminden ein solider Schuppen aus Sollingsteinen gebaut, in den die Köhler eine festgelegte Menge Holzkohle zu einem Einheitspreis zu liefern hatten und aus dem die Bevölkerung auf angemessene Weise versorgt werden konnte.[6]

Aber auch weserabwärts bis Bremen wurden große Mengen Holzkohle verfrachtet, wie eine Bittschrift belegt, die die Witwe Osterlohe 1688 an den Herzog richtete.[7] Der Fuhrunternehmer Osterlohe aus Holzminden hatte aus privater Hand 6400 Malter Holz zu einem Preis von 250 Talern gekauft. Er beauftragte einen Köhler, die Stämme über einen Zeitraum von zwei Jahren zu verarbeiten und war sich sicher, die Holzkohlen nach Bremen fahren und dort mit gutem Gewinn verkaufen zu können. Leider starb er, bevor die Meiler zu qualmen begannen. Obwohl das gesamte Holz noch im Wald lagerte, beanspruchte der Lieferant den vollen Kaufpreis, und die Behörden pfändeten der Witwe ihr gesamtes Hab und Gut einschließlich des Wagens und der Pferde. Die nun völlig mittellose Frau wandte sich an den Herzog und klagte, *dass mir armen Witwe und meinen blutarmen Kindern 4 Pferde und der Wagen weggenommen und verkaufet worden, und ich den Kohlhandel nicht kontinuieren kann* und bat, *sich über mich arme Witwe und die Meinigen allergnädigst zu erbarmen.* Der Herzog verfügte, dass der Bittstellerin Wagen und Pferde zu belassen seien.

Der Bau des oben erwähnten Kohlenschuppens in Holzminden ist der erste Hinweis, dass die herzoglichen Räte versuchten, das Kohlwesen im Solling mehr und mehr unter ihre Kontrolle zu bringen und so dem Landeshaushalt Einnahmen zu verschaffen. Alle Lieferungen ins Ausland wurden in Zukunft genau kontrolliert, der Kauf von Holz aus dem Hannoverschen untersagt, der oben erwähnte Betrieb von privaten Meilern durch Schmiede auf Landesgrund verboten, und 1734 erging schließlich eine *generale Verordnung, dass dergleichen eigenes Kohlbrennen auch auf privatem Grund keinem weiter zu verstatten ist.* Zur Begründung für diesen Eingriff in die Eigentumsrechte der Dorfbewohner wurde auf die Beschädigung der Wiesen und die Feuergefahr für die Strohdächer der nahegelegenen Häuser verwiesen.

Natürlich erhielt der herzogliche Amtmann daraufhin Beschwerden der Schmiede und Schlosser über angeblich zu teure Kohlen, die es nicht nur unmöglich machten, mit Gewinn zu arbeiten, sondern sogar die Existenz der Antragsteller gefährdeten.[8] Selbstverständlich waren diesen Klagen dann auch Anträge beigefügt, eine private Kohlung ausnahmsweise zuzulassen. 1766 wandte sich sogar die Holzmindener Schmiedegilde mit einer Petition direkt an den Herzog. Die Handwerker behaupteten, dass sie *ihre meiste Nahrung* durch den Verkauf ihrer Produkte im Corveyer und Paderborner Land erarbeiteten, dass dort aber nach den letzten Preiserhöhungen die Kohlen wesentlich billiger wären, sie nun nicht mehr konkurrenzfähig seien und verarmen müssten. Eine Untersuchung ergab allerdings, dass zwischen den Preisen im Braunschweiger und Corveyer Land kein nennenswerter Unterschied bestand. Die Eingabe wurde genau wie auch die Anträge auf Genehmigung von Privatkohlungen abgelehnt.[9]

Über das Leben und die Arbeitsbedingungen der Köhler vor dieser Zeit vermitteln mehrere Akten einen Einblick. Die wichtigste dieser Quellen dürften die Reformvorschläge des Oberjägermeisters von Hanstein sein, die dieser nach 1780 in Braunschweig einreichte, und die 1787 umgesetzt wurden (s. u.). Da er seine Untersuchung mit einer Beschreibung der bisherigen Arbeitsbedingungen begann, entsteht nicht nur ein Bild von den Arbeitsbedingungen eines Köhlers um die Mitte des 18. Jahrhunderts, sondern es wird auch dessen zunehmende Abhängigkeit von den Weisungen der Forstmeister, der Verlust seiner Selbständigkeit und damit der allmähliche Übergang vom Unternehmer zum abhängigen Lohnarbeiter deutlich. Schon vor der Reform konnte er sein Holz nicht mehr auf einem halbwegs freien Markt kaufen, sondern es wurde ihm zugewiesen, und oft musste er sich mit knorrigem Astholz oder alten, vom Vieh verbissenen Saatbäumen zufrieden geben. (Unter Saatbäumen sind überalterte und oft verkrüppelte Stämme zu verstehen, unter deren Schutz das Jungholz heranwuchs.) Auch den Standort seines Meilers konnte er nicht mehr selbst bestimmen, sondern ihm wurde die Lage seines *Kohlhais* vorgeschrieben. Nach 1750 erscheinen in den Akten meist die folgenden Ortsbezeichnungen.[10]

Derentaler Forst:	Am Hasselberge, Köhlermeister Götze,
Boffzener Forst:	Am Haidtberge, Köhlermeister Bremer,
Boffzener Forst:	Am Haidtberge, Köhlermeister Pfeiffer,
Holzminden I:	An der Holzminde, Köhlermeister Buchholz,
Holzminden II:	Ebersteinsches Bruch, Köhlermeister Mengele,
Merxhäuser Forst:	Am Ahrensberge, Köhlermeister Bremer.

Mit seinen Hilfskräften, meist einem Schlittenfahrer, einem Knecht und ein bis zwei Jungen, bereitete der Meister im Frühjahr die Kohlung vor. Zwar hatte er einen guten Teil des ihm zugewiesenen Holzes schon im Winter angefahren, aber der Schlittenführer musste den Sommer über für Nachschub sorgen. Da es in den Revieren kaum Wege gab, wurden die Stämme quer durch den Wald geschleift, und immer wieder liest man Klagen über schwere Schäden am Jungholz. Für die Pferde war die Arbeit hart und gefährlich. Oft kam es vor, dass ein Schlitten außer Kontrolle geriet, sich überschlug und dabei das Pferd so schwer verletzte, dass es getötet werden musste. Für die notwendige Neuanschaffung wurde in einem solchen Fall dem Halter ein zinsgünstiges Darlehen oder sogar ein Zuschuss gewährt.[11]

Aus Ersparnisgründen ließ man die Tiere des Nachts frei im Walde laufen, damit sie sich ihr Futter selber suchen konnten. Da kam es dann gelegentlich vor, dass sie das harte Laub verschmähten, auf einer nicht zu fernen Wiese grasten und dort erheblichen Schaden anrichteten. Natürlich kontrollierten die erbosten Bauern ihre Weiden schon vor Tau und Tag, fingen die Pferde ein und folgten sie den Köhlern nicht eher wieder aus, bis diese ein *nach ihrem Gutbefinden determiniertes Geld bezahlet.* Selbstverständlich beschwerten sich nun ihrerseits die Köhler, und schließlich veröffentlichte der Amtmann einen Erlass, dass *die Bauern im Solling gehalten sind, Felder und Wiesen einzuzäunen, widrigenfalls jeder Anspruch auf Entschädigung entfällt.*[12]

Im Frühjahr zog der Köhler mit seiner Mannschaft in den Wald, um alle Vorbereitungen für die Saison zu treffen. Die Kohlstätten mussten geebnet, die Hütte ausgebessert und der erste Meiler gebaut werden, der am 1. Mai offiziell gezündet werden durfte. Während der dreiwöchigen „Garzeit" wurde dann ein zweiter Meiler vorbereitet und gezündet. Während der erste Meiler aufgebrochen und geräumt wurde, musste gleichzeitig ein dritter errichtet werden, und so ging es den Sommer über fort, so dass im Laufe des Jahres zwölf bis fünfzehn Meiler Kohlen lieferten. Um die Gefahr eines Waldbrandes zu mindern, musste zwischen den einzelnen Kohlstätten ein deutlicher Abstand eingehalten werden, und es wird berichtet, dass man oft vom ersten bis zum letzten Meiler eine halbe bis zu einer Stunde zu laufen hatte. Marie-Luise Hillebrecht hat in ihrer Doktorarbeit Karten von Kohlstätten im Harz und aus dem Solling veröffentlicht.[13] Die Abbildungen geben ein deutliches Bild von der Ausdehnung eines Kohlhais und veranschaulichen, wie es auch am Haidtberge oder im Eversteinschen Bruch ausgesehen haben wird.

Über die Technik beim Bau eines Meilers und die Arbeitsgänge während der Garzeit wurde schon mehrfach an anderer Stelle geschrieben, so dass hier auf eine Beschreibung verzichtet werden kann.[14] Im 17. und frühen 18. Jahrhundert durfte ein Köhler zumindest einen Teil seiner Ausbeute auf eigene Rechnung auf dem freien Markt verkaufen. Um die Mitte des 18. Jahrhunderts aber hatte er diese Möglichkeit verloren und musste jedenfalls theoretisch alle Kohlen zu einem Einheitspreis abliefern, der in der Größenordnung von 13 Mariengroschen pro Karren lag. Waren die Arbeitsbedingungen schwierig und der Ertrag dürftig, weil entweder das Holz weit von der Kohlstätte entfernt gehauen oder nur ungeeignetes Astholz angewiesen worden war, wurde ein Zuschlag ausgezahlt, der bis zu vier Pfennig pro Karren betragen konnte. Auch der Brot- und Kornpreis wurde bei der Preisbildung berücksichtigt, da der Verdienst bei einer Teuerung nicht zum Überleben ausreichte.

Wie ärmlich die Köhlerfamilien lebten, verdeutlicht die folgende Tabelle, die das Einkommen des Köhlermeisters Otte aus Boffzen für das Jahr 1745 wiedergibt.[15] Allerdings muss berücksichtigt werden, dass Otte in diesem Jahr wegen erschwerter Arbeitsbedingungen eine Zulage gezahlt wurde. Da die Höhe dieser Ausgleichszahlung nicht dokumentiert ist, konnte sie in der Tabelle nicht berücksichtigt werden. Außerdem bestand in dieser Zeit noch die Möglichkeit, das Einkommen durch privaten Verkauf aufzubessern.

	Vorschüsse	Einnahmen
April	16 Taler	-------
Mai	13 Taler	-------
Juni	4 Taler	18 Taler
Juli	-------	11 Taler 6 Groschen
August	-------	25 Taler 17 Groschen

Auch mit einer Zulage von ein paar Talern und ein wenig privatem Verkauf reichten 54 Taler und 23 Groschen nicht aus, um eine Familie auch nur kümmerlich ein Jahr lang zu ernähren und zu kleiden. Sicher erarbeitete sich Otte genau wie seine Kollegen im Winter ein zweites Einkommen als Holzhauer, und wahrscheinlich waren seine Söhne als Hilfsjungen oder Köhlerknechte bei ihm tätig und trugen so zum Familieneinkommen bei.

Die Köhlerei in der Zeit der frühen Industrialisierung

Seit 1740 förderte die herzogliche Verwaltung im Sinne des Merkantilismus' die Industrialisierung des Landes Braunschweig. Im Kreis Holzminden setzte der Hofjägermeister von Langen diese Reformen um, wobei er sich besonders bemühte, die natürlichen Ressourcen des Landes zu nutzen. Um die Holzvorräte des Sollings, Voglers und Hils' gewinnbringend zu verwerten, wurden von ihm die Glashütten in Schorborn und Grünenplan gefördert, die Porzellanmanufaktur in Fürstenberg ins Leben gerufen sowie die Eisenhütten in Delligsen und Holzminden gegründet. Weil alle diese Unternehmen ihren erheblichen Energiebedarf nur mit dem Holz der Wälder decken konnten, kam der Köhlerei eine Schlüsselrolle bei der industriellen Entwicklung des Weserkreises zu. Da zum Betrieb der Hochöfen und Frischfeuer aber erheblich mehr Holzkohlen verbraucht wurden, als die Porzellanmanufaktur und die Glashütten beanspruchten, sollen im Folgenden nur die Wechselbeziehungen zwischen der Köhlerei und dem Holzmindener Eisenwerk besprochen werden.

Von der allgemeinen Aufbruchstimmung im Herzogtum ließen sich auch einige Holzmindener Bürger anstecken, die 1745 die *Bertram-Hantelmannsche Societät* gründeten und die tertiären Eisenerzvorkommen bei Neuhaus ausbeuten wollten. Da die Holzvorräte des Sollings zu dieser Zeit noch als unerschöpflich galten, wurde ihr Vorhaben in Braunschweig mit Wohlwollen verfolgt, und die zuständigen Forstbeamten angewiesen, dem Unternehmen jede gewünschte Menge Holzkohlen zu verschaffen. Die Produktion begann im großen Stil. Schon 1748 qualmte auf dem Gelände am Unteren Teich in Holzminden ein Hochofen, der zusammen mit den Frischfeuern im Jahr rund 1772 ½ Karren bzw. 1151 2/3 Fuder Kohlen verbrauchte, die einen Wert von 2363 Talern und 22 Gute Groschen hatten. (In dem genannten Preis sind 428 Taler und 18 Gute Groschen Hauerlohn enthalten. Die Köhler bekamen 616 Taler.) 1749 benötigte die Fabrik bereits 3355 Karren = 2237 ½ Fuder Brennmaterial, wofür der herzogliche Amtmann der Societät 4474 Taler und 24 Gute Groschen berechnete. Die folgende Übersicht zeigt sehr deutlich, welcher Raubbau getrieben werden musste, um die genannte Menge Kohle zu erzeugen.[16]

	Zu liefernde Kohle	Benötigte Meiler	Malter Holz
Derentaler Forst	436 Karren	12	96
Boffzener Forst	343 Karren	10	80
Allersheiner Holz	619 Karren	17	136
Ebersteinsches Bruch	568 Karren	16	128
Am Mädchenberge	665 Karren	18	144
Merxhäuser Forst	160 Karren	4	32
Haischer Bruch	564 Karren	16	128
	3355 Karren	93	744

Die *Bertram-Hantelmannsche Societät* ging zwar mit Begeisterung und Schwung an den Aufbau der Produktion, doch scheint es ihr leider an dem nötigen technischen Wissen gefehlt zu haben. Es gelang nicht, aus dem minderwertigen Erz schmiedbares Eisen oder hochwertigen Stahl zu gewinnen. Das Unternehmen konnte seine Produkte nur mit Mühe auf dem einheimischen Markt absetzen, an einen überregionalen Export war nicht zu denken, und so konnten nur etwas mehr als die Hälfte der gelieferten Kohlen bezahlt werden. Zwar hofften die herzoglichen Räte, dass die Anfangsschwierigkeiten bald überwunden sein würden und wiesen die Forstbeamten an, die Holzmindener Fabrik trotz der Zahlungsrückstände weiterhin zu beliefern. Doch der Absatz ging weiter zurück und brach schließlich ganz ein. Nun kam es zu einem Prozess. Die Sozietät behauptete, dass die schlechte Qualität der aus den Forsten gelieferten Holzkohle für ihr Scheitern verantwortlich sei und bestritt jede Zahlungsverpflichtung an das Herzogtum. Zuletzt entzog sich Hantelmann allen Forderungen seiner Gläubiger, indem er seinen Wohnsitz nach Höxter, also ins Ausland, verlegte. Die auf dem Gelände der heutigen Fachhochschule errichteten Gebäude blieben als Industrieruine zurück.

1755 verhandelte v. Langen mit einer neu gebildeten Sozietät, die die Anlagen der Vorgängerfirma übernehmen wollte, aber eine Garantie über die jährliche Lieferung von 2500 Fudern erstklassiger Holzkohle verlangte. (Leider nennen die Akten die Namen der neuen Interessenten nicht.) Gegen diese Forderung sprach sich v. Langen aus, der schon in den vergangenen Jahren in Braunschweig Bedenken wegen des hohen Kohlenverbrauchs bei der Eisenverhüttung angemeldet hatte. Er schrieb: *Auch der Bedarf der Stadt Holzminden, der Dörfer und der Porzellanfabrik muss bedacht werden. [...] Im Solling sind bereits ansehnliche große Blößen [...] und außerdem ist der größte Teil des Bodens ganz verangert, darauf von selbst wenig oder gar kein Anwuchs wieder aufkommen kann.* Vor einem Jahrzehnt war der Holzvorrat des Sollings noch als unerschöpflich beschrieben worden, doch die wenigen Jahre einer industriellen Nutzung hatten das Waldbild bereits spürbar verändert. Im Gegensatz zu den meisten seiner Zeitgenossen strebte v. Langen nicht nur einen kurzfristigen Gewinn an, sondern hatte auch einen Blick für das, was man heute unter Nachhaltigkeit versteht. In dem oben angeführten Brief fuhr er fort: *Wenn wir durch Vergrößerung der Holz-Consumption genötigt werden, alljährlich immer größere Reviere abzutreiben, der Holzmangel sich dereinst noch eher einfinden wird, und die Untertanen noch mehr Beengung von Hute und Weide zu gewärtigen haben.* Er forderte, mehr Geld für eine gezielte Aufforstung zu bewilligen, *um mich in den Stand zu setzen, den Nachkommen gut angebaute Forsten zu hinterlassen.*[17] Die Warnung v. Langens wurde nicht beachtet. Er bekam vielmehr den Auftrag, der Eisenfabrik jede gewünschte Menge Holzkohlen zu beschaffen. So hatte die Köhlerei einen nicht unerheblichen Anteil an der fortschreitenden Zerstörung der Wälder des Sollings, die in wenigen Jahrzehnten dazu führte, dass nicht einmal der Brennholzbedarf der Bevölkerung gedeckt werden konnte (s. u.).

Die Verhandlungen mit den neuen Interessenten kamen nicht zu einem befriedigenden Ergebnis, und so wurde die Bertram-Hantelmannsche Gründung durch von Langen verstaatlicht.

Das herzogliche Eisenwerk zu Holzminden arbeitete mehr als ein ¾ Jahrhundert. Obwohl der Hochofen nach einiger Zeit stillgelegt wurde, da das Sollinger Eisenerz den Ansprüchen nicht genügte, ging die Produktion weiter. Das benötigte Roheisen konnte aus dem Harz und dem Hils bezogen werden. Aber der verbleibende Bedarf der Frisch- und Schmiedefeuer war trotzdem nicht geringer, als zur Zeit der Hantelmannschen Sozietät. Trotz der Warnungen v. Langens wurde seitens der Fabrikleitung weiterhin jedes Jahr die Lieferung von 2000 bis 2500 Karren Holzkohle beantragt und von den Behörden genehmigt. Jeden Dezember trafen sich die Vertreter von Wirtschaft und Forst zu einer sogenannten *Kohlenregulierung*.[18] 1778 nahmen an dieser Besprechung der Sekretarius Fricke aus Allersheim, der Zollverwalter Severin, die Hüttenschreiber Heineccius und Teichmüller, der Oberförster Grotian sowie die Förster Rönneke (Derental), Mittendorff (Boffzen), Haarmann (Holzminden I), Weigel (Holzminden II) und Langhele (Merxhausen) teil. Nachdem man sich bei einem gemeinsamen Essen im Wert von 6 Talern gestärkt hatte, nahmen die Teilnehmer den Bedarf der Fabrik an Holzkohle im kommenden Jahr zur Kenntnis und bestimmten, wie viel Holz jedes Revier beizutragen habe. Für das Jahr 1800 hat sich eine *Kohlungstabelle* erhalten. Sie gibt die angeforderte Menge Holzkohle in Karren an und legt fest, wie viel Malter Holz jeder Forstort an die Köhler zu liefern hatte.

Derentaler und Mainbrexer Hude:	120 Malter Eichenholz und 1080 Malter Buchen- und Birkenholz für 400 Karren Kohle.
Düsteres Bruch (Boffzener Forst):	90 Malter Eichenholz und 1110 Malter Buchen- und Birkenholz für 400 Karren Kohle.
Kuhhude (Holzminden I):	360 Malter Eichenholz und 1140 Malter Buchen- und Birkenholz für 500 Karren Kohle.
Steinese (Holzminden II):	150 Malter Eichenholz und 1290 Malter Buchen- und Birkenholz für 480 Karren Kohle.
Hasseln (Holzminden II):	180 Malter Eichenholz und 1230 Malter Buchen- und Birkenholz für 470 Karren Kohle.

In den Braunschweiger Sollingforsten wurde also Holz für insgesamt 2250 Karren Kohle geschlagen. 2000 Karren beanspruchte die Eisenfabrik, und 250 Karren wurden an die Holzmindener Schmiede abgegeben. Da aber zusätzlich noch der Bedarf der Handwerker aus den anderen Städten und Dörfern des Kreisgebiets

Abb. 1: Holzfertiger Meiler, der nun mit welkem Buchenlaube verkleidet und mit Erde überdeckt werden muss. Aufnahme Anfang 20. Jahrhundert im Solling. (Vorl.: Oswald Reißert: Das Weserbergland und der Teutoburger Wald [...]. Bielefeld 1909, Abb. 18)

Abb. 2: Köhler im Solling auf dem brennenden Meiler. (Vorl.: Reißert, Abb. 20)

Abb. 3: Köhlerhütte im Vogler. (Vorl.: Reißert, Abb. 19)

Abb. 4: Köhler im Solling beim Verpacken der fertigen Kohle. (Vorl.: Reißert, Abb. 21)

gedeckt werden musste, war der Rohstoff Holz zu dieser Zeit bereits so knapp geworden, dass der Export von Kohle ins Ausland bei schwerer Strafe verboten wurde. Sobald sich die Teilnehmer der *Kohlenregulierung* geeinigt hatten, wie viel Holz jedes Revier liefern konnte und musste, wurden für das kommende Jahr die Zuschläge zum Lohn der Köhler diskutiert, denn wie bereits erwähnt, wurden bei besonders schwierigen Arbeitsbedingungen Sonderzahlungen gewährt. Da die Höhe des Einkommens von der Menge der Kohle abhing, die in der Saison abgeliefert wurden, zahlte die Eisenfabrik für jeden angefahrenen Korb zusätzlich einige Pfennige, wenn ungeeignetes Holz wie Buchenstuken oder knorrige Äste aus weit entfernt liegenden Revieren angefahren und verarbeitet werden mussten. Doch trotz dieses Aufgelds reichte der Verdienst eines Köhlermeisters oft nur zur Sicherung des Existenzminimums, und es scheint nicht so, als ob die Entscheidungen der an der *Kohlenregulierung* Beteiligten immer widerspruchslos hingenommen worden sind. So musste der Hüttenschreiber 1780 nach Braunschweig berichten, dass *obwohl die Köhlermeisters anfänglich nicht gleich friedfertig waren, den Lohn zu acceptieren, indem sie pro Korb wenigstens noch 1 Groschen mehr verlangten, so sind sie nun doch alle in die Haye gegangen.*

Als letzter Punkt stand dann schließlich noch der Abschluss von Verträgen mit den Bauern, die sich durch die Abfuhr der Kohlen aus den Wäldern nach Holzminden etwas Bargeld verdienen wollten, auf der Tagesordnung. In den Dörfern schlossen sich die interessierten *Bespannten* zu Fahrgemeinschaften zusammen, die unter sich regelten, wer wann welche Fuhre übernahm. Ihre Entlohnung richtete sich nach der Zeit, die sie vom Kohlhai zum Fabrikhof brauchten. Im Harz übernahm jedes Jahr zum Beginn der Saison ein vereidigter Gespannführer die erste Fuhre. Neben ihm auf dem Bock saß ein Förster, der den Fuhrmann an seinen Eid erinnerte, sobald er den Eindruck hatte, dass dieser absichtlich bummelte. Im Solling machte man es sich leichter. Die von einem beladenen Ackerwagen benötigte Zeit wurde von den bei der *Kohlenregulierung* Anwesenden geschätzt und dann der Preis festgesetzt, der meistens zwischen 18 und 24 Guten Groschen pro Fuhre lag. Da allein die Holzmindener Eisenfabrik jährlich ca. 1500 Karrenkörbe Kohle verarbeitete und ein Bauer seinen Wagen mit zwei Karrenkörben beladen konnte, musste der Hüttenschreiber mehr als 700 Fuhren bezahlen. So eröffneten sich den *Bespannten* gute Verdienstmöglichkeiten, die mittelbar auch den Handwerkern und Händlern des Weserkreises zu Gute kamen.

Die v. Hanstein'sche Reform

Unerschöpflich seien die Holzvorräte des Sollings, so war die Überzeugung der herzoglichen Räte gewesen, als sie 1745 die Gründung der Hantelmannschen Sozietät genehmigten. Doch 1770, also nur drei Jahrzehnte später, war es ganz offensichtlich geworden, dass das Ökosystem Solling den Belastungen durch die

Waldweide und den Energiebedarf der Glas- und Eisenindustrie auf die Dauer nicht mehr gewachsen war.

Wie stark die Arbeit der Köhler durch die fortschreitende Entwaldung erschwert wurde, zeigt die folgende Übersicht. Die Daten zeigen den jährlichen Bedarf der Holzmindener Eisenfabrik und die den Köhlern zugewiesene Holzmenge. Aus diesen Angaben lässt sich errechnen, wie viel Holz benötigt wurde, um einen Karrenkorb Kohle zu gewinnen. Es zeigt sich, dass die Ausbeute an Kohlen/Malter in dem dokumentierten Zeitraum um über 10% sank, was belegt, dass es immer schwerer wurde, gutes Buchenholz anzuliefern, dass aber auch das Einkommen der Köhler zurückging, da sie ja bisher nach der Anzahl der abgelieferten Karrenkörbe bezahlt wurden.[19]

1822   Bedarf: 2026 Karren Kohle.
        Benötigte Holzmenge: 5038 Malter (2,48 Malter pro Karren).
1823   Bedarf: 1228 Karren Kohle.
        Benötigte Holzmenge: 3225 Malter (2,62 Malter pro Karren).
1824   Bedarf: 1241 Karren Kohle.
        Benötigte Holzmenge: 3297 Malter (2,65 Malter pro Karren).
1825   Bedarf: 1647 Karren Kohle.
        Benötigte Holzmenge: 4435 Malter (2,69 Malter pro Karren).
1826   Bedarf: 1377 Karren Kohle.
        Benötigte Holzmenge: 3920 Malter (2,84 Malter pro Karren).
1827   Bedarf: 1355 Karren Kohle.
        Benötigte Holzmenge: 3835 Malter (2,83 Malter pro Karren).
1828   Bedarf: 1491 Karren Kohle.
        Benötigte Holzmenge: 4065 Malter (2,73 Malter pro Karren).

Die obige Übersicht zeigt aber auch, dass von 1822 bis 1828 die beachtliche Menge von 27.815 Malter Holz (48.954 Raummeter) geschlagen werden musste, um den Bedarf der Holzmindener Eisenfabrik zu decken, die durchschnittlich jedes Jahr 3973 Malter (6992 Raummeter) anforderte.

In Braunschweig kannte man diese Schwierigkeiten natürlich und beauftragte um 1780 den Oberjägermeister v. Hanstein, Abhilfe zu schaffen. Seine Reformvorschläge, die 1787 umgesetzt wurden, befassten sich aber nur mit der langfristigen Sicherung der Qualität der Holzkohlen und der Senkung der Betriebskosten. Obwohl es zu dieser Zeit schon mehr als deutlich war, dass die Übernutzung der Wälder mittelfristig zu einem Engpass in der Energieversorgung führen musste, wurde dieses Problem entweder nicht gesehen, oder aber bewusst ausgeklammert.[20]

In der Vergangenheit hatte ein Köhler zwar seine Kohlen zu einem festgesetzten Einheitspreis verkaufen müssen, aber sein Einkommen richtete sich nach der

Anzahl der abgelieferten Karrenkörbe. Einerseits konnte er also durch Fleiß und Tüchtigkeit einen höheren Verdienst erwirtschaften, andererseits war aber die Versuchung groß, die Meiler zu *treiben* und damit die Qualität auf Kosten der Quantität zu vernachlässigen. Um dies zu verhindern, wurden nach dem Inkrafttreten der Reform die Köhler unabhängig von der Menge der abgelieferten Kohlen nach einem festen Tarif bezahlt. Gemäß der Eignung des angewiesenen Holzes mussten an den Kohlhaien jede Woche etwa 36 Karren (24 Fuder) zur Abfuhr bereitstehen. War die Ausbeute größer, wurde kein Bonus gezahlt, blieb aber der Köhler unter seinem Soll, musste er mit Lohnabzug rechnen.

Für den ganzen Solling wurde nun der Lohn eines Meisters einheitlich auf 2 Taler und 8 Gute Groschen je Woche festgesetzt. Im gleichen Zeitraum erhielt ein Knecht 1 Taler und 18 Gute Groschen, ein Schlittenfahrer hatte Anspruch auf 1 Taler und 4 Gute Groschen, und ein Junge hatte sich mit 14 bis 16 Guten Groschen zufrieden zu geben.

Das gesamte Kohlwesen wurde nun einer strengen Kontrolle unterworfen, und die Förster hatten darüber zu wachen, dass die neuen Regeln eingehalten wurden.[21] Meister, Knechte und Jungen hatten eine ständige Präsenzpflicht. Nur am Sonnabend durfte ab 17 Uhr ein einziger aus der Mannschaft ins heimatliche Dorf gehen, um sich zu waschen, umzukleiden und die notwendigen Lebensmittel zu holen. Spätestens am Montag um 6 Uhr morgens hatte er zurück zu sein. Der zuständige Förster hatte genau Protokoll zu führen, wann mit dem Bau eines Meilers begonnen und wann er gezündet wurde, und natürlich hatte er beim Öffnen anwesend zu sein, um die Menge der gewonnenen Kohlen zu messen und zu notieren, denn jetzt war für die Köhler die Versuchung groß, ihr kärgliches Einkommen durch einen illegalen Verkauf aufzubessern.

Um diesen Schwarzhandel wenn schon nicht unmöglich zu machen, so doch zu erschweren, durften in Zukunft die Karrenkörbe, die einen hölzernen Boden haben mussten, nur noch von einem ausgesuchten und absolut vertrauenswürdigen Korbflechter hergestellt werden. Am oberen Rand waren Löcher auszusparen, durch die vor dem Transport quer über die Öffnung 3 Stangen gesteckt wurden, die die eingefüllten Kohlen zu berühren hatten. Bei der Ablieferung der Ladung am Zielort durfte dann nur ein Schwund von 2 Maß/Korb toleriert werden, der auf das Zusammenrütteln der Kohlenstücke bei der Fahrt über die holprigen Waldwege zurückgeführt wurde.[22]

Schmerzlich mussten es die Köhler auch empfinden, dass ihnen die Beihilfen zum Ersatz der ausgedienten Pferde gestrichen wurden.[23] In Zukunft wurden nur noch die Zinsen auf die Darlehen zurückerstattet, die sie zum Kauf der neuen Tiere hatten aufnehmen müssen. Es kann ihnen nur ein geringer Trost gewesen sein, dass der herzogliche Amtmann statt dessen die Kosten für den Hufbeschlag übernahm und ein zerrissenes Zaumzeug ersetzte.

Mit der v. Hansteinschen Reform kam eine Entwicklung zum Abschluss, die den Sollingköhler von einem fast selbständigen Unternehmer, als der er sich noch im 17. Jahrhundert hatte begreifen können, zu einem staatlichen Angestellten gemacht hatte. Nach 1770 bekam er lediglich sein Holz zugewiesen, hatte dieses so gut es ging zu verkohlen und erhielt dafür vom herzoglichen Amtmann seinen Einheitslohn.

Fürsorge durch den Landesherrn

Von Hanstein war sich durchaus bewusst, dass seine Reform das Einkommen der Köhler beschnitt. In den einleitenden Sätzen seines Memorandums hatte er den herzoglichen Räten vorgerechnet, dass in den vergangenen Jahren die Köhler im Hils wöchentlich drei bis vier Taler verdient hatten, und ihre Kollegen im Solling im gleichen Zeitraum immerhin zwei bis drei Taler nach Hause bringen konnten. Da aber die Kohle für die Verbraucher bei diesem Lohn zu teuer würde, wollte er den Verdienst beschneiden und den Lohn auf das oben genannte Niveau senken. Weil durch den Einheitslohn die Köhler aber nicht nur über ein geringeres Einkommen verfügen konnten, sondern ihnen auch jede Möglichkeit für einen legalen Zuverdienst genommen worden war, sank in den Dörfern der Lebensstandard in einem Ausmaß, dass in den Katen bereits bei einer geringen Teuerung der Hunger einzog. Aber die Köhler waren durch die Reform zu herzoglichen Bediensteten geworden, und so fühlte sich der Landesherr für sie verantwortlich und half jedenfalls in der äußersten Not. Um die lebenslange Unsicherheit anschaulich zu machen, die ein Leben am Rande des Existenzminimums und ohne eine Möglichkeit der Altersvorsorge mit sich brachte, sollen im Folgenden ein paar Textstellen aus den eingesandten Bittschriften wörtlich zitiert werden.

In den Jahren von 1789 bis 1802 mussten wiederholt Sondervergütungen gezahlt werden, da der Verdienst eines Köhlers oft nicht einmal für den Kauf von Roggen reichte, *der doch das allernötigste Bedürfnis für Köhler ist.*

Wie verzweifelt aber die Lage werden konnte, wenn auch noch Unglücksfälle oder Krankheiten die Familien heimsuchten, verdeutlicht eindringlich die Bittschrift, die der Köhlerknecht Mengele 1803 an den Herzog richtete.[24] Nachdem er angeführt hatte, dass *Frau und Kinder an der Ruhrkrankheit darniederlagen,* fuhr er fort: *Ich bin ein fünfzigjähriger Mann, der durch anhaltende Arbeit wie durch häusliche Leiden sehr geschwächt ist. Ich habe eine Frau und sieben Kinder, von denen drei noch schulpflichtig sind. Alle 10 Tage sind 3 Himpten Brotkorn nötig. Im vorigen Jahr kostete der Himpten 2 Taler und 12 Gute Groschen. Es war mir nicht möglich, das liebe Brot für meine Familie zu verdienen, noch weniger die Kleidung. Die Kuh wurde dem Müller gepfändet. Jetzt kostet ein Himpten Roggen 1 Taler und 24 Groschen. Der Brotpreis steigt täglich.* Mengele wurde eine Beihilfe von zehn Talern ausgezahlt.[25]

Eine Beihilfe, wie sie dem Köhlerknecht Mengele gnädigst gewährt wurde, wäre vor der Reform nicht möglich gewesen, denn der Herzog fühlte sich nur für die in seinem Dienst stehenden Menschen verantwortlich. 1773, also kurz vor der Umsetzung der v. Hansteinschen Vorschläge, flehte der Köhlermeister Wilhelm Bremer um Hilfe. Er hatte 30 Jahre im Walde gearbeitet und seit zwei Jahren an der Gicht krank gelegen, und daher *binnen solcher Zeit so wenig mit Holzhauen als mit Kohlen das Geringste verdienen können*. Er musste sein gesamtes Hab und Gut verkaufen, um seinen Lebensunterhalt zu bestreiten und war nun auf Almosen angewiesen. Sein Gesuch wurde abgelehnt, denn *es sei der Konsequenz halber bedenklich, ihm eine Unterstützung zu gewähren*. Da ihn aber die Forstbeamten als fleißigen und tüchtigen Arbeiter lobten, wurde ihm *gnadenhalber* etwas Brennholz angewiesen. 1777, also kurz nach der Reform, brach der Köhlerknecht Sievers bei der Füllung eines Meilers durch die Deckschicht und erlitt von den Füßen bis zur Hüfte schwere Verbrennungen. Ihm wurden seine Arztkosten in der Höhe von 6 Talern und 18 Guten Groschen ersetzt.

Ob die Köhler auch Zugang zu einer Büchsenpfennigkasse hatten, bleibt leider im Ungewissen. In seinem Memorandum regte v. Hanstein an, dass das Herzogtum die Beiträge für eine solche Betriebskasse übernehmen solle. Dieser kurze Absatz ist aber der einzige Hinweis auf die mögliche Existenz dieser Hilfseinrichtung, so dass es offen bleiben muss, ob es zur Gründung kam. Für den Harz liegen Nachweise einer Büchsenpfennigkasse für Köhler aus dem Beginn des 19. Jahrhunderts vor, aber anders als im Harz lebten im braunschweigischen Teil des Sollings nur ein paar Dutzend Köhler, und nach der Schließung der Holzmindener Eisenhütte ging ihre Zahl bald zurück, da die Nachfrage nach Holzkohlen sank.

Dass es aber zwischen den Sollinger Köhlern und ihren Harzer Berufsgenossen nicht nur wirtschaftliche Beziehungen, sondern auch familiäre Bindungen gab, belegt die Bittschrift des Köhlermeisters Christoph Pfeiffer aus Boffzen, die dieser 1789 an den Herzog richtete. Er schrieb: *Seit 45 Jahren habe ich nun beständig auf dem Sollinge für die fürstlichen Hüttenwerke gekohlt, und mein Leben meistens den Winter und Sommer hindurch im Walde zugebracht. Da ich nun 65 Jahre alt bin, so haben mein Gesicht und meine Kräfte bei solchen Arbeiten dergestalt abgenommen, dass ich bald zur Arbeit untüchtig zu werden befürchten muss. Zwar werde ich, solange ich noch Kräfte habe, fernerhin beständig arbeiten, aber ich wünsche doch sehnlichst versichert zu sein, dass ich in meinem hohen Alter, und wenn ich nicht mehr arbeiten kann, nicht einer schmählichen Armut ausgesetzt und genötigt sein möge, meine Zuflucht zu dem Erbarmen Anderer zu nehmen. [...] In Walkenried haben mehrere Köhler und andere Arbeiter in viel jüngeren Jahren in dem hiesigen Hospital Versorgung gefunden.* Seiner Bitte wurde stattgegeben. Er erhielt den Bescheid, dass *ob nun zwar in dem hiesigen Land die Vergleichung von Pensionen für alte, abgelebte Köhler in der Regel nicht üblich ist*, er doch in Walkenried eine Zuflucht finden solle. Da Pfeiffer aber bereits 2 Jahre später *an Erschöpfung* starb, kam es nicht zu seiner Übersiedlung in den Harz.

Natürlich ist es überraschend, dass ein Köhler aus dem Solling von dieser karitativen Einrichtung wusste, und bestimmt ist es nicht selbstverständlich, dass der Bitte um Aufnahme eines auswärtigen Bewerbers stattgegeben wurde. Da aber der Name Pfeiffer einem alten Köhlergeschlecht aus dem nahe gelegenen Wieda zugeordnet werden kann, darf man davon ausgehen, dass Mitglieder dieser Familie einst in den Solling ausgewandert waren, aber mit ihren Verwandten im Harz in Verbindung blieben. Sicher haben sich die Wiedaer Köhler für die Aufnahme ihres entfernten Verwandten in das Hospital[26] eingesetzt.

Torf statt Holz
Durch die v. Hansteinsche Reform waren zwar die Produktionskosten gesenkt und die Qualität der Holzkohlen gesichert worden, doch allein durch eine Veränderung der Arbeitsbedingungen war eine nachhaltige Waldwirtschaft nicht zu erreichen. Nach wie vor verbrauchte die Industrie jedes Jahr erheblich mehr Holz, als im gleichen Zeitraum nachwachsen konnte, und da den Förstern nicht genug Geld bewilligt wurde, um die Blößen aufzuforsten, blieb ihnen nur übrig, auf eine natürliche Verjüngung durch Saatbäume zu hoffen. Aber ohne die notwendige Pflege wurden die jungen Buchen und Eichen durch schnell wachsende Arten, besonders durch Birken, verdrängt. Das von Susanne Jahns erarbeitete Pollendiagramm aus dem Ahlequellmoor belegt den zunehmenden Anteil der Birken am gesamten Baumbestand gegen Ende des 18. und zum Beginn des 19. Jahrhunderts, denn kurz vor der Zeit der Wiederaufforstung brachliegender Flächen mit Fichten, die sich im Pollendiagramm deutlich abzeichnet, sinkt der prozentuale Anteil der Buchenpollen deutlich, und der Anteil der Birkenpollen steigt fast auf deren halben Wert.

Zu den gleichen Ergebnissen führt der Vergleich der Untersuchung an Relikten der Holzkohlewirtschaft durch Marie-Luise Hillebrecht mit den Kohlungstabellen der Holzmindener Eisenhütte. Hillebrecht datiert die von ihr untersuchten Kohlhaie im Solling in die Zeit der Wanderglashütten. Ihre Zuordnung der Kohlereste zu den einzelnen Holzarten ergibt einen Buchenanteil um 85%, während die Destruktionsanzeiger Birke, Hasel, Pappel, Weide und Eberesche zusammen bei 13% bis 14% liegen. Da die Birkenkohle nur rund 2% aller gefundener Relikte ausmacht, muss der Solling damals mit einem lichten Buchenwald ohne größere Blößen bedeckt gewesen sein. Nach der Industrialisierung zeichnet sich dann aber zunehmend ein anderes Bild ab. Die Kohlungstabellen der Holzmindener Eisenfabrik weisen nun in zunehmendem Maße Birkenholz als wichtigen Bestandteil des an die Meiler gelieferten Holzes aus, und schließlich erreichen die Birken einen Anteil von 20% bis 25% der gesamten Holzmenge.

So konnte es nicht überraschen, dass zu Beginn des 19 Jahrhunderts die Förster angewiesen wurden, in großem Umfang Buchenstuken zu roden und diese den Bäckern an Stelle von Scheitholz zum Heizen der Backöfen zu liefern. Doch trotz dieser und anderer Notverordnungen war es abzusehen, dass die Holzvorräte des Sollings in absehbarer Zeit erschöpft sein würden.

Wie ernst in Braunschweig die Lage eingeschätzt wurde, zeigt die Anweisung, die den Förster Mittendorff im Frühjahr 1812 erreichte.[27] Er wurde beauftragt, Versuche zur Verkohlung von Torf durchzuführen. Am Jahresende erstattete er seinen Vorgesetzten Bericht: *Gleich nachdem ich den verehrlichen Auftrag, jenen Versuch vorzunehmen, erhalten hatte, suchte ich in dem Kohlhai in meinem Reviere die Einrichtung zu treffen, dass der brauchbarste Köhler entbehrlich wurde, um mit diesem das Geschäft vornehmen zu können.* Mittendorff ließ oberhalb von Boffzen im Ruthenbruch nacheinander drei Meiler errichten, wobei die Erfahrungen der vergangenen Kohlung in den Bau des folgenden Meilers einflossen. Es gelang ihm, Kohlen zu gewinnen, deren Qualität von den Holzmindener Schmieden, Goldschmieden und Rotgießern gelobt wurde. Auch beim Schmelzen des Eisens in der Fabrik entwickelten sie genug Hitze, nur das Veredeln des Roheisens im Frischfeuer gelang mit Torfkohlen nicht. Weil aber die Produktionskosten für Torfkohlen deutlich über denen der Holzkohlen lagen, und auch nicht gesenkt werden konnten, wurden die Versuche aufgegeben.

Die Hoffnung der herzoglichen Verwaltung, die Schmiede- und Frischfeuer der Holzmindener Hütte in Zukunft mit Torfkohlen befeuern und so die schwindenden Holzvorräte des Sollings schonen zu können, ging also nicht in Erfüllung. Doch was bei der Versorgung der Industrie missglückt war, gelang bei der Belieferung der Bevölkerung. 1839 hatte sich die Kreisdirektion an ihre vorgesetzte Behörde in Braunschweig gewandt und *eine Erweiterung der Nutzung von Torflagern im Solling* empfohlen. Zwar äußerten die herzoglichen Räte zunächst *nicht unerhebliche Bedenken*, doch ließen sie sich überzeugen, *da die Waldungen den Bedarf der Gegend an Brennmaterial nicht mehr decken können* und die Torfvorräte des Mecklenbruchs bei Neuhaus sowie des Rutenbruchs, Düsteren Bruchs und kleinen Bruchs oberhalb von Boffzen noch Jahrzehnte ausreichen würden.[28] Nun wurden großzügig Gelder bewilligt und investiert und so die Voraussetzungen für eine neue Industrie geschaffen. Unter der Federführung des Fabrikdirektors Kunkel von der Fürstenberger Porzellanmanufaktur wurde das Mecklenbruch mit einem Netz kleiner Entwässerungsgräben überzogen, die in einen großen, zentralen Kanal mündeten, zu den Mooren neue Wege gebaut und befestigt, Trockenschuppen errichtet und in Holzminden ein zentrales Verkaufslager angelegt, aus dem die Bevölkerung ihren Bedarf decken sollte.

Um das neue Heizmaterial populär zu machen, wurde der Verkaufspreis subventioniert, und um ein gutes Beispiel zu geben, wurden die im Besitz des Landes befindlichen Unternehmen, aber auch die im herzoglichen Dienst stehenden Beamten und Angestellten angewiesen, ihre Häuser nach Möglichkeit mit Torf zu beheizen. So gewöhnte sich die Bevölkerung bald an das neue Heizmaterial. Der

Kaufmann Hühn aus Altendorf ließ sich z. B. 20.000 Soden liefern, der Apotheker Dülfer aus Holzminden bestellte 7.500 Stück Torf und die Branntweinbrennerei Mittendorff sowie der Sattler Twele, beide aus Stadtoldendorf, kauften zusammen 61.000 Soden. Auch das Holzmindener Gymnasium versuchte, die Privatwohnung des Direktors und die Klassenräume mit Torf zu beheizen. 1840 konnten schon 1.500.000 Soden abgesetzt werden, 1843 wurde ein Umsatz von 3.000.000 Stück nach Braunschweig gemeldet, 1844 hoffte man, die 4.000.000 Grenze zu überschreiten, und Optimisten rechneten ab 1850 mit einer jährlichen Produktion von 10.000.000 Soden. Es sah also ganz danach aus, als ob die vom Herzogtum investierten Summen eine gute Rendite erwirtschaften würden.

Bei diesen günstigen Prognosen kann es nicht überraschen, dass auch die Familie Haarmann am Torfabbau verdienen wollte. Sie ließ das Mecklenbruch vermessen und in 40 Parzellen aufteilen. Danach bot sie den herzoglichen Räten an, das gesamte Moor auf 50 Jahre zu pachten und bei Silberborn eine Glashütte mit Torf zu betreiben. Doch ihr Antrag wurde abgelehnt, da ein anderer erfahrener Glashüttendirektor bereits entsprechende Vorschläge eingereicht hatte, die allerdings auch nicht zu einem dauerhaften Erfolg führten.

Das Mecklenbruch wurde nur zu einem kleinen Teil abgetorft und ist heute ein Naturschutzgebiet. Auch die Moore oberhalb von Boffzen sind nie zum Abbau freigegeben worden und wurden schon um die Mitte des 19. Jahrhunderts mit Fichten aufgeforstet. Schon während der kurzen Blütezeit der Torfindustrie hatten sich nämlich die Rahmenbedingungen von Grund auf geändert. Nachdem die Schorborner Glashütte mit ihren Filialen in Mühlenberg und Pilgrim sowie die Holzmindener Eisenfabrik ihre Tore für immer geschlossen hatten, brach um 1840 die Nachfrage nach Holzkohle drastisch ein, und so wurde mittelfristig eine geordnete und nachhaltige Forstwirtschaft möglich. Aber plötzlich war auch kurzfristig eine Versorgung der Bevölkerung mit Brennholz auf mehrere Jahre hinaus gesichert, denn 1842 hatte die herzogliche Kammer, Abt. Forsten, auch für den Solling die Ablösung der alten Huderechte beantragt. In §20 des Recesses wurde festgelegt, dass die Weideabfindungen *seitens der Forstherrschaft vom Holzbestand zu räumen, die Stuken zu roden und die dadurch entstandenen Löcher zu ebnen sind.* Wenn auch diese Flächen höchstens noch mit verbissenen Bäumen und Buschwerk bestanden waren, so fiel doch praktisch vor der Haustür Holzmindens und der Sollingdörfer auf 2672 Morgen Land eine erhebliche Menge Brennholz an, das über ein bis zwei Jahrzehnte vorsichtig vermarktet wurde, um einen Preisverfall zu vermeiden.

Als schließlich 1865 der Holzmindener Bahnhof eingeweiht wurde, und damit die Bevölkerung sowie die Industrie mit Braun- und Steinkohle versorgt werden konnten, musste sich mancher Köhler einen neuen Beruf suchen. Für die Zeit nach 1840 liegen im niedersächsischen Staatsarchiv Wolfenbüttel für den Solling keine Akten zur Köhlerei mehr vor.

Anmerkungen

1 TACKE, Eberhard: Der Landkreis Holzminden (Die Landkreise in Niedersachsen, 4). Bremen-Horn 1951.

2 JAHNS, Susanne: The later Holocene history of vegetation, land-use and settlements around the Ahlequellmoor in the Solling area, Germany. In: Vegetation history and archaeobotany 15 (2005), S. 57-63.

3 Niedersächsisches Landesarchiv – Staatsarchiv Wolfenbüttel (StAWF): 4 Alt 10 XXII Nr. 72 u. 84b.

4 Ebd.: 4 Alt 10 XXII Nr. 72.

5 Desgl.

6 Ebd.: 4 Alt 10 XXII Nr. 65.

7 Ebd.: 4 Alt 10 XXII Nr. 67.

8 Ebd.: 4 Alt 10 XXII Nr. 74.

9 Ebd.: 4 Alt 10 XXII Nr. 84.

10 Ebd.: 4 Alt 10 XXII Nr. 84b.

11 Ebd.: 4 Alt 10 XXII Nr. 81.

12 Ebd.: 4 Alt 10 XXII Nr. 80.

13 HILLEBRECHT, Marie-Luise: Die Relikte der Holzkohlewirtschaft als Indikatoren für Waldnutzung und Waldentwicklung (Göttinger geographische Abhandlungen, 79). Göttingen 1982.

14 Z. B. CREYDT, Detlef: Heimatkundliche Skizzen aus dem Solling. Mit Zeichnungen von Jerry Kilian (Dasseler Schriftenreihe, 4). Dassel 1988 [darin S. 34-52: Die Köhlerei]; BIERKAMP, Gustav u. Armin REUSE: Chronik von Delliehausen im Solling. Uslar 1980.

15 StAWF: 4 Alt 10 XXII Nr. 81.

16 Ebd.: 4 Alt 10 XXII Nr. 73.
Umrechnung der erwähnten Hohlmaße:
1 Malter Holz hatte die Maße von 5 Fuß x 4 Fuß x 4 Fuß
1 Fuß = 32 cm
1 Malter Holz = 1,76 Raummeter
1 Fuder = 15 Maaß = 120 Himpten = 3720 Liter = 3,72 Raummeter
1 Karrenkorb = 10 Maaß = 80 Himpten = 2480 Liter = 2,48 Raummeter.

17 13) Ebd.: 4 Alt 10 XXII Nr. 84b.

18 Desgl.

19 Desgl.

20 Ebd.: 4 Alt 10 XXII Nr. 78.

21 Ebd.: 4 Alt 10 XXII Nr. 81.

22 Ebd.: 50 Neu 4 Nr. 8362.

23 Ebd.: 4 Alt 10 XXII Nr. 78.

24 Ebd.: 4 Alt 10 XXII Nr. 81.

25 Zur Erinnerung: Nach dem Inkrafttreten der v. Hansteinschen Reform erhielt ein Köhlermeister als Festlohn zwei Taler pro Woche und ein Knecht 1 Taler und 18 Gute Groschen. Wenn also alle zehn Tage drei Himpten Roggen gekauft werden mussten, waren bei einem Preis von 1 Taler und 10 Guten Groschen allein für das Brotgetreide jede Woche rund drei Taler zu bezahlen.

26 Nach der Auskunft von Herrn Fritz Reinboth, des Vorsitzenden des Vereins für Heimatgeschichte in Walkenried, war das genannte Hospital Bestandteil des Zisterzienserklosters. Das alte Gebäude war 1744 so baufällig geworden, daß es durch einen Neubau ersetzt werden musste, der 1751 vollendet werden konnte. Arme, alte Walkenrieder Bürger wurden hier aufgenommen und versorgt. Nach dem Zweiten Weltkrieg wurde die Anstalt geschlossen.

27 StAWF: 50 Neu 4 Nr. 8569.

28 Ebd.: 50 Neu 4 Nr. 8595/1.

Der Sportplatz am Unteren Teich („Jahnplatz") in Holzminden

von Werner Jahns

Mit 5 Abbildungen

Nachdem 1894 das Holzmindener Gymnasium den Neubau am Billerbeck bezogen hatte,[1] mussten die Schüler quer durch die Stadt laufen, um ihren Spiel- und Sportplatz an der Steinbreite[2] zu erreichen. Zwecks Änderung dieser Situation richtete am 29. Oktober 1908 Direktor Schilling die folgende Bitte an die Herzogliche Oberschulkommission und die Stadt Holzminden: *Da nach unserer Überzeugung die Steinbreite als Spielplatz für das Gymnasium ungeeignet und durchaus unzureichend erscheint, andererseits die Rücksicht auf das geistige, sittliche und körperliche Wohl der Schüler es gebietet, für einen Spielplatz Sorge zu tragen, so bitten wir, Schritte zu tun, die an der Vorderseite des Gymnasiums gelegenen Kammerländereien als Spielplatz für die Anstalt zu gewinnen.*[3] Am 18. Juli 1910 wurde dieser Antrag durch ein Gutachten, einen Bauplan und einen Kostenvoranschlag ergänzt. Am 12. Januar 1911 erklärte sich die zuständige herzogliche Behörde bereit, das Gelände unentgeltlich zur Verfügung zu stellen, und auch der Stadtmagistrat beschloss, den Bau eines Spielplatzes zu fördern.

Aber eine gute Absicht allein reicht natürlich nicht. Wie der Direktor schrieb, handelte es sich bei der begehrten Fläche um Kammerländerei, die Eigentum des Herzogtums Braunschweig war. Das Land war an Kleingärtner verpachtet, die gültige Verträge besaßen und natürlich gar nicht daran dachten, ihre Ansprüche aufzugeben. Auch lehnte die Herzogliche Kammer eine Beteiligung an den Baukosten mit dem Hinweis, es sei doch mehr als großzügig, den Grund und Boden umsonst zur Verfügung zu stellen, ab. Also musste die Stadt nach privaten Geldgebern suchen. Die Verhandlungen zogen sich über Jahre hin, bis der Beginn des Ersten Weltkrieges zur vorläufigen Einstellung aller Planungen führte.

In den Nachkriegsjahren hatten die Bürger Holzmindens andere Sorgen, als sich um den Bau eines Sportplatzes zu kümmern. Die Schüler benutzten weiterhin die Steinbreite, und den Sportvereinen wurde ein Teil des Kasernengeländes zur Verfügung gestellt. Aber 1923 wurde letzteres verkauft und als Gartenland hergerichtet, und nun war ein geregelter Sportbetrieb in Holzminden unmöglich. Der MTV Holzminden bat daraufhin den Rat der Stadt, ihm *einen Spielplatz zur Verfügung stellen zu wollen*, während der MTV Altendorf konkret beantragte, *die Steinbreite unserm Verein für 1 Tag wöchentlich als Spielplatz zu überlassen.*[4] Der Ausschuss für Leibesübungen (A.f.L.) als Vertreter der Sport treibenden Schulen und Vereine wandte sich direkt an das Innenministerium wegen des Geländes am Unteren Teich. Kreisschulrat Grupe[5] bat den Schulvorstand der städtischen Bürgerschulen, sich für die Verwirklichung der alten Pläne einzusetzen und so den Schulen – wie vom Landesschulamt gewünscht – die Einrichtung von Spielnachmittagen zu ermöglichen. Dieser Bitte schloss sich der Schulvorstand am 10. Januar 1924 an.

Damals gab es in Holzminden ein reges Vereinsleben. Die Akten nennen den Sportverein Wacker (über 200 Mitglieder), den MTV Altendorf (über 200 Mitglieder), den MTV Holzminden (440 Mitglieder), den Sport- und Athletenklub (80 Mitglieder), den Turnverein Deutsche Eiche (160 Mitglieder), den Verein für Bewegungsspiele (185 Mitglieder) und den Radfahrverein Solidarität (150 Mitglieder).

Die Stadt aber stand vor den gleichen Problemen, die schon vor dem Krieg den Baubeginn verhindert hatten. Noch immer war das Gelände Eigentum des Staates, und noch immer bestellten dort Kleingärtner ihre Beete. Keiner der Beteiligten wollte den Bürgern ersatzlos dieses Land, und so musste zunächst Ersatzgelände gefunden werden. Verhandlungen mit der Domäne Allersheim führten nicht zum Erfolg. Einige Bauern boten zwar günstig gelegene Äcker an, doch sie forderten Tauschland, welches die Stadt nicht bieten konnte. Am 25. Oktober 1924 konnte der A.f.L. schließlich mitteilen, dass es zu einem Vertragsabschluss mit den Riekeschen Erben gekommen sei, die den Pächtern ihr auf der Bülte gelegenes Land angeboten hatten.

Wie sollte der neue Platz aussehen? War Sandboden pflegeleichter als Rasen? Brauchte man neben dem großen Spielfeld auch kleine Nebenplätze? Wie viele Sprunggruben wurden benötigt? Wie stand es mit Toiletten und Umkleideräumen? Illusorisch war die Anregung der Sportabteilung der Landesbaugewerkschule, eine Zuschauertribüne in den Teichanlagen und eine kleine Stadthalle an der Ernst August-Straße zu errichten. Schließlich legte das Bauamt einen Entwurf zur Genehmigung vor. Der Platz sollte einen Belag aus Ziegelschotter erhalten, der von einer Oberschicht aus feinem Kies und Sand abgedeckt und durch ein Netz von mit großen Steinen gefüllten Abzugsgräben entwässert wurde. Die Geräte sollten in einem kleinen Fachwerkhaus in heimischer Bauart gelagert werden, und hier waren auch sanitäre Anlagen vorgesehen. An der Straße „Billerbeck" war eine kleine Tribüne geplant.

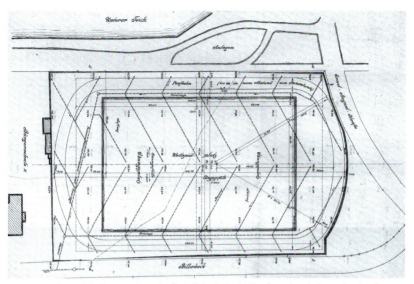

Abb. 1: Entwurf der Bauverwaltung der Stadt Holzminden für den Sportplatz, insbesondere für die notwendige Drainage. (Vorl.: Stadtarchiv Holzminden)

Der Kostenvoranschlag belief sich auf die für die damalige Zeit stattliche Summe von 22.000 Mark.[6] 3.000 Mark gab die Stadt. Da die Erdarbeiten von Erwerbslosen durchgeführt werden sollten, überwies der braunschweigische Arbeitsminister einen erheblichen Zuschuss, und auch einige Holzmindener Firmen unterstützten das Vorhaben. Trotzdem hätte das Geld nicht gereicht, wenn nicht Schulen und Vereine[7] zu tatkräftiger Hilfe bereit gewesen wären. Sie schrieben der Stadtverwaltung: *Wenn es sich um Volkskraft, körperliche und sittliche Wohlfahrt handelt, ist kein Opfer zu groß. Die Vereine und Schulen verpflichten sich, alle nötigen Arbeiten selbst auszuführen und in dieser so drückenden und schweren Zeit eine für viele Generationen segenbringende Tat zu erbringen.*

Im Herbst 1924 begannen die Erdarbeiten. Dank der vielen freiwilligen Helfer schritten die Arbeiten zügig voran. Zum 28. Juni 1925 wurden die Holzmindener Bürger zur Einweihungsfeier geladen.[8] Die Honoratioren wurden *unter Trommel- und Pfeifenklang* vom Rathaus abgeholt und marschierten in Frack und Zylinder (diese Kleidung war vorgeschrieben) durch die Stadt zum Bauschulplatz. Dort waren bereits die Sportler der Vereine und Schulen angetreten, und gemeinsam zog man nun zum neuen Sportplatz. *Bürgerschullehrer Wichmann hielt eine wohldurchdachte, fesselnde Ansprache und taufte den Platz auf den Namen „Jahn-Platz".*[9] Um 13.25 Uhr führten die Schulen Massenfreiübungen vor, eine sogenannte grüne Wiese, und anschließend zeigten Mitglieder der Sportvereine ihr Können bei leichtathletischen Wettkämpfen und Ballspielen.

Abb. 2: Luftaufnahme der Holzmindener Innenstadt von Osten – im Vordergrund südlich des Unteren Teiches der wenige Jahre zuvor fertig gestellte Sportplatz. (Vorl.: Stadtarchiv Holzminden)

Wenige Tage später hatte der neue Platz mit dem 19. Kreisturnfest des Turnkreises Oberweser seine erste große Belastungsprobe zu bestehen.[10]

Zwar hatte das Geld nicht für den Bau sanitärer Anlagen gereicht, und auch eine einfache Umzäunung umschloss erst Jahre später das Gelände, aber die Stadt Holzminden durfte zu Recht auf ihren Sportplatz stolz sein. Trotz aller wirtschaftlichen Schwierigkeiten hatte sie eine Anlage erstellt, wie es weit über die Kreisgrenze hinaus keine zweite gab. Nicht nur die Schulen und Vereine nutzten den neuen Platz, sondern der A.f.L. lud die ganze Region zu Turnfesten ein, und die Kreisjugendwettkämpfe fanden hier einen würdigen Rahmen. Gleiches gilt für die Reichsjugend- und Verfassungswettkämpfe 1929. Lehrer Spinti wurde mit der Organisation beauftragt. Nach einem Festumzug mit einer Blaskapelle durch die Stadt gaben Vorführungen mit Volkstänzen und Reigen, Übungen an Turngeräten und eine *bunte Wiese* der Veranstaltung ein volkstümliches Gepräge, bis endlich die Sportler zu den leichtathletischen Wettkämpfen antraten.

Allerdings verstand der Holzmindener Bürger den Jahnplatz nicht als reinen Sportplatz, sondern als Festwiese, eine Art große Steinbreite. Bei größeren Veranstaltungen errichteten Gastwirte auf den beiden Nebenplätzen hinter den Toren Verkaufsstände, um Bockwurst, Bratwurst und Bier zu verkaufen. 1931 stellte die Bauschule den Antrag, den Platz für ihre Hundertjahrfeier benutzen zu dürfen. Da sie eine Entschädigung von 500 Mark bot und die Stadt in der Zeit der Weltwirtschaftskrise das Geld gut gebrauchen konnte, wurde die Erlaubnis erteilt.

Abb. 3: Kreisturnfest 1925 auf dem wenige Tage zuvor eingeweihten Jahnplatz. (Aufnahme: Fotoatelier Liebert; Vorl.: Stadtarchiv Holzminden)

Aber nun wurden auf der Laufbahn eine Tribüne errichtet, Holzbuden fest im Boden verankert und auf der Spielfläche für die Aufstellung von Fahnenmasten Löcher ausgehoben. Mit Balken und Brettern beladene Pferdewagen hinterließen tiefe Spuren. Nach dieser Veranstaltung waren Spielfeld, Laufbahn und Sprunggruben kaum noch zu benutzen.

Da spielte es keine große Rolle mehr, dass die Holzmindener Bürger bedenkenlos den Jahnplatz überquerten, wie sie es zuvor auch mit der Steinbreite getan hatten. Wer von der Innenstadt nach Altendorf wollte, wanderte über die Spielfelder. Wer seinen Garten am Bahndamm bestellen oder abernten musste, zog mit seinem Handwagen die Laufbahn entlang. Als schließlich sogar ein Stadtverordneter mit geschulterter Sense quer durch ein Handballspiel ging, erwirkte der A.f.L. ein polizeiliches Verbot für Unbefugte, den Platz zu betreten.

Für die Pflege des Platzes zahlte die Stadt jährlich eine feste Summe an den A.f.L., die allerdings kaum für die nötigsten Arbeiten reichte. Für den Ersatz verfaulter Sprungbalken oder Torpfosten standen meist keine Mittel zur Verfügung, und Sonderzahlungen wurden seitens der Stadt brüsk abgelehnt mit der Begründung, dass die Fläche immer noch dem Staat gehöre und so dieser für den Zustand des Platzes verantwortlich sei. Auch das Landesschulamt lehnte jede Hilfe ab. So liest man in den Akten ständig Klagen über die Verunkrautung der Laufbahn und Löcher im Spielfeld. Einmal verklagte sogar ein Vater den Sportlehrer des Gymnasiums, weil sich sein Sohn an einem verfaulten Sprungbalken das Bein gebrochen hatte.

In ihrer Not erhoben die Vereine schließlich von jedem Mitglied eine Kopfsteuer von ein paar Pfennigen. Als aber der A.f.L. auch die Schulen in die Pflicht nehmen wollte, weigerten sich diese entschieden. Es kam zu einer unschönen Auseinandersetzung zwischen Herrn Spinti, dem Leiter des A.f.L., und dem Direktor des Gymnasiums, Herrn Fricke. Falls die Schüler keinen Beitrag leisten wollten, sollte ihnen die Nutzung des Jahnplatzes verboten und die Jungen wieder auf die Steinbreite geschickt werden. Auf Frickes Eingabe hin entschied das Ministerium in Braunschweig, Spinti dürfe niemand den Zugang zu der Anlage verweigern, da er nicht Eigentümer des Platzes sei. Während der Weltwirtschaftskrise musste die Stadt dann alle Zahlungen an den A.f.L. einstellen, da sie *nach der Erfüllung der gesetzlich geregelten Aufgaben auf dem Gebiet der Erwerbslosenfürsorge trotz besseren Wollens keine Gelder zur Unterhaltung des Platzes zur Verfügung stellen könne.* Der Jahnplatz verkam immer mehr.

Kurzfristig schien sich die Lage 1933 zu bessern. „Das deutsche Volk muss zur Wehrhaftigkeit, zum Wehrwillen und zur Opferbereitschaft erzogen werden", propagierten die Nationalsozialisten, und deshalb gehörte die körperliche Ertüchtigung der deutschen Jugend zu den Grundforderungen der Partei. Also wurde der Jahnplatz zumindest teilweise saniert, die Schulen hatten mehr Sportunterricht zu erteilen, an den Wochenende trainierte die Hitlerjugend und alljährlich wurden die Reichsjugendwettkämpfe durchgeführt. Gleichzeitig wurden allerdings auch die Sportvereine überprüft, ob sie in ihrer inneren Einstellung mit den Zielsetzungen des NS-Staates übereinstimmten. MTV Holzminden, MTV Altendorf, der Verein für Bewegungsspiele und der Sportverein der Landesbauschule konnten schon am 8. Juni 1933 bestätigen, die von den Nazis geforderte *Gleichschaltung* vollzogen zu haben.[11] Vereine, die linken Parteien nahestanden, wurden verboten – in Holzminden war davon der Turnverein Deutsche Eiche betroffen.[12]

Jedoch war der gute Zustand des Platzes nicht von Dauer, denn die Fläche bot sich geradezu an für Demonstrationen, Versammlungen und vormilitärische Ausbildung. Hier konnte der Bevölkerung eindrucksvoll die Stärke und die Macht der Partei vor Augen geführt werden. Am 10. September 1933 führte der Göttinger SS-Motorsturm I/51 auf dem Jahnplatz ein Kunstfahren vor: *Den Abschluss [...] bildete ein Motorrad-Fußballspiel, bei dem es äußerst temperamentvoll herging.*[13] Im Oktober begannen Wehrsportverbände ihre Übungen, die hauptsächlich darin bestanden, dass die Teilnehmer in geschlossenen Abteilungen über das Spielfeld marschierten. Sonnabends traten Jungvolk und Hitlerjugend zum Dienst an, und auch sie marschierten singend um den Platz herum.

Im April 1935 benutzten Militär[14] und Reichsarbeitsdienst[15] an den Vormittagen den Platz für ihre militärischen Übungen, und die Schulen kamen beim Sportunterricht in Schwierigkeiten. Der Direktor Hogrebe des Gymnasiums bat, in solchen Fällen wenigstens ein Drittel nutzen zu können und beschwerte

Abb. 4: Leider undatierte Aufnahme eines Festaktes auf dem Jahnplatz; angesichts der halbmast hängenden Fahnen vermutlich anlässlich des „Heldengedenktages" 1935 oder 1936. (Vorl.: Sammlung der Pionierkameradschaft Holzminden)

sich beim Standortkommandanten, dass unter diesen Bedingungen die körperliche Ertüchtigung der Jugend leiden müsse. Dies ließen der Kommandant und der Ausbildungsleiter des Arbeitsdienstes nicht gelten. Ihre Männer stünden beim Exerzieren meist nur in Linie zu einem Glied und könnten daher die Schüler nicht stören, worauf der Direktor antwortete, dass *3 Trupps, die über den Platz verteilt in Reihe oder in Linie zu einem Gliede* marschierten und schwenkten,[16] den Schülern keinen Platz für Ballspiele ließen. Es kam zu einem Übereinkommen, das einen geregelten Spielbetrieb ermöglichte.

Ebenfalls benutzt wurde der Jahnplatz für das Antreten zur „Adolf Hitler-Parade" zum Geburtstag Hitlers, wie ein Plan für den 20. April 1936 zeigt.[17]

Als am 6./7. Juni 1936 die Holzmindener SA-Standarte 230 (nebst Reserve-Standarte R 230) auf dem Jahnplatz ihr Standartensportfest organisierte,[18] wurden wieder Pfostenlöcher ausgehoben, und das Stadion glänzte im Fahnenschmuck. Am Festtag marschierten braune Kolonnen hinter ihren Standarten unter Marschmusik auf das Spielfeld. 1941 wurden schließlich die südniedersächsischen Bannvergleichswettkämpfe der Hitlerjugend nach Holzminden vergeben, und Leichtathleten aus den Gauen Göttingen, Einbeck und Northeim trafen sich an der Weser.

Mit dem Krieg enden die Eintragungen in den hier benutzten Akten.

Abb. 5: Die Betriebsmannschaften der Finanzämter Hameln und Holzminden anlässlich eines Fußballspieles auf dem Jahnplatz 1958. (Vorl.: Finanzamt Holzminden)

Anmerkungen

1 KIECKBUSCH, Klaus: 1894-1994: Hundert Jahre Gymnasium an der Wilhelmstraße. Ein Haus feiert Geburtstag (Campe-Schul-Heft, 1). Holzminden 1994.

2 JAHNS, Werner: Der Turnplatz an der Steinbreite und die Apfeldiebe. In: Jahrbuch für den Landkreis Holzminden 21 (2003), S. 137-138.

3 Campe-Gymnasium Holzminden: Schulakte III 8 k.

4 Stadtarchiv Holzminden: Akte „Einrichtung eines Sportspielplatzes an den Teichen".

5 Wilhelm Grupe (9.2.1871 Kemnade – Holzminden 4.6.1936).

6 Stadtarchiv Holzminden: Akte der Bauverwaltung „Sportplatz – Jahnplatz – an den Teichen".

7 Vgl. z. B. REUKER, Georg u. a.: 150 Jahre MTV 49 Holzminden, 1849-1999 [Außentitel: Festschrift 150 Jahre Turnen und Sport in Holzminden]. (Holzminden 1999), S. 22; Fotografie vom Bau ebd. S. 25.

8 Die Datierung ebd., S. 24, ist falsch.

9 Täglicher Anzeiger [Holzminden] v. 30. Juni 1925.

10 Festschrift für das neunzehnte Kreisturnfest des VII. deutschen Turnkreises (Oberweser) am 11., 12. und 13. Juli 1925 in Holzminden. Holzminden (1925).

11 Wie Anm. 4.

12 1894-1994: 100 Jahre Turnverein Deutsche Eiche Holzminden von 1894 e. V. (Holzminden 1994).

13 Täglicher Anzeiger [Holzminden] v. 9. u. 11. September 1933.

14 Zur Belegung der Holzmindener Kasernenbauten mit Pionieren ab Herbst 1934 vgl. SEELIGER, Matthias: Garnisonstadt Holzminden: Die Geschichte der Kaserne seit 1913 (Holzmindener Schriften, 3). Holzminden 2001, S. 34-41.

15 Arbeitsdienstabteilung 1/185 „Ernst Albrecht von Eberstein", untergebracht im ehemaligen Krankenhaus am Hafendamm.

16 Wie Anm. 4.

17 Stadtarchiv Holzminden: Akte „Geburtstagsfeier des Führers, 20. April". Abb. in: SEELIGER (wie Anm. 14), S. 50.

18 Täglicher Anzeiger [Holzminden] v. 6. u. 8. Juni 1936.

Die Ithklippen im Wandel der Zeit
– Wanderziel, Kletterziel, Naturschutz? –

von Andreas Reuschel

Mit 7 Abbildungen

Wir lieben dich, alter Ith, die wir dich kennen, – treu blieben wir dir für alle Zeit![1]

Von oben aus der Luft betrachtet hat der Ith die Form eines Geh- oder Krückstockes. Dies hat jeder Schüler am Ith im Heimatkundeunterricht gelernt. Der Ith ist zwar 22 km lang, in seiner Südost-Nordwest-Ausdehnung aber nur ein bis zwei Kilometer breit und hat eine Höhe zwischen ca. 300 und 430 m. „Fast der ganze Ith ist teils schwächer, teils stärker kammartig zugeschärft. [...] Der First des Ith senkt sich auf 20 Kilometer Länge nur hier und da zu etwas tieferer Lage, ohne dass dadurch die Geschlossenheit des Höhenzuges, abgesehen vom Pass von Lauenstein, unterbrochen würde. "[2]

Verantwortlich für dieses Aussehen ist der Schichtkamm oder die Schichtrippe des Ith, der während der geologischen Periode des Jura entstand. *Zu Beginn des Malm zog sich das Jura-Meer auf das niedersächsische Becken zurück, an dessen Südrand das Mittlere Weserbergland heute liegt.*[3]

Plastischer, wenngleich auch allgemeiner, sagt dies Friedrich Schreiber in seiner Heimatkunde: *Der Ith, ein Kalksteinrücken [...] Wenn wir im Kalkgestein des Ith Muscheln finden, die versteinert sind, oder Abdrücke von Ihnen, dann muss dort wohl einmal ein Meer gewesen sein, denn Muscheln dieser Art leben nur im Meer. [...] Alle Kalkberge, wo wir sie auch finden, sind einmal Meeresgrund gewesen.*[4]

Dieser Meeresgrund wurde unterschiedlich verdichtet und später gehoben, gesenkt usw. Für die Schichtkämme gilt, dass sie streng dem Ausstrich stark resistenter Gesteine, deren Schichten in der Regel etwa zehn bis zwölf Grad einfallen, folgen. Der Kammbildner besteht beim Ith aus dem resistenten Korallenoolith, der eine Gesteinsformation des Malm (Oberer Jura) ist, die vor 155-150 Millionen Jahren abgelagert wurde. Der Oolith (Eisenstein) ist ein Sedimentgestein, das aus kleinsten Mineralkügelchen (Ooiden) besteht, die durch ein Bindemittel verbunden sind.

„Der Korallen-Oolith und Dolomit (jw2) erreicht wohl 50 m Mächtigkeit und bildet namentlich den Steilhang und die Klippen des Ith, so dass er meistens nur eine recht geringe Breite auf der Karte einnimmt, obgleich er mit den darunter folgenden Hersumer Schichten zusammengefasst wurde. [...] Bei der Umwandlung in Dolomit ist die oolithische Struktur entweder ganz verloren gegangen oder durch mehr oder minder deutliche rundliche Poren ersetzt, und die Fossilien sind gewöhnlich ganz unkenntlich geworden."[5]

Die Resistenz des Korallenoolithes führt dazu, dass er in großem Umfang zu hochwertigem Straßenschotter und Splitt verarbeitet wird,[6] allerdings geschieht dies zur Zeit nur im nördlichen Bereich des Ith.

Die Ithklippen

Der Abstand der Felsen aus Korallenoolith „beträgt am Ith recht gleichmäßig 40 bis 60 Meter".[7] „Die Felsen sind sehr einheitlich gestaltet. Sie bilden die Krönung des Stufenhanges und sind als hohe Bastionen meist perlschnurartig am Hange aufgereiht. [...] Die Felsen lassen sich am ehesten als massige Felsnasen charakterisieren. Die Basis ist etwa 4 bis 6 bis 8 m lang und breit, in der Höhe werden 8 bis 10 m erreicht."[8]

Bei Eschershausen hat der südliche Ith eine Höhe von 390 bis fast 400 m, und *am Südhang fallen die zahlreichen „Ithklippen" auf.*[9] Die Ithbörde davor hat eine Höhe von 100 bis 170 m, so dass der Ith mehr als 200 m über die Börde herausragt.

Wenn man allerdings zur Zeit am Ith vorbeifährt, kann man bei Eschershausen nur schwer Felsklippen erkennen. Die Felsen sind fast ganz von Bäumen verdeckt. Bemerkenswert ist im Augenblick vom Ith der fast geradlinig langgezogene bewaldete Kamm.

Rudolf Behrens zählte 1939 in seinem Kletterführer 16 Klippen für den südlichen Ith (Bereich Dielmisser und Lüerdisser Klippen) auf.[10] Der Führer von Holm Uibrig enthält für den südlichen Ith 26 Klippen und zwar 21 für den Bereich Dielmisser und Lüerdisser Klippen und fünf für den Bereich Holzener Klippen.[11] Hierzu werden die entsprechenden Kletterwege beschrieben. Die Wilhelm-Raabe-Klippe ist z.B. auch *von hinten ohne Kletterei zu erreichen und bietet eine schöne Aussicht auf Raabes Geburtsstadt Eschershausen.*

Götz Wiechmann listet 27 Lüerdisser, sieben Scharfoldendorfer und elf Holzener Klippen auf. Die Dielmisser Klippen erläutert er nicht, da sie *zur Zeit gesperrt* sind, um den Uhu wieder einzubürgern.[12]

Während Behrens sich auf Namen der Lüerdisser und Dielmisser Klippen (Abb. 7) beschränkt, nennt z.B. Richard Goedeke 1991[13] alle Namen dieser sowie der Scharfoldendorfer und Holzener Klippen:

Abb. 1: Ithklippe „Der rote Stein": Aufnahme des Fotoateliers Liebert, Holzminden, um 1900. (Vorl.: Stadtarchiv Holzminden)

Dielmisser Klippen	1	Passkanzeln
	2	Dielmisser Kanzel
	3	Wächter
	4	Sphinx
	5	Fuchswand
	6	Bröckelkante
	7	Großer Drachenkopf
	8	Kleiner Drachenkopf
	9	Würfel
	10	Oberer Quader
	10a	Unterer Quader
Lüerdisser Klippen	1	Grüner Turm
	2	Zwillingsturm
	3	Nordwestl. Buchenschluchtfels
	4	Südöstl. Buchenschluchtfels
	5	Mittagsfels
	6	Mauselochturm
	7	Mauerhakenturm
	8	Kästchen
	9	Pfaffenstein
	10	Haderturm
	11	Kullerkopf
	12	Wechselverschneidungswand
	13	Breite Wand
	14	Mickrige Wand
	15	Wilhelm-Raabe-Klippe
	16	Kleiner Pilz
	17	Pilzstein
	18	Teufelstrichter
	19	Kamel
	20	Hexenkanzel
	21	Krokodil
	22	Twägerstein
	23	Schuppenkopf
	24	Lüerdisser Kanzel
	24a	Probierstein
	25	Steinbruchriffe
	26	Biwakdach
	27	Märzwand

Abb. 2: Ithklippe „Kamelskopf": Aufnahme des Fotoateliers Liebert, Holzminden, um1900.
(Vorl.: Stadtarchiv Holzminden)

Scharfoldendorfer Klippen
1 Teufelsküche
2 Trümmerhaufen
2A Breitmauer
3 Kinaststein, Rest des Kinastturmes, der „Segelfliegerklippe"
4 Bauklotz
5 Bärensteine
6 Scharfoldendorfer Turm

Holzener Klippen
0A Kelchstein
0B Krimskrams
1A Rotesteineck
1B Rotesteinhöhlenwand
1C Schiefe Platte
2A Linke Baumschulenwand
2B Mittlere Baumschulenwand
2C Rechte Baumschulenwand
3 Verschneidungswand
4 Drachenwand
5A Kleine Däumlingswand
5B Däumlingswand
6 Schalenwand
7 Rampenwand
8 Himmelsleiterwand
9 Steinbruchswand
10 Poppenburg-Klippen
11 Hahnenklippen

Für einige dieser Klippen soll ihr Name näher beleuchtet werden: Unter dem Flughang „C" der Ithwiesen erhob sich eine recht charakteristische Felsenklippe, der Kinastturm (auch „Segelfliegerklippe"), die aber in der Abfluglinie störend wirkte und deshalb am 27. April 1937 durch die Pioniere der Garnison Holzminden gesprengt wurde.[14] (Abb. 3) Der Kinastturm war nach Henry Kinast benannt, der ihn erstmals bestiegen hatte. Durch die Sprengung entstand der heutige Kinaststein. Die Trümmer des Kinastturmes liegen östlich davon im Wald.[15]

Um die Namensgebung der Lüerdisser Kanzel *rankt sich die Legende, dass Bonifatius von hier gepredigt habe, nach anderer Version die Erinnerung an Waldgottesdienste im Dreißigjährigen Kriege.*[16]

Früher hieß dieser Felsen auch umgestülpter Pferdefuß, wie überhaupt Felsen nach Tieren bezeichnet werden, so z. B. Kamel, Krokodil, Bärensteine.

Der Pfaffenstein sollte der Sage nach den Dielmissern ihre Sünden vorhalten, als sie während der Vakanz der Pfarrstelle nach 1575 lange Zeit keinen Nachfolger fanden, der die Pfarrerswitwe mit sieben Kindern heiraten wollte.[17] Die Besetzung der Pfarrstelle war an die Bedingung geknüpft, die Witwe zu versorgen, wofür ja sonst die Gemeinde zuständig gewesen wäre!

Vom Falkenhorst holten Kletterer junge Falken herunter. An der Teufelsküche wurde 1934 eine Bronzetafel für Erich Cruse, den *Freund und Kenner seiner Heimat*, angebracht. Der in jenem Jahr verstorbene Apotheker Cruse hat die Ithklippen von 1907 bis 1934 mit Schildern versehen.[18] Die Raabe-Klippe erhielt schon 1931 eine Gedenktafel. *Böse Buben haben das Werk bald zerstört.*[19]

Zu den Felsen im Ith gehören auch Höhlen. Sie sollen allerdings nicht in diesem Aufsatz behandelt werden.

Abb. 3: Die 1937 durch Holzmindener Pioniere gesprengte „Segelfliegerklippe", welche diesen Namen nicht lange tragen konnte: Postkarte, verwendet 1936. (Vorl.: Stadtarchiv Holzminden)

Die Ithklippen in Literatur, Landkarte und Ansichtskarte

Viele Namen der Ithklippen zeigen, dass Menschen diese Klippen mit besonderen Ereignissen verbanden. So ist dies aus der mündlichen Überlieferung und der Literatur zu entnehmen. Die Klippen haben schon früh eine Wirkung auf die umliegenden Menschen ausgeübt. Diese äußert sich auch in der Überlieferung vieler Sagen, so z. B.:

Der Franzosen- oder Totenstein. (Ith.) Oberhalb Lüerdissen erheben sich aus der langgestreckten Kette des Ith sieben Klippen, welche fast alle vom Kamme des Gebirges aus ohne Beschwerde zugänglich sind, nach Südwest aber steil abfallen. Die letzte Klippe heißt der Franzosen- oder Totenstein. Als diese Gegend im Kriege schwer zu leiden hatte, wurde einmal ein französischer Husar von Fölziehausen über den Ith geschickt, um nach dieser Seite hin eine Meldung zu bringen. Auf seinem Ritte kam er auf jene Klippe zu und, unbekannt mit dem plötzlichen Absturze, setzte er sich in scharfem Trabe von der steilen Felswand herunter. Pferd und Reiter

ßolzen.   Jthklippen.

Abb. 4: Postkarte mit Motiv der Ith-Klippen,
verwendet 1919.
(Vorl.: Stadtarchiv Holzminden)

wurden bald darauf zerschmettert unten aufgefunden.[20]

Ulrich Baum hat noch mehr Sagen und Sagenhaftes rund um den Ith gesammelt und veröffentlicht.[21]

Auch in der Literatur findet der Ith Erwähnung, wenn auch erst im 19. Jahrhundert. Wilhelm Raabe nennt im 17. Kapitel seiner Erzählung von 1888 „Das Odfeld", die am 4./5. November 1761 spielt, mehrfach den Dolomit, das Dolomitgeklipp oder die Klippen des Ith.[22] Am 5. November 1761 fliehen mehrere Personen vom Kloster Amelungsborn zur Rotesteinhöhle des Ith durch das Schlachtgetümmel im Bereich Scharfoldendorf/Holzen. Dabei steht die Herrenmühle in Scharfoldendorf dicht vor den Flüchtigen in Flammen. Sie kamen von Scharfoldendorf herum auf die Straße, die auf den Ith führte und ließen Scharfoldendorf zur Rechten. Eigentlich müsste es zur Linken heißen, aber Raabe bedient sich hier der dichterischen Freiheit. Die Klippen passen in das „Schlachtgetümmel" und sind nur ein Stilelement. Auch geht es bei Raabe nicht um die genaue Beschreibung der Schlacht. Er löst auf und verallgemeinert.

Im Gegensatz zur mündlichen Überlieferung und Literatur erscheinen der Ith bzw. die Ithklippen erst im 20. Jahrhundert im Kartenbild. Das „Ur-Messtischblatt" von Eschershausen von 1896 enthält keine Einzeichnung der Ithklippen. Erst im Blatt von 1937 sind Signaturen für die Klippen enthalten. Und die entsprechende topographische Karte von 1975 führt sogar einzelne Namensbezeichnungen der Ithklippen auf: W Raabe-Klippen, Kelchstein.[23]

Anders verhält es sich mit den Postkarten. Bereits um 1900 gab es ganze Postkartenserien (auch kolorierte Postkarten) mit den Ithklippen besonders von dem Fotografen Otto Liebert aus Holzminden (Abb. 4). Später kamen andere Fotografen hinzu. Die Ithklippen wurden fast an allen Orten, die am Ith liegen, angeboten. Ob die Ithklippen sich in der Nähe befinden oder weiter weg, spielt dabei keine Rolle.

Als Kuriosität sei erwähnt, dass sogar ein alkoholisches Erzeugnis, der Ithklippen Bitter der Firma Sander aus Eschershausen, auf dem Etikett eine Ithklippe zeigte (Abb.5). Zuletzt wurde der Bitter noch bei Prange in Sarstedt hergestellt. Seit einigen Jahren ist die Produktion eingestellt.

Der Ith als Wanderziel
Die Reiseführer Ende des 19. Jahrhunderts orientierten sich an den Eisenbahnhaltestellen. Die beschriebenen Touren nahmen immer einen Ausgangs- bzw. Endpunkt an Bahnhöfen (ev. auch an Schiffsanlegern der Weser). Die Bahnhöfe Alfeld, Osterwald, Coppenbrügge und Stadtoldendorf waren solche Punkte für die Wanderer bis zum Bau der Vorwohle-Emmerthaler-Eisenbahn und der Eisenbahn Voldagsen-Duingen-Delligsen, die jeweils von Süden oder Norden am Ith entlang führten. Ernst Görges ließ seine Wanderung über den Ithkamm von Coppenbrügge aus zunächst nach ca. 8 ¾ Stunden in Bodenwerder enden, wo die Postkutsche nach Emmerthal zu erreichen war. (Als es diese Verbindung noch nicht gab, waren für den Weg Bodenwerder–Emmerthal weitere drei Stunden zu veranschlagen, so dass empfohlen wurde, in Bodenwerder zu übernachten und am zweiten Tag über Hehlen und Welsede nach Pyrmont zu wandern.[24]) Von Emmerthal konnte man dann mit dem Zug nach Hameln fahren.[25] Nach Eröffnung der neuen Bahnlinie verlegte er den Endpunkt

Abb. 5: Ithklippen-Bitter. (Aufn.: Verf.)

dieser Tour nach Eschershausen, was die Wegstrecke um etwa eine Stunde verkürzte.[26]

In der 2. Hälfte des 20. Jahrhunderts dienten dann Bushaltestellen als Anfangs- bzw. Zielpunkt von Wanderungen.

Vor 1900 wird die Landschaft sehr anschaulich und plastisch im Stil der Zeit beschrieben. Der Leser der Wanderführer spürt die „Beschaulichkeit" der Landschaft.

Für Touristen, die eine längere Waldpartie mit häufig wechselnden Durchsichten unternehmen wollen, ist kaum ein mehr lohnender Weg aufzufinden, als der über den zugespitzten Kamm des Iths. Doch ist die Wanderung nicht mühelos, denn vom Aufstiege zum Poppenstein an steigt und fällt der Höhenzug mehrmals nicht unerheblich, auch findet man neben guten Wegen pfadlose Strecken, auf denen nur die Grenzsteine den Rücken des Berges bezeichnen und die einzuhaltende Richtung angeben. Man versorge sich mit Speise u. Trank, denn Wasser gibt's auf dem Ithkamm nicht.[27]

Das Ithgebirge erstreckt sich von S. O. nach N. W. in einer Länge von 22 Km. von Holzen bei Eschershausen bis Coppenbrügge, wo es in N. umbiegt und noch ca. 5 Km. nach S. O. läuft. Wie beim sogenannten Kl. Deister, den Weserbergen – Hohenstein bis zur Porta etc. – so auch beim Ith gewahren wir, dass der Kamm dieser Gebirgszüge mit den oft gewaltigen Felsmassen des unverwitterbaren harten Dolomits der Juraformation gekrönt ist, der sich zu gigantischen, höchst malerischen Formationen auftürmt. Das Auge wird abwechselnd durch prächtige Landschaftsbilder von den schmalen, steil nach Westen abfallenden Felsvorsprüngen und durch überraschende, wahrhaft romantische Formbildungen der Felspartien überrascht und angezogen. Dazu kommt der prächtige Hochwald, der Reichtum besonders auch für den Botaniker bemerkenswerter Pflanzen und Moose.[28]

[...] – und dann – die Klippen schimmern schon durch den Wald – eine ganz kleine Strecke links abwärts. Hier läuft ein Fußweg unterhalb des Kammes, von dem ein Pfad auf fast jede der Klippen führt. Man besuche einige derselben; besonders die ersten sind interessant. In Turmhöhe erheben sich vom Fuß des Ith diese mächtigen Felskolosse, oben an den Kamm angelehnt, so dass das Besteigen keine Mühe mehr bietet; wunderbarer Blick auf den Wald tief unten und die Wände der benachbarten Klippen; schöner Blick auch ins Eschershäuser Tal und auf den Vogler. Zur Orientierung: Vor Eschershausen, das an seiner weißen Schule und Kirche kenntlich, am jenseitigen Berghang liegt, [...].[29]

Puritz bzw. Reissert erwähnen dann ausdrücklich das Besteigen der Felsen: *Ithklippen. Diese Dolomitklippen, anfangs Dielmisser, weiterhin Lüerdisser Felsen genannt, ziehen sich fast ½ St. lang r. vom Kamm hin. Nicht alle sind besteigbar. Besonders lohnend ist die Aussicht von den beiden letzten der zusammenhängenden*

Reihe, 1 St. 20 Min. von der Haller Nase. Hinter den Felsen weiter auf dem Kamm bis zur Chaussee.[30]

Otto Dieckhoff beschrieb als erster einzelne Felsen und nannte deren Namen: *Bei Stein 24 E l. der erste besteigbare Felsen, der dritte der ganzen Reihe. Der vierte Felsen, „Krokodil", gewährt die schönste Aussicht auf das Lennetal und seine Berge, vor allem auf die anderen Felsen. Der sechste Felsen ist der wunderbare „Kamelskopf", der siebente der „Teufelstrichter", der achte der „Pilzstein mit Höllentor", aus dem ständig Wasser tropft. Bald hinter dem zehnten Felsen („Pfaffenstein") r. zum Kammweg bei Stein 24K und l. weiter. Nach 7 Min. l. unterhalb die Dielmisser Klippen.*[31]

Viele Reiseführer unterteilen später den Ith in mehrere Teilwanderungen, so wird z.B. ein *Lüerdissener Ithklippenweg* von Konrad Fleischmann beschrieben: *Eschershausen–Rothenstein–Ithkamm–Dielmissen–Busfahrt nach Eschershausen […] Im Südteil des Ith kommen Gelegenheitsmarschierer bei nur geringer Anstrengung auch voll auf ihre Kosten. […] Vorm Gasthaus Hundertmark im Eschershausener Stadtteil Scharfoldendorf lassen wir diese 3stündige Ithrunde beginnen. […] Endpunkt des Höhenweges ist (an diesem Wandertage) die Dielmisser Kanzel, von der man noch einmal tief ins Lennetal hinunterschaut. Endpunkt der Tagestour ist am Abend die Dielmisser Bushaltestelle.*[32]

Ulrich Tubbesing beschreibt eine Wanderung auf dem Ith von Coppenbrügge bis Scharfoldendorf. Er nennt als Ausgangspunkt den Bahnhof in Coppenbrügge und als Endpunkt die Bushaltestelle in Scharfoldendorf, die der Wanderer aber bis 16:30 Uhr erreichen muss, um mit dem Bus zurück zum Bahnhof Hameln zu fahren. *Ein weiterer Kammeinschnitt heißt Dielmisser Pass, ihm folgen im Gegenanstieg die Dielmisser Klippen sowie die mächtige Reihe der Lüerdisser Klippen. Hier erreichen die Felsformationen des Ith ihre größten Ausmaße. Leider lassen sich viele Kalktürme wie z. B. der bekannte Kamelkopf am Kammweg gar nicht recht würdigen, sie kommen erst von unten voll zur Geltung.*[33] (Abb. 2)

Während für die Wanderer die Ithklippen ein lohnendes Ziel sind, gilt für die Mountain-Biker der Ith als *Powergelände*. Die Ithklippen spielen hierbei sicherlich keine Rolle. Und wer beim Mountain-Biken zu sehr nach den Klippen schaut, muss mit einem Sturz rechnen.

In dem Mountain-Bike-Führer von Frank Klose[34] wird auch eine Tour über den Ithkamm beschrieben, die in Eschershausen beginnt und nach 68,5 Kilometern in sechs bis sieben Stunden bei einem Anstieg von insgesamt 1595 Höhenmetern wieder in Eschershausen endet. Die Strecke wird als schwer bis extrem beschrieben. *Der Ithkamm ist so ein Powergelände, wo 20 Kilometer teils verblockter Singletrail am Stück das Ganze zum Trialspaß der härteren Art machen. Könner werden mit der Zunge schnalzen und technisch weniger Versierte werden near by Verzweiflung sein, wenn sie ihr Bike hier entlang steuern. Holprige Wurzelpassagen, diverse Felsen,*

Eine der vielen phantastischen Dolomit-Klippen am Ith-Kamm ist „der Kamelskopf". Die Klippen sind bekannt als bevorzugtes Übungsgelände für angehende Alpinisten. In der geologisch besonders interessanten Schichtstufenlandschaft am Rande der Hilsmulde horstet noch — einzig in Norddeutschland — der Wanderfalke. Frei und ruhig, wie sein Flug über der Tiefe, wird hier Leib und Seele!

Printed in Germany — Imprimée en Allemagne
Druck: C. Bruns oHG, Eschershausen III/55 10 000

Stadt
Eschershausen
am klippenreichen Ith
und romantischen Hils
lädt herzlich ein!

Abb. 6: Werbeprospekt der Stadt Eschershausen am klippenreichen Ith ... 1950er-Jahre.
(Vorl.: Slg. Reuschel)

kurze Abfahrten und fiese Anstiege ergeben eine konditionsintensive Mixtur, die für reichlich stramme Waden sorgt.

Der Ith als Kletterparadies

Um 1900 begann durch den Einfluss des Kletterns im Elbsandsteingebirge auch die „Erschließung" der Felsen des Weser-Leine-Berglandes. Verstärkt wurden die Bemühungen im Ith wohl erst in den 1930er Jahren. Bei einigen Felsen erfolgte die Besteigung dabei zuerst mit einer Sicherung von oben. So schoss man am Kinastturm, der 1937 als sog. „Segelfliegerklippe" gesprengt wurde, einen Zwirnsfaden mit einem Katapult über den Gipfel. An diesem Faden zog man ein

Seil nach, mit dem dann der erste Bezwinger dieses Felsens von oben gesichert werden konnte.[35] Rudolf Behrens gab 1939 einen Kletterführer für Niedersachsen heraus, in dem auch die Ithklippen ausführlich beschrieben wurden.

Ein Werbeprospekt aus den 1950er Jahren nennt die Ithklippen ein bevorzugtes Übungsgelände für angehende Alpinisten (Abb.6).

Und schließlich findet das Klettern am Ith auch Erwähnung in den allgemeinen Reiseführern: *Wer auf dem Kammweg von Eschershausen nach Lauenstein und Coppenbrügge wandert, findet ungestörte Einsamkeit, abenteuerliche Klippen und bizarre Felsgebilde. An den bis zu 40 m hohen, steilen Felsen beiderseits der Passstraße Lüerdissen–Capellenhagen erproben angehende Alpinisten mit Seil, Felshaken und Sturzhelm gern ihre Kletterkünste. Man findet außerdem einen Wackelstein, der nicht wackelt, man findet eine Höhle und immer wieder weite Ausblicke über das Lennetal zum Vogler und über das Saaletal zum Thüster Berg.*[36]

Die genannten Kletterführer von Goedecke und Wiechmann zeigen mit vielen Abbildungen die einzelnen Kletterrouten. Detailliert werden diese beschrieben mit Schwierigkeitsgrad sowie die Erstbesteiger und ersten Freikletterer.

Leider ist das Klettern in den Ithklippen nicht ungefährlich. Die folgende Auflistung der Kletterunfälle[37] im südlichen Ith seit 1999 basiert auf den in Holzminden erschienenen Zeitungsmeldungen. Sie zeigt, dass regelmäßig mit Unfällen zu rechnen ist:

9. August 1999	(TAH v. 10.8.1999: *Zwölfjähriger beim Klettern abgestürzt – tot*)
1. September 2001	(TAH v. 4.9.2001: *Wieder stürzt am Ith ein Kletterer ab*)
13. Oktober 2001	(TAH v. 15.10.2001: *39-jähriger Mann schwer verletzt*)
9. Mai 2002	(TAH v. 11.5.2002: *Erneut schwerer Kletterunfall am Ith*)
13. September 2003	(TAH v. 15.9.2003: *49-jähriger Berliner stirbt bei Kletterunfall auf dem Ith*)
17. März 2004	(TAH v. 18.3.2004: *Kletterunfall am Ith geht glimpflich aus*)
4. September 2004	(TAH v. 7.9.2004: *25-jähriger stürzt von Ith-Klippe*)
2. Mai 2005	(TAH v. 6.5.2005: *16-jähriger Schüler stürzt von Ith-Klippe*)
14. Mai 2005	(TAH v. 17.5.2005 betr. Kletterunfall)
21. Mai 2005	(TAH v. 23.5.2005 betr. Kletterunfall in den Ithklippen)
9. Juli 2005	(TAH v. 11.7.2005: *Kletterer stürzt von Ith-Klippen*)
27. August 2005	(TAH v. 29.8.2005: *Erfahrene Kletterin abgestürzt*)
25. Juni 2008	(TAH v. 26.6.2008: *Ith-Kletterer bei Absturz schwer verletzt*)
11. September 2008	(TAH v. 13.9.2008: *Ith-Kletterer stürzt 15 Meter in die Tiefe*)
14. September 2008	(TAH v. 16.9.2008: *Schon wieder Kletterunfall am Ith*)
1. u. 2. Mai 2009	(TAH v. 4.5.2009: *Feuerwehr kämpft gleich zweimal gegen Blechlawine*)

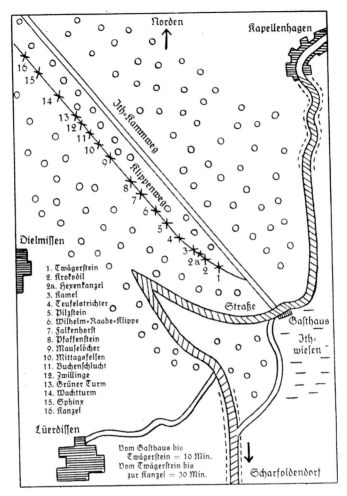

Abb. 7: Skizze von den südlichen Ithklippen (Lüerdisser und Dielmisser Klippen. (Vorl.: BEHRENS, S. 57)

Dazu die Holzmindener Tageszeitung: *Wenn bei sommerlichen Temperaturen ein langes Wochenende bevorsteht, können sich die Kameradinnen und Kameraden der Freiwilligen Feuerwehr Eschershausen schon mal auf Rettungseinsätze am Ith vorbereiten. Mit Anbruch der Kletterzeit kommt es in trauriger Regelmäßigkeit zu Abstürzen oder Unfällen an den Ithklippen.*[38]

Die Klippen als Naturdenkmale

Eine Einschränkung erfährt das Klettern im Ith durch den Naturschutz. Jene Klippen, die nicht bestiegen werden dürfen, sind besonders gekennzeichnet.

Schon 1905 hatte Professor Rudorff, einer der Urheber der Naturschutzbewegung, die erste Initiative für einen Naturschutz im nördlichen Ith unternommen. 1939 wurde im südlichen Ith das Natur- und Landschaftsschutzgebiet Buchenbrink und Hahnenklippe bei Holzen geschaffen. Als Naturdenkmale wurden durch Verordnung vom 2. August 1940 folgende Klippen und Höhlen im südlichen Ith unter Schutz gestellt: Pfaffenstein, Falkenhorst, Wilhelm-Raabe-Klippe, Pilzstein, Teufelstrichter, Kamelskopf, Krokodil, Twägerstein, Teufelsküche, Rotesteinhöhle, Kinderhöhle, Töpferhöhle, Nasenhöhle, Soldatenhöhle.[39]

Die Tochter von Professor Rudorff stellte 1948 beim Landkreis Hameln-Pyrmont einen Antrag, Teile des Ith unter Schutz zu stellen.[40] Es gab noch mehrere weitere Versuche, den Ith zum Naturschutzgebiet zu machen. Alle diese Versuche scheiterten. Erst im Januar 2008 wurden vom Ith mit seinen Buchenwäldern und seltenen Tier- und Pflanzengemeinschaften 2715 Hektar auf einer Länge von ca. 20 km unter Naturschutz gestellt. *Auch zukünftig werden die Menschen die Natur des Ith auf vielfältige Weise erleben können: Sämtliche Wandermöglichkeiten bleiben erhalten, Radfahren ist auf gekennzeichneten Radwegen und auf Fahrwegen zulässig. Ebenso wird die Ausübung des Klettersports an speziell vor Ort gekennzeichneten Felsen möglich sein. Weitere Freistellungen von den Verboten der Verordnung stellen sicher, dass naturverträgliche Erholungsnutzungen nicht zurückstehen müssen.*[41]

Die für den Naturschutz zuständigen Behörden, der Vorstand der IG Klettern Niedersachsen sowie die Waldeigentümer haben deshalb alle Felsen genauestens untersucht und eine *Kletterkonzeption für den Ith* schriftlich fixiert. *Jede der 26 Felsformationen des Ith sei ein Biotop.* Durch Hinweisschilder wird gekennzeichnet, wo das Klettern zukünftig erlaubt ist.[42]

Anmerkungen

1 Ferienland Weserbergland: erlebt und erlauscht. [...]. Herausgegeben in engster Zusammenarbeit mit dem Verkehrsverband Weserbergland e.V., Hameln. Hannover 1954, S. 19.

2 SPÖNEMANN, Jürgen: Geomorphologische Untersuchungen an Schichtkämmen des Niedersächsischen Berglandes (Göttinger geographische Abhandlungen, 36). Göttingen 1966, S. 31-32.

3 KLINK, Hans-Jürgen: Das naturräumliche Gefüge des Ith-Hils-Berglandes: Begleittext zu den Karten (Forschungen zur deutschen Landeskunde, 187). Bad Godesberg 1969, S. 11.

4 SCHREIBER, Friedrich : Heimatkunde für den Landkreis Holzminden und das Land an der Oberweser. Ausgabe Holzminden 1994, S. 111.

5 KOENEN, A[dolf] von u. O[skar] GRUPE: Blatt Eschershausen [...] (Erläuterungen zur Geologischen Karte von Preußen und benachbarten Bundesstaaten, hrsg. v. der Königlich Preußischen Geologischen Landesanstalt. Lieferung 152). Berlin 1910, S. 22 u. 24.

6 Lepper, Jochen u. a.: Beiheft zur Geologischen Wanderkarte Mittleres Weserbergland mit Naturpark Solling-Vogler 1:100.000 (Beiheft zum Bericht der Naturhistorischen Gesellschaft Hannover, 10). Hannover 1991, S. 7.

7 Spönemann (wie Anm. 2), S. 103.

8 Suchel, Alfred: Studien zur quartären Morphologie des Hilsgebietes (Göttinger geographische Abhandlungen, 17/4). Göttingen 1954, S. 77.

9 Schreiber (wie Anm. 4), S. 111.

10 Behrens, Rudolf: Die Felsen Niedersachsens: Kletterführer. Hannover 1939, S. 55-63.

11 Uibrig, Holm: Die Felsen Niedersachsens: Kletterführer begonnen von R. Behrens. 3. Aufl. Hannover 1965, S. 74-99.

12 Wiechmann, Götz: Leben in den Felsen: Klettern im Weser-Leine-Bergland. 3. Aufl. Kassel 1996, S. 140-233.

13 Goedeke, Richard: Weser-Leine-Bergland: Kletterführer [...]. München 1991, S. 128-214.

14 Helmer, Hermann: Eine Reise in die Vergangenheit (Chronik von Holzen). Masch.schr. Holzen 1945, S. 6.

15 Goedeke (wie Anm. 13), S. 190.

16 Wienke, Hans-Martin: Führer durch den Ith und Umgebung. Holzminden 1981, S. 16.

17 Ebd., S. 19.

18 Helmer (wie Anm. 14), S. 5.

19 Ebd., S. 6.

20 Teiwes, A[ugust]: Die Sagen des Kreises Holzminden. Holzminden 1931, S. 82.

21 Baum, Ulrich: Ithland Sagenland: Sagen und Sagenhaftes rund um den Ith. Horb 1987.

22 Raabe, Wilhelm: Das Odfeld. In: Wilhelm Raabe: Sämtliche Werke [Braunschweiger Ausgabe], Band 17. 2. Aufl. Göttingen 1981, S. 5-220; hier S. 140 ff.

23 Königlich-Preuss-Landesaufnahme 1:25000 Blatt Eschershausen 1896; Topographische Karte 1:25000 Blatt Eschershausen 1937; desgl. Ausgabe 1975.

24 Puritz, Ludwig: Der Hannoversche Tourist [...]. 3. Aufl. Hannover 1879, S. 33.

25 Görges, E[rnst]: Wegweiser durch das Wesergebiet von Münden bis Minden [...]. 5. Aufl. Hameln 1889, S. 66-67.

26 Ders.: Wegweiser durch das Weserbergland [...]. 7. Aufl. Hameln 1902, S. 72-73.

27 Puritz, Ludwig: Der Hannoversche Tourist [...]. 5. Auflage Hannover 1886, S. 58.

28 Mitglieder des Hannoverschen Touristen-Vereins (Hrsg.): Illustrirtes Wanderbuch für die Umgegend von Hannover, Hannover o.J. (wohl um 1890), S. 45.

29 Ebd., S. 64.

30 Reissert, Oswald: Ludwig Puritz' Hannoverscher Tourist. 10. Aufl. Hannover 1904, S. 120.

31 Dieckhoff, O[tto]: Führer durch das Oberwesergebiet. 2. Aufl. Kassel 1921, S. 244. Wohl hieraus übernommen dann auch in: Weserbergland [...] (Grieben Reiseführer, 45). 15. Aufl. Berlin 1931, S. 95.

32 Fleischmann, Konrad: Wanderbuch Teutoburger Wald, Weserbergland [...]. München 1983, S. 101.

33 Tubbesing, Ulrich: Weserbergland: 50 ausgewählte Wanderungen. 2. Aufl. München 2002, S. 68-71.

34 Klose, Frank: Weserbergland Teutoburger Wald (Mountain Bike aktiv). Stuttgart 1998, S. 87 ff.

35 Wiechmann (wie Anm. 12), S. 8.

36 Garfs, Joachim: Das Weserbergland zwischen Münden und Minden. 4. Aufl. Hameln 1997, S. 85.

37 Dazu vgl.: Kletterunfälle 99-08. In: Der Klemmkeil. Das norddeutsche Klettermagazin 30 (2008), H. 2 S. 41.

38 Täglicher Anzeiger [Holzminden] (nachfolgend zitiert als: TAH) v. 4. Mai 2009.

39 Tacke, Eberhard: Der Landkreis Holzminden (Die Landkreise in Niedersachsen, 4). Bremen-Horn 1951, S. 222.

40 Allg. vgl. Ludwig, Lidia: Ernst Rudorff und Elisabeth Rudorff – Die Anfänge des Naturschutzes am Beispiel Ith (4. Projekt). Masch.schr. Hannover 2001.

41 TAH v. 14. Februar 2008.

42 Schilder zeigen Kletterern die erlaubten Stellen. In: TAH v. 25. Mai 2009. Vgl. im Internet: www.ig-klettern-niedersachsen.de

Die romanische Stadtkirche St. Nikolai in Bodenwerder – Ein Rekonstruktionsversuch

von Thomas Küntzel

Mit 7 Abbildungen

Bei der Sanierung der evangelischen Stadtkirche St. Nikolai in Bodenwerder wurde 1984/85 der Untergrund im Kirchenraum archäologisch untersucht. Dabei kamen die Fundamente einer „kleinen Kapelle" sowie Mauerreste zum Vorschein, die sich an diese Kapelle anschlossen (Abb. 1).[1] Die Kapelle besteht aus einem nahezu quadratischen Raum von 5,60 x 6,90 m Größe mit einer um Mauerstärke eingezogenen Apsis. Die Wände sind knapp 80 cm stark. Die anschließenden Fundamente sind hingegen nur 50 bis 60 cm breit. Sie formen drei breite Kreuzarme nach Süden, Norden und Westen, wobei die Stirnseiten dieser Arme 10,8 m (im Westen) bzw. 11,7 und 12 m breit sind (im Süden bzw. Norden). Von der quadratischen Kapelle aus, die sich in der Mitte der Ostseite dieses „T" befindet, ragen die Fundamente des Kirchenbaus je 5,80 m nach Süden bzw. Norden. Der Hauptraum der Kapelle liegt zu mehr als der Hälfte innerhalb dieses Gebäudes.

Während der Grabung wurde dieser Befund dahingehend interpretiert, dass eine annähernd quadratische Kapelle in einer zweiten Phase um ein größeres Kirchenschiff ergänzt wurde. Nach Auffassung des Autors repräsentiert die Kapelle aber nur die erste Bauphase in einem als Ganzes konzipierten Kirchenbau und umfasst speziell den Chorraum. Aufgrund der größeren Fundamentstärke ist die Chorkapelle wohl als massiver Steinbau zu rekonstruieren, während sich über den westlich anschließenden Mauerzügen ein Fachwerkbau erhob. Die „Kapelle" soll daher im Folgenden als „Chorkapelle" bezeichnet werden. Sie erhebt sich wohl auf einem ehemaligen Platz bzw. einer älteren Pflasterung aus Flussgeröllen, etwa 1,6 m unter dem modernen Fußbodenniveau (vgl. Abb. 2b). Unmittelbar über der Pflasterung sind mehrere Schwemmschichten abgelagert worden. Der anstehende Auenlehm beginnt in ca. 1,7 bis 1,8 m Tiefe. Im südlichen Seitenschiff haben

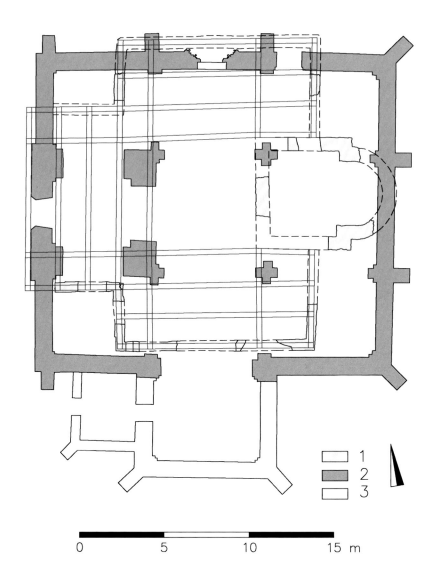

Abb. 1: Grundriss der Nikolaikirche in Bodenwerder mit den Grabungsbefunden und den Bauphasen,
1: romanische Kirche des 13. Jahrhunderts, 2: gotische Kirche des frühen 15. Jahrhunderts,
3: Anbauten von 1899. (Zeichnung Verf. nach Kruse (wie Anm. 1), S. 230)

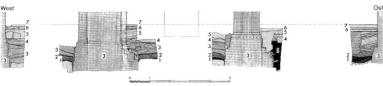

Abb. 2a (*oben*): Grabungsprofil durch die Nikolaikirche, Blick nach Norden (K.-B. Kruse). Die Nummern bezeichnen die Bauphasen. 1 und 2: romanische Kapelle/Fachwerkkirche, 3: spätgotische Kirche (links der Mitte: Turmpfeiler, rechts der Mitte: nordöstlicher Pfeiler), 4-7: jüngere Fußbodenhorizonte. Gestrichelt: modernes Fußbodenniveau; in der Mitte ist das (heute verschlossene) Nordportal eingezeichnet.

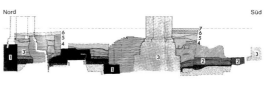

Abb. 2b (*unten*): Grabungsprofil durch die Nikolaikirche, Blick nach Osten (K.-B. Kruse). 1-1: Fundamente der Chorkapelle, 2: Fundamente und Schichten der Fachwerkkirche, 3: Pfeiler und Mauern der spätgotischen Kirche. Punktraster: Auelehm. Das Profil beginnt am nordöstlichen Innenpfeiler der Kirche und reicht bis an die südliche Außenwand des gotischen Baues.

sich anscheinend nur Verfüllschichten, aber keine Pflasterung erhalten. Von den absoluten Höhenniveaus her sind hier wohl auch solche Schichten dem Erstbau zuzurechnen, die während der Grabung der zweiten Phase zugeordnet wurden. Diese Schichten stoßen gegen die Fundamente des älteren Kirchenschiffes. Demnach gehören Chorkapelle und Kirchenschiff tatsächlich zu einer gemeinsamen Nutzungsphase (oder die Chorkapelle wurde in einer späteren Phase errichtet, um einen Fachwerkchor zu ersetzen). Außerhalb der Kirche, am südwestlichen Strebepfeiler, wurde eine Grube untersucht, die 3,8 m tief reichte und in 2 m Tiefe mit zwei Bohlen abgedeckt gewesen war. Wahrscheinlich handelt es sich um eine Abfallgrube aus der Zeit vor dem Bau der Kirche. Nach Westen schloss die Chorkapelle mittig mit einem hoch aufragenden Mauerstück ab, das vielleicht zu einer Art Chorschranke gehörte. Diese Mauer könnte auch errichtet worden sein, nachdem man für den gotischen Neubau die östliche Apsis der Chorkapelle abgerissen hatte, aber der verbliebene Kirchenbau im Westen noch benutzt werden sollte. Dies würde für einen planmäßig durchgeführten Neubau sprechen und gegen eine vorangegangene Zerstörung, etwa durch den Brand der Holzkirche (vgl. Abb. 6 zu einer vergleichbaren Bauabfolge bei Dorfkirchen). Ob während der Grabung Brandspuren beobachtet worden sind, wäre anhand der Grabungsfotos und der Befundbeschreibungen zu prüfen, was für diesen Beitrag jedoch nicht erfolgt ist.

Die Hinweise auf das Alter der beiden Kirchenbauten sind recht vage. Die älteste Keramik gehört dem 13. Jahrhundert an (u. a. Siegburger Steinzeug und Faststeinzeug, geriefte graue und gelbe Irdenware). Eine Zeitstellung der Funde um

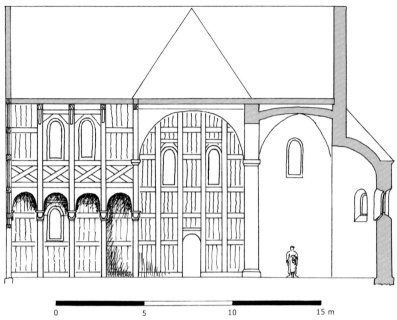

Abb. 3: Rekonstruierter Längsschnitt durch die romanische Nikolaikirche. (Zeichnung: Verf.)

1200 wäre zwar gegebenenfalls denkbar, aber eine Datierung um 1240 ist nicht ohne weiteres auszuschließen. Dieser Zeitansatz würde gut zu den historischen Daten passen: Die erste Erwähnung der Stadtkirche St. Nikolai datiert in das Jahr 1245, als der Edelherr Heinrich II. von Homburg (bezeugt 1229-1289) nach Streitigkeiten um die Herrschaft über die Stadt (Boden-)Werder die Insel von Abt Hermann von Corvey übertragen bekam.[2] Dem Kloster Kemnade sollten die Rechte an der Kirche erhalten bleiben, ebenso der Zins daraus. Vielleicht war die Gründung der Stadt der Anlass für den Streit der Homburger mit Corvey; dann wäre die Siedlung mit der Kirche kurz vor 1245 angelegt worden. Auf Konflikte um die Stadtherrschaft bzw. die Kontrolle des hiesigen Wesertales deutet die unvollendete Anlage der Lauenburg bei Heyen hin, die aber aufgrund mangelnder Funde nur ungefähr in das 12./13. Jahrhundert datiert werden kann.[3]

Die Edelherren von Homburg verfügten über Vogteirechte des Klosters Kemnade, das damals als ihr Hauskloster betrachtet wurde. Diese Vogteirechte können die Grundlage für das Stadtprojekt gewesen sein. Der spezielle Name „Bodenwerder" wurde dem Ort erst um 1287 durch Edelherr Heinrich II. von Homburg in Anlehnung an den Namen seines Vaters, Bodo, verliehen. Die Nikolaikirche wird lange Zeit sowohl als Kapelle wie als Kirche bezeichnet, was auf den abhängigen

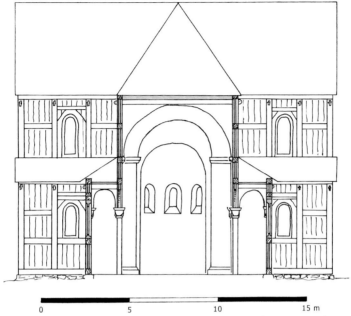

0   5   10   15 m

Abb. 4: Rekonstruierter Querschnitt durch die romanische Nikolaikirche. (Zeichnung: Verf.)

Status von der Klosterkirche Kemnade bzw. der dortigen Pfarrkirche St. Dionysius zurückzuführen ist.[4] Die Nikolaikirche besaß selbst wohl kein Begräbnisrecht, denn das Marktpflaster reichte den archäologischen Untersuchungen zufolge bis an die romanischen Mauern der Kapelle heran. Die Bürger von Bodenwerder bestatteten ihre Toten statt dessen an der Kemnader Dionysiuskirche. 1407 wird in Bodenwerder eine Kapelle zu Ehren der Heiligen Maria, des Vitus und der Katharina gestiftet, zusammen mit der Anlage eines Friedhofes, wobei es sich um die spätere Gertrudenkapelle auf dem Hof des Egbrecht von Vrenke an der Stadtmauer handelt. Der Bau wurde jedoch erst später ausgeführt (oder verändert), da das Dach der Gertrudenkapelle dendrochronologisch auf 1419/20 datiert ist.[5] Die Nikolaikirche soll zur gleichen Zeit neu errichtet worden sein, nachdem sie, wie angenommen wird, um 1400 zerstört worden war (vielleicht bei dem großen Stadtbrand 1397 oder in der Eversteiner Erbfolgefehde um 1404-09). Leider gelang es nicht, die Pfähle zu datieren, auf denen die Mauern der spätgotischen Kirche gegründet wurden. Vielleicht nutzte man aber das Steinwerk auf dem Vrenke'schen Hof provisorisch für Gottesdienste, während der Neubau im Gange war.[6] Dieser Neubau war offenbar mit erheblichen statischen Problemen verbunden, wie die Grabungen gezeigt haben: Der den Turm tragende nordwestliche Pfeiler im Kirchenraum war

Abb. 5: Bau einer Holzkirche: Darstellung auf einem Glasfenster im Chorumgang der Kathedrale von Chartres. (Ahrens 1993 (wie Anm. 21), Abb. 12 nach G. Binding)

um mehr als einen halben Meter gegenüber dem nordöstlichen Pfeiler und um 0,3 m gegenüber der Westwand der Kirche abgesackt (Abb. 2a). Aber auch am nordöstlichen Pfeiler ist aufgrund der nach unten biegenden, seitlich antreffenden Schichtenverläufe eine Sackung anzunehmen – wodurch der Sackungsbetrag des Nordwestpfeilers noch einmal um einen ungewissen Wert anzuheben ist. Zusätzlich ist dieser Pfeiler auch nach Osten geneigt. Die statischen Probleme des Geländes können bereits beim Bau der romanischen Chorkapelle sichtbar geworden sein, weshalb man sich damals mit einem Kirchenschiff aus Holz begnügte. Die Schiefe des spätgotischen Turmes ist auch von außen gut sichtbar, etwa an der Westseite oder am Dachansatz des Seitenschiffes zum Marktplatz hin. Ähnliche Bauschäden traten im Kirchenbau übrigens immer wieder auf; so drohte der Ulmer Münsterturm 1492/93 einzustürzen und musste aufwändig abgefangen werden.

Die Nikolaikirche liegt am südwestlichen Ende des lang spindelförmig ausgezogenen Marktplatzes von Bodenwerder, zwischen der Münchhausenstraße im Westen und der Königstraße. Aufgrund der topographischen Lage ist ihre Längenausdehnung sehr beschränkt, was zu dem charakteristischen, nahezu quadratischen Grundriss der heutigen Kirche führte. Doch wie sah die Kirche aus, die sich aus den Fundamenten unter der heutigen Kirche ergibt? Lässt sich ihr Aufbau aus den mageren Resten rekonstruieren? Es ist natürlich sehr gewagt, eine solche Rekonstruktion zu versuchen, zumal die Konstruktionsweise der Kirche, ein Fachwerkbau auf einem Schwellbalkenfundament, kaum mehr als den groben Umriss im archäologischen Befund erkennen lässt. Der im Folgenden vorgestellte Rekonstruktionsversuch wirkte jedoch auf den Verfasser so stimmig, dass er wohl eine gewisse Plausibilität für sich beanspruchen kann und zur Diskussion gestellt werden soll.

a.　　　　b.　　　　　　　　c.

Abb. 6: Bauentwicklung von der romanischen Holzkirche zum Steinbau am Beispiel einer dänischen Dorfkirche. (nach Nyborg, Ebbe: The middle ages and more recent times: church and cloister. In: Digging into the past: 25 years of archaeology in Denmark, hrsg. v. Steen Hvass u. Birger Storgaard. Aarhus 1993, S. 242-247, hier S. 242)

Ausgangspunkt für die Rekonstruktion der Kirche war die Überlegung, dass der nördliche und der südliche Querarm des Grundrisses jeweils nahezu 12 m breit sind, und damit im Mittelalter kaum von durchgehenden Deckenbalken überdacht worden sein können. Es muss also ein System von Binnenpfosten gegeben haben, die die Deckenbalken abstützten. Von solchen Pfosten ist bei den Grabungen nichts beobachtet worden, aber vielleicht hatte man sie auf nur schwach eingetiefte Steinblöcke gestellt, die beim Neubau der Kirche beseitigt wurden. Wahrscheinlich wurde durch die Stützpfosten jeweils ein breites Mittelschiff und schmale Abseiten geschaffen. Nimmt man die Breite der Chorkapelle zum Maßstab, ergibt sich für das Mittelschiff eine Weite von etwa 6 m, für die begleitenden Seitenschiffe im Norden und Süden des westlichen Hauptarmes von etwa 1,5-1,6 m (Abb. 4, zuzüglich der Pfostenbreite für die Stützen, die für das Modell mit 0,3 m angesetzt wurde). Bemerkenswerterweise erhält man für die Querarme im Norden und Süden ein entsprechend breites Hauptschiff von annähernd 6 m Weite und jeweils einem etwa 1,5 m breiten Seitenschiff im Westen. Im Osten ergeben sich größere Seitenräume von je 3 m Tiefe. Die angenommene Trennwand zwischen dem Hauptschiff der Querarme und den seitlichen Räumen im Osten verläuft genau in Höhe der Westwand der Chorkapelle, weshalb die östlichen Nebenräume – in Analogie zu anderen romanischen Kirchenbauten - am ehesten als Seitenkapellen zu deuten sind. Bei massiven Steinkirchen, etwa auch der Klosterkirche Kemnade, sind diese Seitenkapellen oft als halbrunde Apsiden ausgeführt, bei den Klosterkirchen der Zisterzienser auch als rechteckige Nebenräume – ähnlich, wie dies bei der Nikolaikirche der Fall ist. Die Seitenkapellen sind in der Rekonstruktion je drei Gefache zu 1,5 m breit, insgesamt etwa 5,4 m (mit einem Ständer direkt an der Chorkapelle). Die Querarme laden gegenüber dem westlichen Hauptarm der Kirche nach Süden und Norden um je zwei Gefache zu 1,5 m Breite aus (ca. 3,4 m). Die Länge des westlichen Kirchenarmes lässt sich nicht mehr genau bestimmen, da durch den Bau der gotischen Westfassade die älteren Fundamente beseitigt wurden. Möglicherweise war er ein Gefach länger als die Querarme, so dass sich eine Länge von 5,4 m ergibt.

Der so gewonnene Grundriss ist in sich weitgehend stimmig, und er basiert zudem auf der typischen mittelalterlichen Maßeinheit, dem Fuß (ca. 30 cm). Welches exakte Fußmaß beim Entwerfen der Kirche zur Anwendung kam, sei hier dahingestellt, da heute nur noch ein ungefährer Umriss der Kirche zu bestimmen ist, und schon beim Bau gewisse Messfehler aufgetreten sein dürften. Dennoch scheint der Grundriss auf runden Vielfachen des Fußes zu basieren: Die Gefache bzw. Joche waren fünf Fuß breit, die Seitenkapellen zehn Fuß tief, das Hauptschiff bzw. die Querschiffe je 20 Fuß breit (das Hauptschiff vielleicht auch 21 Fuß). Auch die Chorkapelle fügt sich in dieses Schema ein: So misst die Apsis in der lichten Weite 3,7 m (etwa zwölf Fuß), und der rechteckige Chorraum misst 4,9 x 3,9 m (etwa 16 x 13 Fuß). Das einheitliche Bauschema ist ein weiterer Hinweis darauf, dass es sich bei der Chorkapelle nicht um einen älteren Vorgängerbau handelt, sondern dass dieser Bauteil von vorn herein als Chor für die große Fachwerkkirche konzipiert war. Man war offenbar bestrebt, wenn man schon nicht die gesamte Kirche massiv in Stein errichtete, so doch zumindest den sakralen Hauptraum, den Chor über dem Altar, aus Stein zu bauen, vielleicht gar mit einem Gewölbe zu überfangen. Aufschluss über die ursprüngliche Bedeutung der Chorkapelle – eigenständiger Sakralbau oder Chorraum der Fachwerkkirche – hätte wohl das Aufgehende gebracht, da im letzteren Fall eine hohe, weite Bogenöffnung nach Westen existiert haben muss (wie in der Rekonstruktion angenommen). In jedem Fall dürfte ein Chorbau im Aufriss deutlich höher angelegt gewesen sein als ein autarker Kapellenraum.

Der Grundriss entspricht insgesamt einer typisch romanischen Querhausbasilika mit sehr kurzem Hauptschiff, wie es heute etwa die Klosterkirche Kemnade auszeichnet. Die Nikolaikirche könnte demnach eine geringfügig verkleinerte Kopie der Klosterkirche gewesen sein! Dies wäre nicht ganz überraschend, da bedeutende Kloster- und Stiftskirchen vielerorts als Vorbild für Stadtkirchen dienten, etwa in Braunschweig. Die Ähnlichkeit der Nikolaikirche zur Klosterkirche Kemnade kann überdies auch als bewusste „Einladung" an Übersiedler aus der alten Siedlung verstanden werden: Sie sollten sich in der neuen Kirche „wie zuhause" fühlen. Die übereinstimmende Kürze des Hauptschiffes (mit je vier Arkaden bzw. Jochen) kann allerdings auch zufällig durch die bauliche Situation der Nikolaikirche und das spätere Schicksal der Klosterkirche in Kemnade zustande gekommen sein. So ist die Kürze der Nikolaikirche durch die beengte Lage zwischen den beiden Hauptstraßen der Stadt zu erklären. Die Klosterkirche Kemnade besaß hingegen ursprünglich ein längeres Kirchenschiff und einen Westturm, die erst im Dreißigjährigen Krieg zerstört worden sein sollen, also zu einer Zeit, als die romanische Stadtkirche St. Nikolai längst nicht mehr existierte.[7] Demnach kann der verkürzte Kirchenbau in Kemnade eigentlich nicht als Vorbild für die Nikolaikirche gedient haben. Oder erfolgte die Reduktion der Klosterkirche Kemnade doch schon in romanischer Zeit? In der zweiten Hälfte des 12. Jahrhunderts stand das Kloster

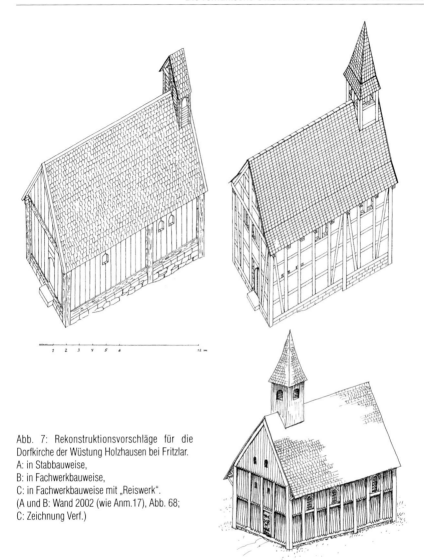

Abb. 7: Rekonstruktionsvorschläge für die
Dorfkirche der Wüstung Holzhausen bei Fritzlar.
A: in Stabbauweise,
B: in Fachwerkbauweise,
C: in Fachwerkbauweise mit „Reiswerk".
(A und B: Wand 2002 (wie Anm.17), Abb. 68;
C: Zeichnung Verf.)

nach verschiedenen Konflikten 25 Jahre lang (von 1169 bis 1194) leer, bevor wieder
Nonnen unter Aufsicht des Klosters Corvey dort einzogen.[8] Die Klosterkirche galt
als entweiht, und zumindest vorübergehend begnügte man sich mit dem Westturm
für den Gottesdienst[9] – ein Zeichen für die bescheidenen räumlichen Ansprüche
des Konvents, aber auch für den desolaten Zustand der Kirche. Ende des 13.
Jahrhunderts sind erneut Renovierungsarbeiten an den Klostergebäuden bezeugt.[10]

Als Fachwerkkirche stellt die Stadtkirche St Nikolai einen Sonderfall im Mittelgebirgsraum dar. Üblicherweise waren die Stadtkirchen aus Stein errichtet, ja selbst Dorfkirchen baute man seit dem 11./12. Jahrhundert meist aus Stein (wie dies anschaulich die Ausgrabungen in den Wüstungen Winnefeld und Schmessen im Solling demonstrieren). Allerdings mag es hier eine gewisse Dunkelziffer geben, da Fachwerkkirchen, sofern sie auf Schwellbalken standen, kaum Spuren hinterließen. Die kleinen Mäuerchen, wie sie in Bodenwerder dokumentiert wurden, können bei Neubauten beseitigt worden sein. Anders verhält es sich mit den älteren Holzkirchen in Pfostenbauweise, deren tragendes Gerüst in den Boden eingetieft wurde. Die Pfostengruben solcher Holzkirchen wurden verschiedentlich in Norddeutschland freigelegt, etwa in Tostedt bei Hamburg, in der Klosterkirche von Uelzen-Oldenstadt, St. Ulrich in Braunschweig oder Alt-Lübeck. Diese Kirchen datieren überwiegend in das 8. bis 10. Jahrhundert, also in eine Zeit lange vor der Gründung der Stadt Bodenwerder. Den Schriftquellen zufolge kann man allerdings noch bis in die zweite Hälfte des 12. Jahrhunderts mit großen Kirchenbauten rechnen: So handelte es sich bei der Stadtkirche St. Marien in Lübeck zunächst 1163 um einen Holzbau, und bei dem großen Reichstag Kaiser Friedrich Barbarossas zu Pfingsten 1158 in Mainz wurde eine Holzkirche „von wunderbarer Größe" aufgestellt.[11] Die Stiftskirche Kaiser Heinrichs IV. auf der Harzburg war provisorisch ebenfalls aus Holz errichtet, aber dennoch „sehr elegant".[12] In der Beschreibung der ersten Klosterkirche von Lippoldsberg, die vor 1051 erbaut wurde, wird betont, dass sie trotz des Baumaterials Holz „doch ausreichend würdig" gewesen sei.[13] Demnach standen Holzkirchen den Steinbauten nicht unbedingt an Größe und imposanter Wirkung nach, aber das Baumaterial besaß für die Zeitgenossen offenbar eine geringere repräsentative Ausstrahlung. Archäologische bzw. bauhistorische Belege für romanische Holzkirchen des 13. Jahrhunderts sind vor allem aus dem mittel- und ostdeutschen Raum bekannt, etwa von Dollenchen (Elbe-Elster-Kreis, Brandenburg, dendrochronologisch datiert 1220 +/-10), Axien (Ldkr. Wittenberg) oder Drahnsdorf[14] (Ldkr. Dahme-Spreewald). Erst in der Neuzeit wurden in Niedersachsen wieder vermehrt Fachwerkkirchen errichtet, etwa eine Notkirche im Kloster Schinna bei Stolzenau.[15] Daneben sind einzelne hölzerne Glockentürme aus dem späten Mittelalter nachgewiesen.[16] Aus der näheren Umgebung lassen sich zudem zwei Befunde hölzerner Kirchen anführen: Der Kirchengrundriss aus der Wüstung Holzheim bei Fritzlar[17] (Abb. 7) und eine Kirche sowie eine Kapelle an der Homburg bei Stadtoldendorf.[18] Der Grundriss aus Holzheim wird zwar aufgrund bautechnischer Parallelen in die Zeit um 1000 bzw. das frühe 11. Jahrhundert gesetzt; entsprechende Pfosten-Schwellmauer-Konstruktionen sind allerdings noch für das 13. Jahrhundert nachgewiesen. Im 15. Jahrhundert wurde die Kirche durch Feuer zerstört. Die Dimensionen der Kirche entsprechen übrigens genau dem Kirchenschiff von Bodenwerder: Bei einer Länge von insgesamt 12 m war sie 6 m breit. Die Kirche und die Kapelle bei der Homburg lagen unmittelbar nebeneinander und gehörten wohl zu einer Einsiedelei. Sie wurden offenbar im 14./15. Jahrhundert errichtet und bis in das 16. Jahrhundert genutzt. Ihre Fundamente konnten 2006 ergraben werden.

Wissenschaftshistorisch von Bedeutung sind die beiden Kirchenbauten von Tostedt bei Hamburg.[19] Sie gehören in den Kontext der frühen Stabkirchen, einem besonderen Bautypus, wie er vor allem in Skandinavien zur Blüte gekommen ist. Auf dem Kontinent wird der Kirchenbau seit dem 10./11. Jahrhundert zunehmend durch den Steinbau mit seinen eigenen Merkmalen der Bauausführung bestimmt. Die Stadtkirche von Bodenwerder scheint dementsprechend auch eher die eigenständige Übertragung eines romanischen Kirchengrundrisses in die Fachwerkarchitektur gewesen zu sein, wie das modulare System erkennen lässt, das auf gleich breiten Gefachen basiert. Dies schließt nicht aus, dass die Gefache, ganz ähnlich wie bei einer Stabkirche, mit senkrechten Wandbohlen, den „Stäben" ausgefüllt waren (genaugenommen ist die Definition von Stabkirchen etwas komplexer, da mit „Stab" auch die tragenden Säulen gemeint sein können[20]). Eine etwas abweichende Wandkonstruktion ist bei der Heidenhofer Kapelle (bei Soltau) zu finden, die im zweiten Viertel des 14. Jahrhunderts gebaut wurde: Die Bohlen ragen hier über die Querriegel des Fachwerkgerüsts hinweg und überdecken sie schindelartig (sog. „Reiswerk",[21] vgl. die Abb. 7 C). Die Jodokuskapelle in Mühlhausen, die 1846 abgerissen wurde, besaß ebenfalls verbohlte Wände. Sie ist wohl um die Mitte des 14. Jahrhunderts errichtet worden.[22] Der Bau einer Stabkirche wird auf einem Glasfenster der Zeit um 1220 im nördlichen Chorumgang der Kathedrale von Chartres wiedergegeben (Abb. 5).[23] Die Konstruktion dieser Kirche ähnelt mit ihren Wandversteifungen aus Andreaskreuzen verblüffend den „klassischen" norwegischen Stabkirchen, etwa Borgund. Bei der Kirche von Bodenwerder könnte man, angesichts des Chores aus Stein, auch daran denken, dass die gesamte Kirche verputzt bzw. getüncht war, um einen Steinbau vorzutäuschen.

Anmerkungen

1 [Kruse, Karl-Bernhard]: Bodenwerder, Ev. Stadtkirche St. Nikolai. In: Übersicht über die denkmalpflegerischen Maßnahmen. In: Niedersächsische Denkmalpflege 12 (1987), S. 205-390; hier S. 229-230; Niedersächsisches Landesamt für Denkmalpflege, Ortsarchiv, Gemarkung Bodenwerder, FSt. Nr. 11.

2 Die Urkunden des Bistums Paderborn vom Jahre 1201-1300, bearb. v. Roger WILMANS (Westfälisches Urkundenbuch, 4). Münster 1874-1894, Nr. 356; SCHNATH, Georg: Die Herrschaften Everstein, Homburg und Spiegelberg. Grundlagen zur historischen Geographie der Kreise Hameln und Holzminden (Studien und Vorarbeiten zum Historischen Atlas von Niedersachsen, 7). Göttingen 1922, S. 28; DÖRRIES, Hans: Entstehung und Formenbildung der niedersächsischen Stadt: Eine vergleichende Städtegeographie (Forschungen zur deutschen Landes- und Volkskunde, 27/2). Stuttgart 1929, S. 148; BRAUN, Hermann u. Joachim BÜHRING: Die Kunstdenkmäler der Stadt Bodenwerder und der Gemeinde Pegestorf im Regierungsbezirk Hildesheim (Die Kunstdenkmäler des Landes Niedersachsen, 36). Hannover 1976, S. 3; RÖMER, Christof: Kemnade. In: Die Frauenklöster in Niedersachsen, Schleswig-Holstein und Bremen, bearb. v. Ulrich Faust (Germania Benedictina, 11). St. Ottilien 1984, S. 298-330, hier S. 323.

3 Leiber, Christian: Wallanlagen und Burgen. In: Historisch-Landeskundliche Exkursionskarte von Niedersachsen, Maßstab 1:50000: Blatt Holzminden. Erläuterungsheft, hrsg. v. Gerhard Streich (Veröffentlichungen des Instituts für Historische Landesforschung der Universität Göttingen, 2/15). Bielefeld 1997, S. 81-90; hier S. 88.

4 Vgl. hierzu Römer (wie Anm. 2), S. 302 ff.; Braun/Bühring (wie Anm. 2), S. 64.

5 Gehrmann, Thekla u. Wilhelm Lucka: Bodenwerder, eine Handelsstadt an der Weser und ihr Umland. In: Berichte zur Denkmalpflege in Niedersachsen 20 (2000), S. 162-163; Römer (wie Anm. 2), S. 323. Hingegen geht Christoff Lichtenhahn von der Errichtung 1407 und der Erweiterung 1470 aus: Lichtenhahn, Christoff: Baugeschichte sowie Umbau und Neunutzung von Schulenburg und Gertrudenkapelle in Bodenwerder. In: Jahrbuch für den Landkreis Holzminden 21 (2003), S. 93-102: hier S. 98.

6 Meyer, Gerhard: Städtische Siedlungen. In: Streich, Gerhard [Hrsg.] (wie Anm. 3), S. 65-80; hier S. 72.

7 Braun/Bührung (wie Anm. 2), S. 51.

8 Ebd. S. 50.

9 Römer (wie Anm. 2), S. 325.

10 Ebd., S. 302.

11 Zimmermann, Walther: Ecclesia lignea und ligneis tabulis fabricata. In: Bonner Jahrbuch 158 (1958), S. 414-453, hier S. 437 f.

12 Streich, Gerhard: Burg und Kirche während des deutschen Mittelalters: Untersuchungen zur Sakraltopographie von Pfalzen, Burgen und Herrensitzen, 1: Pfalz- und Burgkapellen bis zur staufischen Zeit (Vorträge und Forschungen, Sonderband 29). Sigmaringen 1984, S. 439. Eventuell wurde bei den Ausgrabungen die Krypta erfasst: Schmitt, Reinhard, Hans-Wilhelm Heine, Mathias Hensch u. Andreas Otto Weber: Burgenbau in der zweiten Hälfte des 11. Jahrhunderts und im frühen 12. Jahrhundert in ausgewählten Landschaften des Reiches. In: Canossa 1077 - Erschütterung der Welt: Geschichte, Kunst und Kultur am Aufgang der Romanik, 1: Essays, hrsg. v. Christoph Stiegemann u. Matthias Wemhoff. München 2006, S. 219-234, hier S. 225.

13 Chronicon Lippoldesbergense, hrsg. v. Wilhelm Arndt. In: Monumenta Germaniae Historica, Scriptores 20. Hannover 1868, S. 546-558, hier Kap. 2.

14 Agthe, Markus, Bernd Becker u. Günter Wetzel: Romanische Holzkirchen im archäologischen Befund. In: Zeitschrift für Archäologie 25 (1991), S. 67-112.

15 Amt, Stefan: Bauhistorische Forschungen an Dorfkirchen in den Landkreisen Nienburg und Diepholz. In: Berichte zur Denkmalpflege in Niedersachsen 27 (2007), S. 82-87.

16 Amt, Stefan: Ältester hölzerner Glockenturm Niedersachsens entdeckt. In: Berichte zur Denkmalpflege in Niedersachsen 28 (2008), S. 78-79.

17 Wand, Norbert: Archäologische Untersuchungen des Kirchhofbereiches St. Thomas in der Dorfwüstung Holzheim bei Fritzlar (Schwalm-Eder-Kreis) im Jahre 1980. In: Beiträge zur Archäologie mittelalterlicher Kirchen in Hessen, hrsg. v. Klaus Sippel (Materialien zur Vor- und Frühgeschichte von Hessen, 9). Wiesbaden 1989, S. 47-70; hier S. 61; Ders.: Die Ausgrabungen in der Dorfwüstung Holzheim. In: Holzheim bei Fritzlar: Archäologie eines mittelalterlichen Dorfes, hrsg. v. N. Wand (Kasseler Beiträge zur Vor- und Frühgeschichte, 6). Rahden 2002, S. 47-156.

18 Leiber, Christian: Fundchronik Niedersachsen 2006/2007, Nr. 312: Stadtoldendorf FStNr. 18 und 19, Gde. Stadt Stadtoldendorf, Ldkr. Holzminden, ehem. Reg.Bez. H. In: Nachrichten aus Niedersachsens Urgeschichte, Beiheft 13, 2010, S. 208 f.

19 Drescher, Hans: Tostedt: Die Geschichte einer Kirche aus der Zeit der Christianisierung im nördlichen Niedersachsen bis 1880 (Materialhefte zur Ur- und Frühgeschichte Niedersachsens, 19). Hildesheim 1985.

20 Kröll, Karola: Eine wikingerzeitliche Stabkirche in Südjütland? Studien zu einem verzierten Eichenbalken aus Humptrup, Kreis Nordfriesland. In: Offa 56 (1999), S. 421-479.

21 Ahrens, Claus: Die Heidenhofer Kapelle und die Holzkirchen des 13. und 14. Jahrhunderts. In: Zeitschrift für Archäologie des Mittelalters 21 (1993), S. 135-167, hier S. 138; ders.: Die frühen Holzkirchen Europas (Schriften des Archäologischen Landesmuseums, 7). Stuttgart 2001, S. 39.

22 Ahrens 1993 (wie Anm. 21), S. 144.

23 Ebd., S. 143.

Vor 125 Jahren eingeweiht, vor 65 Jahren zerstört: Weserbrücke Holzminden

von Matthias Seeliger

Mit 6 Abbildungen

Seit Eröffnung des Bahnhofes im Jahre 1865 war Holzminden durch das damals modernste Verkehrsmittel mit der Außenwelt verbunden. Die wirtschaftliche Lage der Kleinstadt an der Weser wurde wesentlich gestärkt, und bereits zehn Jahr später konnte festgestellt werden: *Wie sehr die Herstellung guter Verkehrsmittel geeignet ist, der Industrie und der Handelstätigkeit aufzuhelfen und einen vorher ungeahnten Aufschwung zu geben, hat sich unwiderlegbar bei unserer Stadt gezeigt, welcher die Segnungen des Eisenbahnverkehrs erst seit dem Jahre 1865 zuteil geworden sind.*[1] Aus Sicht des Herzogtums Braunschweig war mit der Eisenbahnstrecke die Verbindung des weitab gelegenen Sitzes einer Kreisdirektion mit der Landeshauptstadt erreicht. In der anderen Richtung ermöglichte die Strecke, die bei Höxter das westliche Weserufer erreichte, den direkten Verkehr mit den Zechen und der aufstrebenden Industrie des Ruhrgebietes. Im Hinblick auf die nähere Umgebung der Stadt wirkte sich diese Verbesserung der Infrastruktur aber zunächst nur auf den Bereich östlich der Weser aus. Dem links der Weser liegenden Teil des Kreises Holzminden und dem (seit 1866 preußischen) Amt Polle war nach wie vor nur durch Fähren ein Überqueren des Flusses möglich. Für den Straßenverkehr gab es südlich von Holzminden in Höxter eine feste Brücke sowie nördlich in Bodenwerder eine Schiffsbrücke.

Die Fähren konnten auf Dauer den wachsenden Anforderungen nicht mehr genügen. Kritik entzündete sich in Holzminden generell an *der Mangelhaftigkeit und der geringen Leistungsfähigkeit dieses Verkehrsmittels.* Speziell angesprochen wurden die Unterbrechungen des Fährverkehrs bei Eisgang im Winter sowie bei Hochwasser – letzteres konnte zu jeder Jahreszeit eintreten. Angesichts der einhelligen Meinung, *dass die vorhandene Fähre völlig ungenügend ist,* äußerten

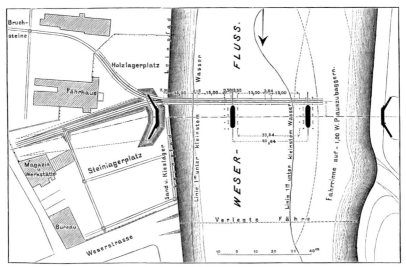

Abb. 1: Einrichtung des Bauplatzes für die Brückenpfeiler, 1884.
(alle Vorl.: Stadtarchiv Holzminden)

Verwaltung und Wirtschaft in Holzminden daher Ende 1875 den dringenden Wunsch, durch eine Brücke mit dem westlichen Weserufer verbunden zu werden.[2]

Das Fehlen einer jederzeit benutzbaren Querung des Flusses wirkte sich (aus Sicht Holzmindens: negativ) durchaus auf den lokalen Verkehr aus. Die Chaussee zwischen Höxter und Stahle bildete eine akzeptable Verbindung; auch die Wege nach Polle sowie von Albaxen in westlicher Richtung nach Bödexen und Fürstenau wurden in jenen Jahren *chausseemäßig ausgebaut*. Sie führten den Verkehrsstrom an Holzminden vorbei auf preußischem Terrain nach Höxter!

Mit dem Gesuch an das Staatsministerium betr. Bau einer Weserbrücke weckte Holzminden allerdings die Begehrlichkeiten der benachbarten Ortschaften. Vor allem mit Leserbriefen in den Braunschweigischen Anzeigen wurde versucht, Argumente für den jeweils aus lokaler Sicht besten Standort einer solchen Brücke der breiten Öffentlichkeit zu vermitteln. Ob Reileifzen, Polle oder Kemnade – jeder Ort glaubte, sich als geeignet positionieren zu können. Die dabei vorgetragenen Argumente bezeugen allerdings teilweise einen ausgesprochen engen Blickwinkel ihrer Verfasser!

Die Stadt Holzminden wünschte sich einen Brückenbau auf Kosten des Staates, und tatsächlich bewilligte der 15. Landtag Mittel: allerdings nur für den Bau einer Schiffsbrücke. Eine solche hätte jedoch nichts an den bereits für die Fähre aufgezeigten Problemen geändert: bei Hochwasser sowie Eisgang musste sie gänzlich eingezogen und anschließend wieder ausgebracht werden; zum Passieren eines jeden Schiffes oder Floßes auf dem Fluss würde durch Öffnung der Brücke der Verkehr auf ihr unterbrochen. Eine solche Lösung wollte man in Holzminden deshalb nicht, und so geriet die Angelegenheit zunächst ins Stocken. Zwar sollte die genaue Differenz des Kostenaufwandes für eine Schiffsbrücke bzw. eine feste Brücke ermittelt werden, aber konkret geschah vorerst nichts.[3]

Erst mit einer am 22. Februar 1879 an alle Landtagsabgeordneten verschickten Petition der Stadt kam wieder etwas Bewegung in die Sache. Im Juni beauftragte der 16. Landtag die Bauverwaltung, weitere Ermittlungen vorzunehmen. Jetzt begannen konkrete Überlegungen, und die Baudirektion in Braunschweig plante zunächst eine Brücke mit nur einem Strompfeiler. Die Stadt Holzminden wiederum suchte Rat bei dem ihr seit Bau der Bahnstrecke Holzminden–Scherfede bekannten Baumeister Hermann Josef Stübben[4], der in den folgenden Jahren als *unser technischer Beirat* bezeichnet wurde.[5]

Hinsichtlich der Finanzierung des Brückenbaus hoffte man zunächst auf eine Beteiligung von westfälischer Seite in der Annahme, Kreis und Provinz müssten ein großes Interesse, welches sich entsprechend finanziell auswirken würde, haben. Das war allerdings nicht der Fall! Alle Versuche blieben erfolglos, Preußen stellte keine Mittel zur Verfügung. Und auch das Herzogtum Braunschweig wurde nicht Bauherr der Brücke: das blieb der Stadt Holzminden überlassen. Allerdings übernahm der Staat mit 200.000 Mark Zuschuss mehr als die Hälfte der Baukosten.

Dank der Mithilfe von Hermann Josef Stübben erfolgte 1880 eine *vorläufige* Ausschreibung des Brückenbaues zunächst nach den Vorschlägen der Baudirektion, was zu einem unerwarteten Ergebnis führte: Das Unternehmen Philipp Holzmann & Co. in Frankfurt machte den Vorschlag, statt einer Brücke mit nur einem Pfeiler eine mit zwei Pfeilern zu bauen, was wesentlich preiswerter sein könne. Letzteres Argument fand in Holzminden natürlich offene Ohren – mit der Folge, dass nunmehr alle Planungen von vorn beginnen mussten.

Das betraf sogar den Standort der Brücke. Zunächst war man sich nämlich noch nicht darüber einig, ob die stadtseitige Auffahrt im Zuge der Oberen Straße oder möglicherweise der Weserstraße erfolgen sollte. Im Bereich der Oberen Straße befanden sich nahezu alle benötigten Flächen in städtischem Eigentum, während eine Rampe im Verlauf der Weserstraße Ankauf und Abbruch mehrerer Privathäuser erfordert hätte.[6] Allerdings war nur an dieser Stelle ein hochwasserfreier Zugang zur Brücke möglich. Dieses Argument verlor jedoch seine Bedeutung, als klar wurde, dass man auf westfälischer Seite nicht bereit war, die Straße nach Stahle durch Damm- und Brückenbauten so zu erhöhen, dass sie dort immer hochwasserfrei bliebe.[7] Was hätte es genutzt, die Brücke in Holzminden trockenen Fußes betreten, auf Stahler Seite aber nicht verlassen zu können? So fiel die Entscheidung für den heutigen Standort einer Überbrückung des Flusses.

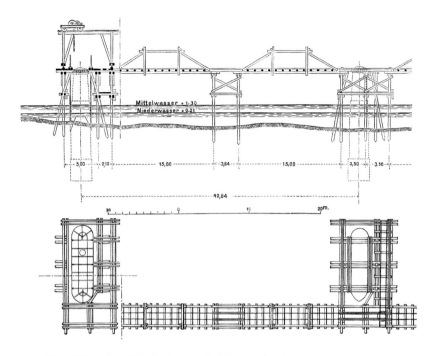

Abb. 2: Pfeilergerüst und Arbeitsbahn; oben: Ansicht, unten: Grundriss.

Auch nach Klärung dieser Frage wurde jedoch keineswegs mit dem Bau begonnen. Jetzt geriet das Projekt erst einmal in die Mühlen der Verwaltung. Anfang 1881 nach Braunschweig gegeben, kam von dort im Sommer 1883[!] eine Genehmigung, die zunächst noch durch verschiedene Bedingungen und Vorschriften eine Überarbeitung von Einzelheiten erforderlich machte. Erneut verstrichen etliche Monate: im März 1884 lag der Stadt Holzminden endlich die abschließende Genehmigung vor.

In diesem Stadium der Angelegenheit war es wieder Baurat Stübben, der als *Beirat* für die Stadt tätig wurde. So bereitete er durch Verhandlungen mit der Firma Holzmann die Auftragsvergabe vor und sorgte auch selbst für die Formulierungen des Vertrages zwischen dem Bauunternehmen und der Stadt.[8] Am 26. August 1884 konnte der Vertrag abgeschlossen werden.[9]

Ein beträchtlicher Teil des Geländes der Administration der Sollinger Steinbrüche beidseits der Oberen Straße im Bereich des Weserufers wurde nun für die Lagerung von Baumaterial in Anspruch genommen. Zur Baustelle des östlichen Strompfeilers wurde ein 2,8 Meter breiter Transportsteg in den Fluss hinein gebaut, auf dem ein

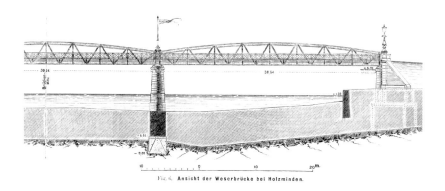

Fig. 6. Ansicht der Weserbrücke bei Holzminden.

Abb. 3: Entwurfszeichnung der 1884/85 gebauten Holzmindener Weserbrücke.

Schienengleis den Transport des benötigten Holzes und der Sandsteine für den Pfeiler durch Loren ermöglichte.

Für den Bau der beiden Pfeiler wurde ein damals noch relativ neues Verfahren genutzt: die *pneumatische Fundierung* oder auch *Luftdruck-Gründung*. Dabei wurde zunächst am Standort des künftigen Brückenpfeilers ein doppelwandiger eiserner Senkkasten – ohne Boden – auf den Grund des Flusses gesetzt: ähnlich einer Taucherglocke. In diesen Senkkasten wurde fortwährend (*mit 80 Doppelhüben pro Minute*) Luft gepumpt, wobei immer ein geringer Überdruck bestehen musste, damit nicht von unten Wasser eindringen konnte. In einer Arbeitsschicht von acht Stunden waren jeweils sechs Arbeiter in diesem Kasten damit beschäftigt, auf dem Grund des Flusses die Baugrube mit 32 Quadratmeter Grundfläche auszuheben. Dabei sank der Kasten Zentimeter um Zentimeter in die Ausschachtung hinein. Natürlich musste sorgfältig darauf geachtet werden, dass er dies immer ganz regelmäßig tat. Zugleich wurde auf dem Kasten, dem Fortgang der Arbeiten entsprechend, der Brückenpfeiler aufgemauert. Gegen ein zu schnelles, plötzliches Einsinken in weichen Grund war die ganze Konstruktion durch die Befestigung an gewaltigen Spindeln abgesichert.

Die Männer mussten sich zunächst durch eine starke Schicht *sehr fest in lehmigem Sand gelagerten, groben Flussgeschiebes* graben, bevor sie reinen Sand erreichten, der ein wesentlich leichteres Arbeiten ermöglichte. Entsprechend unterschiedlich war die in einer Schicht bewältigte Fördermenge: sie schwankte zwischen acht und 28 Kubikmetern.[10]

Nach dem Erreichen festen Baugrundes – in diesem Fall: roter Mergelfels – wurde der Kastenraum mit Beton verfüllt und bildete so das Fundament des Pfeilers. Die Versenkung des ersten Pfeilers dauerte vom 25. September bis zum 11. Oktober 1884. Für den linksseitigen Strompfeiler benötigte man anschließend,

153

Abb.4: Einweihung der Holzmindener Weserbrücke am 30. September 1885.
Noch wartet die Menge gespannt auf den feierlichen Akt.

obwohl etwas mehr Aushub erforderlich war, sogar zwei Tage weniger. Rechtzeitig vor Wintereinbruch konnten diese Arbeiten erfolgreich abgeschlossen werden.

Witterungsbedingt wurde erst im März 1885 die Arbeit in größerem Umfang wieder aufgenommen. Bereits am 10. April begann die Montage der Eisenkonstruktion. Mit drei Öffnungen von je 38,64 Meter lichter Weite wurde die Weser überschritten. Am 21. Juli wurden diese Arbeiten abgeschlossen. Verschiedene Restarbeiten mussten in den folgenden Wochen erledigt werden. Die Probebelastung bei Beendigung des Brückenbaues mit 141 Tonnen Gewicht auf einem einzigen Feld der Brücke führte zu keinerlei Beanstandungen, so dass man auf die Prüfung der anderen beiden Felder verzichtete.

Am 30. September 1885 ging ein lange gehegter Wunsch der Stadt Holzminden in Erfüllung: die neue Weserbrücke wurde festlich eingeweiht. Vom Marktplatz zog man in langem Festzug zunächst zur, dann über die Brücke. Auf ihrer letzten Fahrt brachte anschließend die nun entbehrliche Fähre die Behördenvertreter zurück auf das östliche Ufer. Stadtbaumeister Stübben erhielt für seine *Bemühungen und Verdienste um den Brückenbau* ein wertvolles Geschenk – leider ist der Akte nicht zu entnehmen, um was es sich dabei handelte.[11]

Abb.5: Blick vom östlichen Weserufer oberhalb der Einmündung des Herrenbaches in nördlicher Richtung auf die Weserbrücke, Ende 19. Jahrhundert.

Kurios mag es dem heutigen Leser erscheinen, dass nun der Fluss zwar ohne Behinderung durch Hochwasser oder Eisgang jederzeit überquert werden konnte, dies jedoch keineswegs kostenlos möglich war. Der bisherige Fährgeldtarif wurde nämlich zum Brückengeldtarif. Auf diese Weise trugen die Benutzer der Brücke zu deren Amortisierung für die Stadt Holzminden bei. Trotz vieler Petitionen und Klagen gelang es der Stadt, sich diese Einnahmequelle bis Ende 1923 zu erhalten.[12] Erst dann war die Überquerung der Weser von Holzminden nach Westfalen endgültig „frei"!

Abb. 6: 60 Jahre nach ihrer Erbauung wurde Holzmindens Weserbrücke 1945 auf dem Rückzug von deutschen Truppen gesprengt. Nun gab es bis 1950 wieder eine Fähre (im Vordergrund), bevor die neue Brücke (Bildmitte) fertiggestellt werden konnte.

Anmerkungen

1 Stadtarchiv Holzminden: Akte „Bau einer Weserbrücke".
2 Desgl.
3 Desgl.
4 Zur Person vgl. KARNAU, Oliver: Hermann Josef Stübben: Städtebau 1876-1930. Braunschweig / Wiesbaden 1996.
5 Stadtarchiv Holzminden: Akte „Offerten zur Ausführung des Weserbrückenbaues".
6 Ebd.: Akte „Ankauf der zum Bau der Weserbrücke erforderlichen Grundstücke".
7 Ebd.: Akte „Bau der Weserbrücke, in specie die Höherlegung der Stahler Chaussee".
8 Wie Anm. 5.
9 Ebd.: Akte „Bau der Weserbrücke, in specie die Rechnungsführung".
10 Alle technischen Angaben zum Brückenbau nach: Die neue Weserbrücke bei Holzminden. In: Centralblatt der Bauverwaltung 5 (1885), S 445-447.
11 Stadtarchiv Holzminden: Akte „Weserbrücke, insbesondere Ausführung des Baues".
12 Ebd. zwei Aktenbände „Erhebung des Brückengeldes".

Erfolglos geblieben: der „Verein zur Erschließung des Sollings"

von Matthias Seeliger

Mit 4 Abbildungen

Mitten in den Waldungen des nördlichen Sollings liegt, fernab von den Dörfern am Rand des Gebirgszuges, in gut 400 Meter Höhe der kleine Weiler Schießhaus. Schon 1901 schilderte ihn das Wanderbuch des Sollingvereins als *wie geschaffen zu einer Sommerfrische und Erholungsstätte für Ruhebedürftige.*[1] Wer gerne ausgiebig im Wald wandert und die Ruhe genießen möchte, kann hier tatsächlich auf seine Kosten kommen. Zugleich bedingt diese Abgeschiedenheit allerdings eine lediglich rudimentäre Infrastruktur, die den aufkommenden Fremdenverkehr im 20. Jahrhundert nicht so recht nach Schießhaus gelangen ließ. So erhielt Schießhaus erst 1951 elektrischen Strom und 1962 eine allgemeine Wasserleitung.[2] Potentiellen Besuchern konnte das bereits erwähnte Wanderbuch jedoch 1901 empfehlen: *Gasthof und Sommerfrische „Zum grünen Jäger" von Mundt. Veranda, zahlreiche Sitzplätze dicht am Hause unter uralten Eichen, mehrere hohe und geräumige Fremdenzimmer (neugebaut).*[3]

In den Jahren zwischen Erstem und Zweitem Weltkrieg erfuhr der Fremdenverkehr im Weserbergland einen beachtlichen Aufschwung. Gefördert wurde dieser durch zahlreiche Aktivitäten der lokalen Verwaltungen sowie der eng mit ihnen zusammenarbeitenden Verkehrsvereine. In Holzminden war besonders der Bürgermeister Albert Jeep an diesem Thema interessiert. Er dürfte auch zu den treibenden Kräften gehört haben, als wenige Tage vor Beginn des Zweiten Weltkrieges ein neuer Verein gegründet wurde: der „Verein zur Erschließung des Sollings". Die administrative Arbeit des Vereins wurde in den folgenden Jahren hauptsächlich in der Holzmindener Stadtverwaltung geleistet, und so entstand und verblieb hier auch das Schriftgut – vor einiger Zeit konnte es aus dem Keller des Rathauses in das Stadtarchiv überführt werden.[4]

Leider fehlt in diesen Papieren ein zentrales Dokument: das Protokoll der am 18. August 1939 durchgeführten Gründungsversammlung.[5] Eine dichtere

Abb. 1: Fahrweg im Wald bei Schießhaus (1950er Jahre) – ideal für den ruhebedürftigen Wanderer. (Aufn.: Liebert; Vorl.: Stadtarchiv Holzminden)

schriftliche Überlieferung setzt erst in der Nachkriegszeit ein. Damit sind jedoch genügend Unterlagen überliefert, um die relativ kurze Geschichte dieses Vereins beschreiben zu können:

Demnach wurde der Verein *zu dem Zwecke gegründet, den Solling für den Fremdenverkehr zugänglich und aufnahmefähig zu machen. Zu diesem Zwecke wurde zunächst die fr*[ühere] *Mundt'sche Gastwirtschaft „Grüner Jäger" in Schießhaus angekauft mit der Absicht, die etwas veralteten Baulichkeiten durchzubauen bezw. einen Erweiterungsbau vorzunehmen. Gleiche oder ähnliche Schritte sollten auch in den übrigen Sollingdörfern erfolgen.*[6]

Mitglieder des Vereins waren der Kreis(gemeindeverband) Holzminden, die Städte Holzminden und Stadtoldendorf, die Verkehrsvereine beider Städte sowie

Abb. 2: Der „Gasthof zum grünen Jäger" vor den 1955 erfolgten Modernisierungen. (Aufn.: Liebert; Vorl.: Stadtarchiv Holzminden)

einige Firmen: Gebr. Sasse, Wesersperrholzwerke sowie Friedr. Rauls in Holzminden und Watermann in Stadtoldendorf.[7]

Nicht alle Mitglieder beteiligten sich allerdings finanziell an den Aktivitäten. Anteile hielten laut Eröffnungsbilanz vom 21. Juni 1948 (anlässlich der Währungsreform) der Kreis Holzminden (32,25%), die Stadt Holzminden (19,36%), die Fa. Gebr. Sasse (19,36%), die Fa. Wesersperrholzwerke (19,36%) und die Stadt Stadtoldendorf (9,67%).[8] Die überproportionale Beteiligung in Holzminden dürfte auf den Einfluss des Bürgermeisters Jeep zurückzuführen sein – welches eigene Interesse konnte die örtliche holzverarbeitende Industrie an einer Gaststätte in Schießhaus haben?

Wenn Ende der 1930er Jahre die Baulichkeiten der Gastwirtschaft „Grüner Jäger" *etwas veraltet* waren, darf man vermuten, dass die um 1900 *neugebauten*

Abb. 3: Gaststätte und Pension „Grüner Jäger" in den letzten Jahren ihres Betriebes, um 1956.
(Aufn.: Liebert; Vorl.: Stadtarchiv Holzminden)

Fremdenzimmer seither nicht oder kaum verändert worden waren. Dazu passt, dass in den um 1930 erschienenen Verzeichnissen des Verkehrsverbandes Weserbergland über Gaststätten und Sommerfrischen der „Grüne Jäger" nicht genannt wurde.[9]

Unschwer zu verstehen ist, dass angesichts des Krieges der neue Verein zunächst nichts von seinen Zielen verwirklichen konnte. Noch abträglicher wurden dem Fremdenverkehr die Verhältnisse der Nachkriegszeit: Im „Grünen Jäger" in Schießhaus musste ein Teil der Räumlichkeiten für die Unterbringung von Flüchtlingsfamilien genutzt werden. Insbesondere die sanitären Verhältnisse waren dafür denkbar ungeeignet. So stand auf dem Grundstück lediglich ein zweisitziger Abort hinter dem Haus zur Verfügung; eine Waschküche gab es überhaupt nicht. Flüchtlinge und ebenso der Pächter der Gastwirtschaft mussten die Küche letzterer zum Wäschewaschen benutzen![10]

Statt einer Förderung des Fremdenverkehrs ging es im „Grünen Jäger" also zunächst darum, menschenwürdige Wohnverhältnisse zu schaffen. Dazu sollte neben dem Haupthaus ein neues Abortgebäude nebst Waschküche errichtet werden, was für die Anteilseigner *eine Erhöhung der seinerzeit gemachten Einlage* bedeutete. Das benötigte Baumaterial sollte u. a. aus dem eingestürzten Backhaus auf dem Grundstück gewonnen werden. Die Materialknappheit der direkten Nachkriegszeit und anschließend die Folgen der Währungsreform ließen es aber erst im Jahre 1949 zum Bau dieses wichtigen Nebengebäudes kommen. Am

Abb. 4: 1967 veröffentlicht, lautete die Bildunterschrift damals: „Mitten im Solling entstand auf den Grundmauern der ehemaligen Gaststätte „Grüner Jäger" im Waldarbeiterdorf Schießhaus dieses Altenerholungsheim der Arbeiterwohlfahrt. Entwurf und Bauleitung Heinz Grote, Holzminden". (Vorl.: Landkreis (wie Anm. 15))

3. Oktober 1949 konnte das Richtfest des *Waschküchen- und Abortgebäudes* (das direkt neben der Mistgrube stand) gefeiert werden.[11]

Fünf Jahre später wandte sich der Verein endlich stärker dem Fremdenverkehr zu. Sogar die Idee, 15 bis 20 Fremdenzimmer nördlich der Straße neu zu errichten, wurde erörtert. Konkret wurden allerdings zunächst nur die Verhältnisse im Haupthaus etwas moderner gestaltet, indem zumindest pro Etage ein Bad / WC geplant wurde, damit die Gäste nicht mehr bei Wind und Wetter über den Hof gehen mussten. Diese Baumaßnahme erfolgte im Jahre 1955. Gleichzeitig wurden u. a. die Fenster auf der Ostseite im Erdgeschoss wesentlich vergrößert (Abb. 3), um in den dortigen Räumlichkeiten einen freundlichen Eindruck zu schaffen.[12] Neue Pächter ab 1956 waren Erna und Hermann Meyer, die nun den „Grünen Jäger" bewirtschaften und somit im Sinne des Vereins den Solling „erschließen" sollten. Für den Verein bedeuteten diese Investitionen aber eine so starke Anspannung der Finanzlage, dass in der Mitgliederversammlung am 9. Dezember 1957 sogar von einer drohenden Liquidation gesprochen wurde.[13]

Entscheidend verschärfte sich die Lage schließlich durch die 1960 seitens der Pächter erfolgte Kündigung. Weder eine Neuverpachtung noch ein Verkauf konnten zunächst durch die Vereinsführung erreicht werden – das bedeutete: ab Anfang 1961 war der „Grüne Jäger" geschlossen![14] – Aus Holzmindener Sicht stellte das

Fehlen einer direkten Straßenverbindung zwischen der Kreisstadt und Schießhaus im Zeichen der wachsenden Motorisierung des (Fremden-)Verkehrs ein zusätzliches Manko dar, welches nicht zu beheben war.

Gut 20 Jahre nach dem Erwerb der Gastwirtschaft gelang es den beteiligten Kommunen schließlich doch, den „Grünen Jäger" zu verkaufen. Allerdings blieb er nicht als Gastwirtschaft erhalten, sondern wurde in ein Erholungsheim umgewandelt. Am 25. März 1961 erwarb der Bezirksverband Hannover der Arbeiterwohlfahrt Grundstück und Gebäude und richtete dort ein *Altenerholungsheim* ein (das inzwischen auch längst nicht mehr existiert).[15]

Der „Verein zur Erschließung des Sollings" war damit mehr oder weniger zwecklos geworden. Lediglich ein ihm verbliebenes kleines, verpachtetes Wiesenstück rechtfertigte sein noch ein Jahrzehnt dauerndes Weiterbestehen. Auf Dauer konnte das aber nicht sinnvoll sein, und so beschloss eine letzte Versammlung am 9. Februar 1971 die Auflösung. Das noch verbliebene Vermögen fiel an den Landkreis Holzminden. Die Akten verschwanden in den Tiefen des Rathauskellers in Holzminden … inzwischen wieder „aufgetaucht", sind sie das letzte Zeugnis dieses erfolglosen Versuchs der Wirtschaftsförderung im Solling.

Anmerkungen

1 Wanderbuch für den Solling und das Oberwesergebiet, den Vogler, Hils, Elfas, Bramwald und Reinhardswald […]. 3. Aufl. Holzminden 1901, S. 131.
2 Rauls, Wilhelm: Deensen, Braak und Schorborn: drei Dörfer vor dem Solling. Holzminden 1983, S. 328.
3 Wie Anm. 1.
4 Stadtarchiv Holzminden (nachfolgend zitiert als: StadtAHOL): Bestand F.12 Nr. 1 bis 10.
5 Datumsangabe nach StadtAHOL, Bestand A.1: Akte „Verein zur Erschließung des Sollings (Mitgliedschaft)".
6 Ebd.: F.12 Nr. 1.
7 Desgl. sowie Akte im Bestand A.1 (wie Anm. 5).
8 Ebd.: F.12 Nr. 2.
9 Gaststätten und Sommerfrischen im Weserbergland: mit Fahrplänen der Autolinien und anderer Verkehrsmittel nebst einer Uebersichtskarte im Anhang. 3. Aufl. Hameln 1929; vgl. weitere Auflagen in jenen Jahren.
10 StadtAHOL: F.12 Nr. 1 sowie Akte im Bestand A.1 (wie Anm. 5).
11 StadtAHOL: F.12 Nr. 1.
12 Desgl.
13 StadtAHOL, Bestand A.1: Akte „Verein zur Erschließung des Sollings (Mitgliedschaft)".
14 Ebd.: F.12 Nr. 8.
15 Desgl.; Heute für morgen: Arbeiterwohlfahrt in Stadt und Land. Hannover [um 1967]; vgl. Abbildung in: Der Landkreis Holzminden: Geschichte, Landschaft, Wirtschaft. Herausgegeben in Zusammenarbeit mit der Kreisverwaltung. Oldenburg 1967, S. 153.

„Ein Schmuckstein neuzeitlicher und doch durchaus bodenständiger Bauweise": das Finanzamt Holzminden

von Matthias Seeliger

Mit 2 Abbildungen

Seit zwei Jahren bieten 75-jährige Jubiläen oft nur bedingt einen Grund zum Feiern (vielfach sogar überhaupt keinen). Und das wird noch zehn Jahre so bleiben. Insgesamt zwölf Jahre – statt der von den damaligen Machthabern propagierten tausend! Zwölf Jahre, auf die die Weltgeschichte gerne verzichtet hätte …

Auch der 6. November 1935 gehört zu den Tagen, die uns die Zwiespältigkeit eines in der NS-Zeit fußenden Jubiläums deutlich vor Augen führen.[1] Damals wurde dieses Gebäude, als Neubau für das Finanzamt Holzminden errichtet, eingeweiht. Ein dreiviertel Jahrhundert später dient es noch immer seinem ursprünglichen Zweck – das ist zweifellos ein berechtigter Anlass zu der heutigen Feierstunde. Aber am 6. November 1935 wurde auch jener Mann, der auf Seiten der Stadt Holzminden diesen Finanzamtsneubau kritisch begleitet hatte, durch Bürgermeister Albert Jeep mit sofortiger Wirkung beurlaubt:[2] Stadtbaurat Leopold Scherman, der wenig später gezwungen wurde, seinen Namen in „Leopold Israel Scherman" zu ändern, weil die Nationalsozialisten ihn ihrer rassistischen Ideologie entsprechend als so genannten „Volljuden" betrachteten und verfolgten.

Und unabhängig vom Tag der Einweihung müssen wir rückblickend zur Kenntnis nehmen, dass der konkrete Anstoß zum Bau dieses Gebäudes nicht die Sorge um eine geeignete Unterbringung der im Finanzamt tätigen Personen oder um den möglichst reibungslosen Ablauf der zu erfüllenden Arbeiten war. Vielmehr wurde der Neubau errichtet, weil Hitler Krieg führen wollte! – Diese Aussage muss natürlich erläutert werden:

Wie stark das Primat der Rüstungspolitik in diesem Fall war, ist schon daran zu erkennen, dass sich das seit 1920 bestehende Finanzamt für 15 Jahre mit höchst sparsam umgebauten und eingerichteten Räumlichkeiten zunächst in der alten Baugewerkschule am Haarmannplatz, dann in der vom Militär nicht genutzten Kaserne begnügen musste. Als das Finanzministerium in Berlin im Juni 1927 überlegte, ob *die Schaffung einer anderweitigen einwandfreien Dauerunterkunft für das Finanzamt in absehbarer Zeit* möglich sei,[3] resultierte dies hauptsächlich aus der Überlegung, kein Geld mehr in die bislang genutzten Räume in der alten Baugewerkschule investieren zu wollen. Dabei dachte man daran, die Stadt Holzminden solle *im Wege eines Baumietvertrages* das Gebäude errichten und dem Amt vermieten. Dazu war die Stadt zwar grundsätzlich bereit, benötigte aber einen Baukredit der Braunschweigischen Staatsbank. Als sie diesen nicht erhielt, verlief die Angelegenheit im Sande. Das Finanzamt zog nach mehrjähriger Planungsphase schließlich Ende März 1932 in notdürftig umgebaute Räume der Kaserne.[4]

Nicht einmal ein ganzes Jahr später gelangten jedoch im Deutschen Reich die Nationalsozialisten an die Macht und begannen – zunächst noch getarnt – mit ihrer beispiellosen Aufrüstung für den kommenden Krieg. Plötzlich war das Holzmindener Finanzamt im Weg! Im ganzen Reich wurden ungenutzte Kasernen wieder für ihren ursprünglichen militärischen Zweck benötigt. Anfang Januar 1934 erfuhr Bürgermeister Jeep (zunächst noch *unter strengster Geheimhaltung* angesichts der völkerrechtlichen Lage), die Stadt solle zum 1. Oktober jenes Jahres Garnison für ein Pionierbataillon werden.[5]

Am 13. März 1934 teilte das Reichswehrministerium seine Planung offiziell dem Finanzministerium mit und fragte an, ob und wann die Kasernengebäude in Holzminden von Finanzamt und Zollamt geräumt werden könnten. Diesbezügliche Feststellungen und Planungen ergaben, dass zwar die Dienstwohnungen relativ zügig zu räumen seien durch Bereitstellung anderer Wohnungen in der Stadt, dass jedoch für Finanzamt und Zollamt ein Neubau erforderlich sei. Alles sollte *mit der größten Beschleunigung* geschehen.[6] Damit hoffte man, die Kaserne bis zum 1. Oktober 1935 räumen zu können.[7]

Wie schnell in der NS-Zeit Planungen realisiert werden konnten, wenn es um militärische Belange ging, zeigt die Entwicklung der folgenden Monate. Schon am 16. Mai 1934 konnte eine Fläche erworben werden: der südliche Teil des heutigen, größeren Grundstücks. Drei Tage später bewilligte das Finanzministerium grundsätzlich einen Neubau in Holzminden und ordnete an, umgehend mit der Bauplanung zu beginnen. Am 13. Juni unterrichtete das Finanzministerium das zuständige Landesfinanzamt Hannover von der Entscheidung, mit dem Bau bereits 1934 außerplanmäßig zu beginnen und die Baukosten im Haushaltsjahr 1935 einzuplanen. Tatsächlich wurde so verfahren!

Bereits im Juli 1934 konnte das Landesfinanzamt erste Pläne, konzipiert für das erworbene Grundstück, vorlegen. Das Eckgebäude, welches dort errichtet werden sollte, war offenbar von relativ bescheidenem Äußeren und gefiel in Holzminden

Abb. 1: Eingangsfront des Holzmindener Finanzamtes an der Ernst August-Straße, um 1960.
An der Grundstücksgrenze noch die inzwischen gerodete, 1936 gepflanzte Ligusterhecke.
(Vorl.: Finanzamt Holzminden)

überhaupt nicht. Die Feststellung, auf einem größeren Grundstück sei es möglich, *den Bau zweckmäßiger zu gestalten und zu verbilligen*, war ausschlaggebend dafür, die nördlich angrenzende Teilfläche – direkt an der Bürgermeister-Schrader-Straße – für den Bau zu erwerben.[8] Erst damit stand das heutige Grundstück in seiner Gesamtheit zur Verfügung.

Für die Stadt Holzminden dürfte sich – neben Bürgermeister Jeep – vor allem Stadtbaurat Leopold Scherman zu den Planungen geäußert haben. Seine Einladung zur Einweihung erfolgte ausdrücklich, *weil er in dienstlicher Beziehung zu dem*

Finanzamtsneubau steht.[9] Die Stadt legte besonderen Wert darauf, das neue Gebäude dem Charakter ihrer größeren öffentlichen Gebäude, dem Rathaus und der Kreisdirektion, anzugleichen.[10] Direkt an der Erstellung der Baupläne beteiligt war sie allerdings mangels Zuständigkeit nicht.

Da die Finanzverwaltung damals Angelegenheit des Reiches war,[11] lag die Zuständigkeit beim Reichsministerium der Finanzen bzw. – ihm nachgeordnet – dem Landesfinanzamt Hannover. Dort hatte auch Regierungsbaurat Behrend, der für die Planung des Holzmindener Amtes verantwortlich war, seinen Sitz.[12] Leider kennen wir bisher nicht einmal seinen Vornamen, und da auch eine „passende" Personalakte nicht aufzufinden war, können über den Architekten des Neubaus vorerst keine genauen Angaben gemacht werden.

Im Herbst 1934 erfolgte die detaillierte Planung des Gebäudes, und am 16. November konnte der erste Spatenstich stattfinden.[13] Wie bereits gesagt, gab es keine planmäßige Finanzierung im Haushaltsjahr 1934, und auch die Entwürfe, nach denen nun gebaut wurde, waren vom Finanzministerium noch nicht offiziell genehmigt – dies geschah erst im Frühjahr 1935.[14] Aber größte Eile war geboten, denn Anfang Oktober 1934 hatten tatsächlich Pioniere der Reichswehr in Holzminden Einzug gehalten. Da die Kaserne erst teilweise geräumt worden war, musste die Stadt ihr großes Schulgebäude an der Karlstraße ersatzweise für Kasernenzwecke zur Verfügung stellen.[15] Der Zeitdruck wurde dadurch zusätzlich verstärkt.

Wenngleich nicht direkt zuständig, meldete sich die Stadt Holzminden hinsichtlich der äußeren Gestaltung des Gebäudes deutlich zu Wort! Dies betraf z. B. auch die zu verwendenden Baustoffe. Es wurde gefordert, *dass bei dem Gebäude möglichst viel einheimisches Material verwendet werden möge, und zwar vor allem der heimische Sollingsandstein.*[16] Behrend griff diesen Wunsch auf, und beim Richtfest am 14. Mai 1935 konnte das Gebäude mit Recht als *ein Schmuckstein neuzeitlicher und doch durchaus bodenständiger Bauweise* bezeichnet werden.[17]

Das neue Gebäude, in dem neben dem Finanzamt damals auch Zollamt und Zollkommissariat ihren Platz erhielten,[18] präsentierte sich *als Edelputzbau auf Bruchsteinsockel aus Sollingsandsteinen unter Verwendung dieses Sandsteins auch für die Tür- und Fenstereinfassungen, die Gurt- und Hauptgesimse und Flächenverkleidungen.* Das Dach wurde ebenfalls *ortsüblich* mit den braunen Sandsteinplatten gedeckt, worauf die Holzkonstruktion des Dachstuhls Rücksicht zu nehmen hatte.[19]

Während das Äußere des Finanzamtes den meisten Holzmindenern bekannt sein dürfte, werden wohl nur relativ wenige von einigen bemerkenswerten Details der Ausstattung wissen, welche daher abschließend besonders hervorgehoben werden sollen. *Die künstlerische Ausstattung der Neubauten* – neben dem Holzmindener Finanzamt war damit auch das zeitgleich errichtete in Northeim gemeint – war

Abb. 2: Detail des großen Treppenhausfensters im Finanzamt Holzminden,
Entwurf: Dominikus Böhm. (Aufnahme: Jörg Mitzkat)

bereits mit Erlass vom 20. September 1934 angeregt worden: Dazu sollte in der
Kostenplanung *eine besondere Zusammenstellung der kunstgewerblichen Arbeiten*
erfolgen.[20] Für das Holzmindener Dienstgebäude sind dabei drei Bereiche zu
erwähnen: Schmiedearbeiten, das große Glasfenster im Treppenhaus sowie die
Ausstattung des Sitzungszimmers.

Relativ unauffällig und nur teilweise erhalten sind die schmiedeeisernen
Arbeiten der Kunstschlosserei Bastam[21] in Goslar. Teilweise erhalten aus
politischen Gründen: denn das im Februar 1937 gelieferte Oberlichtgitter über
dem Haupteingang *mit kunstgeschmiedetem Hoheitszeichen*[22] konnte nach dem
Untergang des „Tausendjährigen Reiches" natürlich nicht mehr seinen Platz
behalten. Noch vorhanden ist das Treppengeländer, das – neben dem großen
Fenster – anlässlich der Fertigstellung des Gebäudes in dem als *Hauptblickfang*
bezeichneten Treppenhaus besonders hervorgehoben wurde.[23]

Das farbig verglaste Fenster im Treppenhaus kann auf einen berühmten Namen
verweisen, nennt es doch in der unteren linken Ecke als Verfasser des Entwurfs
keinen Geringeren als den Architekten Dominikus Böhm! Auch dies ist aus der
Zeitgeschichte zu erklären – weshalb sollte ein namhafter Architekt in Köln für
das Finanzamt in Holzminden arbeiten? Er tat es aus finanziellen Gründen, denn
in der NS-Zeit waren seine architektonischen Entwürfe, stark von Werkbund
und expressionistischen Einflüssen geprägt, nicht gefragt. Auch hatte er 1934

nach Abbau des Faches Architektur seinen Lehrstuhl an der Kölner Werkschule verloren.[24] So beschäftigte er sich in den 1930er und 1940er Jahren verstärkt mit Entwürfen für Fenster. Das Fenster für das Holzmindener Finanzamt[25] wurde von der Glasmalerei Deppen in Osnabrück ausgeführt.[26]

Auf Dominikus Böhm geht allerdings nur das ornamentale Grundmuster des Fensters zurück. Die eingeschlossenen Wappenfelder sowie topographischen Darstellungen aus dem Bereich des Landkreises Holzminden sind nicht von künstlerischer Qualität: es handelt sich um einfache Wiedergaben von Fotografien. Für den größten Teil kann sogar die Vorlage genannt werden: ein 1932 erschienenes Buch über den Kreis Holzminden.[27]

Aus nahe liegenden Gründen ebenfalls nicht mehr vollständig erhalten ist die Ausstattung des Sitzungszimmers. Es fehlen die auf Postamenten an der Wand gegenüber der Fensterfront stehenden Büsten Hindenburgs und Hitlers, die im Frühjahr 1937 als Komplettierung der Arbeiten an der Inneneinrichtung aufgestellt wurden.[28] Wenige Wochen zuvor waren die beiden großen Gemälde an den Stirnseiten des Zimmers angebracht worden.

Diese Bilder prägen noch heute den Raum. Gemalt wurden sie von dem 1885 in Holzminden geborenen Künstler Walther Hoeck, der sich zu diesem Zeitpunkt bereits einen respektablen Ruf in der Kunstszene Braunschweigs erworben hatte. Allerdings beruhte dieser Ruf ab 1933 vor allem auf Arbeiten mit starkem politischem Bekenntnis – sie waren „NS-ideologiekonform".[29] Im August[30] 1935 malte Hoeck im Braunschweiger Hauptbahnhof sein großes Wandbild „Das junge Deutschland": ein nackter junger Mann, die rechte Hand zum Hitler-Gruß erhoben, in der linken eine Hakenkreuzfahne; hinter ihm ein sich aufbäumendes weißes Pferd und eine braune Gruppe marschierender SA-Männer. Eine solche Darstellung war 1935 durchaus eine Empfehlung für einen staatlichen Auftrag! In seiner Korrespondenz mit dem Landesfinanzamt[31] äußerte Hoeck allerdings, dass er erst 1936 an die Ausführung des Auftrages für Holzminden gehen könne, für den er einen Zeitaufwand von fünf Monaten kalkulierte.

Die Motive der Ölbilder sollten nach Skizzen Hoecks festgelegt werden – für eine exakte Rekonstruktion der Entstehungsgeschichte sind leider keine Quellen auffindbar. Die Bilder wurden in Hoecks Atelier auf Leinwand gemalt und anschließend im Sitzungszimmer in Holzminden angebracht. Die Hoffnung des Landesfinanzamts, dass dies noch im Frühjahr 1936 geschehen könne, erfüllte sich nicht. Ein volles Jahr Wartezeit verstrich: erst in der Zeit vom 12. bis 20. März 1937 wurden die Werke in Holzminden montiert und von Hoeck fertiggestellt. Inhaltlich sind sie deutlich auf den Kreis Holzminden bezogen: es handelt sich um (idealisierte!) Szenen der Arbeit im Wald sowie in den Steinbrüchen des Sollings.

Das Niedersächsische Denkmalschutzgesetz bezeichnet als Baudenkmale „bauliche Anlagen […], an deren Erhaltung wegen ihrer geschichtlichen, künstlerischen, wissenschaftlichen oder städtebaulichen Bedeutung ein öffentliches Interesse besteht". Eine wissenschaftliche Bedeutung wird man dem Holzmindener Finanzamtsneubau wohl nicht bescheinigen können. Wohl aber eine geschichtliche: als „Wegbereiter" der nationalsozialistischen Aufrüstung für den beabsichtigten Krieg. Ebenso eine künstlerische als solides Produkt einer gemäßigten Architektur der NS-Zeit sowie angesichts der Ausstattung durch anerkannte Künstler. Und bis zu einem gewissen Grad auch eine städtebauliche, denn das Gebäude nimmt deutlich *Rücksicht auf den Charakter des umgebenden Wohnviertels mit seinen villenähnlichen Bauten.*[32]

Anhang:

Schreiben des Stadtbaurats Leopold Scherman v. 4. November 1935 an den Vorsteher des Holzmindener Finanzamts

Sehr geehrter Herr Regierungsrat,
für die mir, vom Herrn Präsidenten des Landesfinanzamts übermittelte freundliche Einladung zu der Einweihung des neuen Dienstgebäudes des Finanzamts sage ich verbindlichsten Dank. Zu meinem größten Bedauern werde ich an der Teilnahme verhindert sein.

Ich darf allen, die an dem schönen, unserer Stadt zur Zierde gereichenden Bau gearbeitet haben, sowie allen, die in dem Gebäude zu schaffen, zu wirken und zu wohnen haben, herzliche Glückwünsche aussprechen. Besonders dankbar bin ich den Herren der Baugruppe, die auf die stadtseitig geäußerten städtebaulichen und auf die Bodenständigkeit bezughabenden Wünsche in hochgesinnter Art eingingen. Diese Dankesäußerung bitte ich gelegentlich an die zuständigen Stellen weiterzuleiten.

Ich erlaube mir zu der Feier als Vertreter der Städtischen Bauverwaltung den Stadtbauinspektor Diekmann zu entsenden.

Heil Hitler!
Ihr
ergebenster Scherman

Anmerkungen

1 Vorliegender Beitrag ist die um Anmerkungen und Anhang erweiterte Fassung eines Kurzvortrags, gehalten am 10. November 2010 bei einem Empfang des Finanzamts Holzminden anlässlich des Jubiläums.

2 KIECKBUSCH, Klaus: Von Juden und Christen in Holzminden, 1557-1945: Ein Geschichts- und Gedenkbuch. Holzminden 1998, S. 460/461. – Entsprechend nahm Scherman nicht an der Einweihung teil; vgl. seinen diesbezüglichen Brief im Anhang (aus Finanzamt Holzminden: Akte „Einweihung am 6. November 1935").

3 Bundesarchiv (BArch): R 2/25796.

4 Täglicher Anzeiger [Holzminden] (TAH) v. 19. März 1932.

5 Vgl. SEELIGER, Matthias: Garnisonstadt Holzminden: Die Geschichte der Kaserne seit 1913 (Holzmindener Schriften, 3). Holzminden 2001, S. 34/35.

6 Finanzamt Holzminden: Akte „Neubau eines Finanzamts in Holzminden, vol. I". Vgl.
   „Entstehungsgeschichte des Finanzamtsneubaus in Holzminden", dat. 15. Oktober 1935 (Landesarchiv
   Niedersachsen – Hauptstaatsarchiv Hannover: Nds 220 Acc. 144/95 Nr. 31).

7 Hierzu und zum Folgenden: BArch R 2/25796.

8 Die Entscheidung fiel bei einem Ortstermin am 14. August 1934, an dem u. a. Regierungsbaurat Behrens
   teilnahm (Finanzamt Holzminden: Akte „Neubau eines Finanzamts in Holzminden, vol. I").

9 Ebd.: Akte „Einweihung am 6. November 1935".

10 TAH v. 1. Dezember 1934.

11 „Gesetz über die Reichsfinanzverwaltung" vom 10. September 1919. In: Reichs-Gesetzblatt, Jg. 1919, S.
   1591-1601.

12 Der Verbleib der eigentlichen Bauakten, 1937 vom Oberfinanzpräsidenten an das Reichsbauamt
   Hannover abgegeben, konnte für den Vortrag leider nicht ermittelt werden (vg. Finanzamt Holzminden:
   Akte „Neubau eines Finanzamts in Holzminden, vol. II"). Zur Behördengeschichte vgl. LÖSCHE, Dietrich:
   Staatliche Bauverwaltung in Niedersachsen: Vom Ortsbaubeamten im Landbaudistrikt zum Staatlichen
   Baumanagement (Veröffentlichungen des Instituts für Historische Landesforschung der Universität
   Göttingen, 45). Bielefeld 2004.

13 TAH v. 7. November 1935.

14 BArch R 2/27298.

15 SEELIGER (wie Anm. 5), S. 38.

16 TAH v. 7. November 1935.

17 TAH v. 15. Mai 1935.

18 TAH v. 7. November 1935.

19 Finanzamt Holzminden: Akte „Neubau eines Finanzamts in Holzminden, vol. I".

20 BArch: R 2/27298.

21 Das Unternehmen war damals im Auftrag der *Baugruppe Hannover* für zahlreiche Finanzamtsbauten in
   ganz Niedersachsen tätig: Goslar, Lage, Leer, Lüchow, Osnabrück. Vgl. Goslarsche Zeitung v. 31. März
   1934 sowie 27. Januar 2007. Dem Stadtarchiv Goslar danke ich für die schnelle Bereitstellung dieser
   Zeitungsartikel per E-Mail.

22 Finanzamt Holzminden: Akte „Neubau eines Finanzamts in Holzminden, vol. II".

23 TAH v. 6. November 1935.

24 WOLF-BREEDE, Johanna: Dominikus Böhm: Ein Architektenleben. In: Das Münster 58 (2005), S. 2-9; hier S. 5-6.

25 In der von Christine NIELSEN erstellten „Werkliste Dominikus Böhm: Projekte, Wettbewerbe und
   ausgeführte Bauten" (in: Dominikus Böhm 1880-1955, hrsg. v. Wolfgang Voigt u. Ingeborg Flagge.
   Tübingen / Berlin 2005, S. 121-171, Anm. S. 191) wird als Nr. 207 aufgeführt: „Holzminden
   Kirchenfenster 1935" (Quelle: Historisches Archiv der Stadt Köln, Best. 1208, Pl. 1/57). Dabei kann es
   sich nur um das Fenster des Finanzamts handeln!

26 Die Zusammenarbeit der Firma Deppen mit Dominikus Böhm (*viele Aufträge*) wird – wenngleich nur mit
   einem Satz – erwähnt in: 75 Jahre G. Deppen & Söhne, Osnabrück. (Osnabrück 1970), S. 28. Aus der
   zweiten Hälfte der 1930er-Jahre gibt es außerdem Entwürfe Böhms für ein Wohnhaus sowie ein Grabmal
   Deppen, vgl. NIELSEN (wie Anm. 25), Nr. 239 u. 261. Der Kontakt zwischen Böhm und der Firma Deppen
   könnte über den Glasmaler Theo M. Landmann entstanden sein. Landmann, 1925 bis 1927 bei Deppen
   tätig, entwarf 1930 Glasfenster für die von Böhm errichtete Kirche St. Elisabeth in Birken (vgl. www.
   landmann-archiv.de).

27 Der Kreis Holzminden, Schriftltg.: [Friedrich] Floto. Braunschweig 1932.

28 Finanzamt Holzminden: Akte „Neubau eines Finanzamts in Holzminden, vol. II".

29 SCHWARZLOSE, Claudia: Der Maler Walther Hoeck. In: Deutsche Kunst 1933-1945 in Braunschweig: Kunst
   im Nationalsozialismus. Katalog der Ausstellung [...]. Hildesheim u. a. 2000, S. 141-153; hier S. 147.

30 Datierung bestätigt in BArch: R 2/27298.

31 Abschriften in Finanzamt Holzminden: Akte „Neubau eines Finanzamts in Holzminden, vol. II".

32 TAH v. 7. November 1935.

Bibliographie zur Geschichte des Landkreises Holzminden, 2009/2010 (mit Nachträgen)

Bearbeitet von Matthias Seeliger

Allgemeines

1 Niedersächsische Bibliographie
ab Berichtsjahr 2000 nur noch als Datenbank:
http://www.gwlb.de/nis/niedersaechsische_bibliographie/

2 Bibliographie zur Braunschweigischen Landesgeschichte 2008 – mit Nachträgen, bearb. v. Ewa Schmid. In: Braunschweigisches Jahrbuch für Landesgeschichte 90 (2009), S. 267-295

3 Bibliographie zur Geschichte des Landkreises Holzminden, 2007/2008 (mit Nachträgen), bearb. v. Matthias Seeliger. In: Jahrbuch für den Landkreis Holzminden 27 (2009), S. 183-200

4 Raabe-Bibliographie 2009, bearb. v. Wolfgang Dittrich. In: Jahrbuch der Raabe-Gesellschaft, Jg. 2009, S. 207-212
Desgl. 2010. In: ebd., Jg. 2010, S. 202-210
(Wilhelm Raabe) (auch im Internet: http://www.biblio.tu-bs.de/db/raabe)

Landeskunde, Geographie

5 Below, Manfred: Die Weser: Vom Thüringer Wald bis zur Nordsee. Bremen 2010
(„Reise- und Lesebuch")

6 Voigt, Andreas u. Reinhard Strüber; Markus Hilbich (Fotogr.): Weserbergland (DuMont Bildatlas, 103). Ostfildern 2010

7 Jenckel, Ingrid: Freizeitführer Region Südniedersachsen. Gudensberg-Gleichen 2009

8 RADgeber 2010 zum Weser-Radweg: Offizielle Radwanderbroschüre zum Weser-Radweg. Bremen 2010

9 Mende, Winfried: Schlösser und Burgen im Weserbergland und seiner Umgebung. Hameln 2009

(darin S. 17-19: Bevern; S. 19-20: Bisperode; S. 37-40: Fürstenberg; S. 49: Hehlen; S. 56-58: Polle)

10 Herbote, Arne: Baukultur in der Region: Leinebergland (Niedersachsen - ArchitekTOUR). Berlin / Wildeshausen 2010
(darin S. 46-47: Arbeitersiedlung in Grünenplan; S. 48-49: St. Laurentius in Kaierde; S. 49-50: St. Georg in Delligsen; S. 50-51: Schloss Düsterntal)

11 Sandstein & Feldflur: Kulturhistorischer Ortsrundgang Arholzen. Holzminden 2009

12 König, Sonja: Der Solling als „marginaler Raum"? Verteilung und Struktur ländlicher Siedlungen in der Mittelgebirgsschwelle am Beispiel des Sollings in Südniedersachsen. In: Medieval Rural Settlement in Marginal Landscapes (Ruralia, 7), hrsg. v. Jan Klápšt u. Petr Sommer. Turnhout 2009, S. 345-357

13 Stephan, Hans-Georg: Die mittelalterliche Dorfwüstung Smedersen in ihrem historischen Umfeld und die Entstehung von Lauenförde. In: Sollinger Heimatblätter, Jg. 2009, H. 2 S. 7-27, H. 3 S. 8-30, H. 4 S. 10-23, Jg. 2010, H. 1 S. 13-30 u. H. 2 S. 8-24

14 Reuschel, Andreas: Hagenhufensiedlungen oder „Hägerhufensiedlungen" in der Ithbörde? Ein Beitrag zur Ausdifferenzierung eines siedlungsgeographischen Terminus und Phänomens. Diss. masch.schr. Bonn 2009
Internet-Publikation: http://hss.ulb-bonn.de/2010/1978/1978.pdf (Ausdruck vorh. im Stadtarchiv Holzminden)

15 Linnemann, Hilko: Kulturlandschaft im Weserbergland: Der Landkreis Holzminden. In: Die Weser (Niedersachsen: Spezial). Berlin / Wildeshausen 2010, S. 44-47

16 Naturschutzgebiete und Landschaftsschutzgebiete in Niedersachsen (Stand 31.12.2008): Karten für die Bereiche der einzelnen Naturschutzbehörden (Informationsdienst Naturschutz Niedersachsen 29 (2009), H. 2). Hannover 2009
(S. 90-91: Landkreis Holzminden)

17 Dörfer, Karsten: Bedeutung der Hechtgräben für den Naturhaushalt der Oberweserniederung – ein Beispiel für den verkannten Wert von Kleinstrukturen in Naturschutz und Landschaftsplanung. In: Archiv für Hydrobiologie, Supplementband 101 / Large Rivers, 9 (1995), S. 545-563

18 Die Rote Mappe 2010 des Niedersächsischen Heimatbundes e.V. (NHB) - ein kritischer Jahresbericht zur Situation der Heimatpflege in unserem Lande [...] / Die Weiße Mappe 2010 - Antwort der Niedersächsischen Landesregierung auf die Rote Mappe 2010 des Niedersächsischen Heimatbundes e.V. (NHB) [...]. 2 Hefte Hannover 2010
(darin Nr. 217/10: Sanierung historischer Trockenmauern aus Sandstein in Neuhaus im Solling, Landkreis Holzminden; Nr. 310/10: Verkauf von landeseigenen Immobilien und die Auswirkungen auf die Denkmalpflege. Der Fall der Domäne Heidbrink bei Polle, Landkreis Holzminden; Nr. 316/10: Telegraphenturm des Optischen Telegraphen von 1833 in Warbsen, Gemeinde Bevern, LK Holzminden)

Natur

19 Reuschel, Andreas: Das Wasser kommt: Überschwemmungen im Lennetal bei Eschershausen seit dem 18. Jahrhundert. In: Jahrbuch für den Landkreis Holzminden 27 (2009), S. 1-12

20   Garve, Eckhard: Verbreitungsatlas der Farn- und Blütenpflanzen in Niedersachsen und Bremen, unter Mitarbeit v. Annemarie Schacherer u. a. (Naturschutz und Landschaftspflege in Niedersachsen, 43). Hannover 2007
(Bezüge zum Landkreis Holzminden vgl. Karten)

21   Seifert, Marion u. Tanja Etges: Entwicklung eines rekultivierten Gipssteinbruches bei Stadtoldendorf. In: Bericht der Naturhistorischen Gesellschaft Hannover 147 (2005), S. 3-35
(floristische Bestandsaufnahme)

22   Hörmann, Dieter: Die Flechte Pyrenula nitida bei Sievershagen, Landkreis Holzminden. In: Jahrbuch für den Landkreis Holzminden 27 (2009), S. 13-14

23   Czyppull, Birgit u. Karsten Dörfer (Fotos: Jürgen Borries): Wildkatzen: Ihr heimliches Leben im Solling. (Holzminden 2010)

24   Meyer, Imke: Fledermäuse in Lenne – Kartierung und Dorferneuerung. In: NABU Holzminden: Rundbrief 2009, S. 19-20

25   Hozak, Rainer: Nachweise der Zweifarbfledermaus (Vespertilio murinus LINNAEUS 1758) in Niedersachsen bis Anfang 2007. In: Informationsdienst Naturschutz Niedersachsen 28 (2008), S. 142-148
(Bezüge zum Landkreis Holzminden vgl. Karten)

26   Müller, Jochen: Ornithologischer Sammelbericht für den Kreis Höxter 2007/2008. In: Beiträge zur Naturkunde zwischen Egge und Weser 20(2008), S. 118-123
Desgl. 2008/2009. In: ebd. 21 (2009), S. 93-98
(betr. auch einen schmalen Bereich östlich der Weser)

27   Schmidt, Patric: Zur Bestandssituation und Habitatnutzung des Rotmilans Milvus milvus im Landkreis Holzminden (Niedersachsen). In: Informationsdienst Naturschutz Niedersachsen 29 (2009), S. 151-157

28   Matthes, Ulrich u. Reinald Werner: Elektrobefischungen von Werra und Oberweser im Jahr 2008
Publikation im Internet: www.cdl.niedersachsen.de/blob/images/C52737101_L20.pdf

Soziales Leben

29   Melzer, Klaus-Dieter: Das Leben in einem niedersächsischen Dorf: Eine empirische Untersuchung der Denk- und Handlungsmuster der Dorfbevölkerung. Diss. Bremen masch.schr. 2000
(Ex. vorh. im Stadtarchiv Holzminden; betr. Vahlbruch)

30   Waske, Walter: Demographischer Wandel als Chance für den ländlichen Raum – Landkreis Holzminden. In: Wie gestalten wir Veränderungen? Herausforderungen für die Kommunen durch den demographischen Wandel, hrsg. v. Horst Zilleßen u. Stefan Kessen. Frankfurt am Main u. a. 2007, S. 145-162

31   Neu, Kerstin: Kindesvernachlässigung in Risikofamilien: Möglichkeiten zur Verbesserung des Kindesschutzes (Holzmindener Schriften zur Sozialen Arbeit „Soziales Denken und Handeln", 4). Berlin 2008
(betr. u. a. „Präventives Familienhebammenprojekt" im Landkreis Holzminden)

32 Moos, Johanna: Versorgungsstrukturen alkoholkranker Menschen am Beispiel des Landkreises Holzminden (Holzmindener Schriften zur Sozialen Arbeit „Soziales Denken und Handeln", 7). Berlin 2009

33 Mitzkat, Oliver: Zivilgesellschaftliches Engagement in der Betreuung von Menschen mit Demenz: Wie entsteht Engagement für Menschen mit Demenz? (Holzmindener Schriften zur Sozialen Arbeit „Soziales Denken und Handeln", 8). Berlin 2009

34 Wiggenhäuser, Johannes, Christian Röhrs u. Jörg Ritters: Deviantes Verhalten von Personen an den Teichanlagen in Holzminden (Bachelor Thesis). Berlin 2008 *(enthält S. 1-48 Wiggenhäuser, Johannes: Situationsanalyse unter dem Aspekt einer "Anti-Alkohol-Verordnung" sowie möglicher Handlungsansatz; S. 49-93 Röhrs, Christian: Konzeptvergleich anderer Städte sowie ein möglicher Handlungsansatz für Holzminden; S. 94-137 Ritters, Jörg: Übertragbarkeit der Lösungsansätze auf den ländlichen Raum – Handlungsansatz für die Stadt Holzminden)*

35 Spatzier, Marco: Not macht erfinderisch: Im Landkreis Holzminden lernen Studierende Sozialpsychiatrie praktisch. In: Psychiatrie in Niedersachsen: Jahrbuch 3 (2010), S. 162-166

36 Zeit aus Gottes Hand: 100 Jahre Schwesternschaft des Diakonissen-Mutterhauses Salem-Lichtenrade. Bad Gandersheim 2006 *(betr. vereinzelt Ev. Krankenhaus Holzminden)*

Allgemeine Geschichte

37 Archiv-Nachrichten Niedersachsen 12 (2008) *(46. ANKA-Tagung Holzminden. Zwischen Kernaufgaben und Projektmanagement: Das Kommunalarchiv als universelle Serviceschnittstelle)*

38 Urkunden des Klosters Wormeln, bearb. v. Helmut Müller (Veröffentlichungen der Historischen Kommission für Westfalen, XXXVII/10). Münster 2009 *(u. a. Urkunden der Grafen von Everstein)*

39 Akten des Reichskammergerichts im Hauptstaatsarchiv Hannover: Hochstift Hildesheim und benachbarte Territorien 1495-1806, bearb. v. Claudia Kauertz u. a. (Das Niedersächsische Landesarchiv und seine Bestände, 1 = Inventar der Akten des Reichskammergerichts, 30). 4 Bände Hannover 2009 *(betr. mit einzelnen Nr. auch Orte im Bereich des Landkreises Holzminden, vgl. Index der Orte: Amelungsborn, Ammensen, Bisperode, Bodenwerder, Brökeln, Daspe, Delligsen (Carlshütte), Dohnsen, Düsterntal, Fürstenberg, Halle, Hehlen, Holzminden, Hunzen, Kirchbrak, Lauenförde, Ottenstein, Polle, Rühle, Wickensen)*

40 Bein, Reinhard: Sie lebten in Braunschweig: Biografische Notizen zu den in Braunschweig bestatteten Juden (1797 bis 1983) (Mitteilungen aus dem Stadtarchiv Braunschweig, 1). Braunschweig 2009 *(betr. in Einzelfällen auch aus dem Gebiet des Landkreises Holzminden stammende Personen)*

41 Weihmann, Susanne: Konversionen von Angehörigen der Helmstedter Familie Salomon-Ornstein im 19. Jahrhundert. In: Konversionen von Juden zum Christentum in Nordwestdeutschland: Vorträge des Arbeitskreises Geschichte der Juden in der

Historischen Kommission für Niedersachsen und Bremen, hrsg. v. Werner Meiners (Veröffentlichungen der Historischen Kommission für Niedersachsen und Bremen, 246). Hannover 2009, S. 183-199
(betr. u. a. S. 191-192 Moritz Salomon; Angaben nach Klaus Kieckbusch: Von Juden und Christen in Holzminden ...)

42   (Rothschild, Ephraim:) Tagebuch Ephraim Rothschild, 1808-1901, hrsg. v. Ulrich Abels. Masch.schr. Stadtoldendorf 2010
(1893 bis 1898 niedergeschriebene Lebenserinnerungen; Ex. vorh. im Stadtarchiv Holzminden)

43   Hartmann, Jürgen: Die Erinnerungen Julius Kleebergs an seine Kindheit und Jugend in Salzuflen und Bösingfeld 1899-1908. In: Rosenland. Zeitschrift für lippische Geschichte Nr. 10 (Juni 2010), S. 2-25
(u. a. familiäre Beziehungen nach Boffzen und Holzminden)

44   Voit, Friedrich: „Das Wort zu finden, das alle Türen öffnet": Zum literarischen Schaffen von Gerson Stern (1874-1956). In: Zwischen Rassenhass und Identitätssuche: Deutsch-jüdische literarische Kultur im nationalsozialistischen Deutschland, hrsg. v. Kerstin Schoor. Göttingen 2010, S. 367-382

45   Meyer, Georg: Vom Kriegsgefangenen zum Generalinspekteur: Adolf Heusinger 1945-1961. Potsdam 1997

46   Meyer, Georg: Adolf Heusinger: Dienst eines deutschen Soldaten 1915 bis 1964. Herausgegeben mit Unterstützung der Clausewitz-Gesellschaft und des Militärgeschichtlichen Forschungsamtes. Hamburg u. a. 2001

47   Koch-Rosner, Karin: Ein Frauenleben zwischen Petroleumlampe und PC: Eine Wegbeschreibung. O. O. 2010

48   Heine, Hans-Wilhelm: Airborne Laserscanning im Weserbergland. In: Berichte zur Denkmalpflege in Niedersachsen 29 (2009), S. 37
Ders.: Airborne Laserscanning im Weserbergland: Erste Ergebnisse. In: ebd., S. 135-137

49   Cosack, Erhard, unter Mitarbeit v. Veronica König u. a.: Neue Forschungen zu den laténezeitlichen Befestigungsanlagen im ehemaligen Regierungsbezirk Hannover (Göttinger Schriften zur Vor- und Frühgeschichte, 31). Neumünster 2008
(betr. u. a. S. 19-24: Die Hünenburg bei Ammensen, Ldkr. Holzminden)

50   Dörfler, Wolfgang: Nachruf auf Dr. Ulrich Klages. In: Kreiskalender 2009: Jahrbuch für den Landkreis Harburg, S. 193-194
(Klages gebürtig aus Stadtoldendorf; Schüler des Gymnasiums in Holzminden)

51   Dörnemann, Friedrich: Bevern: Geschichte und Geschichten von der Angermühle bis zum Motoball. Holzminden 2009

52   Bodenwerder: Alltagsimpressionen. Ein Rundgang durch vergangene Zeiten. Bodenwerder o. J.

53   Brodhage, Gerhard: Ein Frühlingstag im alten Silberborn. In: Sollinger Heimatblätter, Jg. 2009, H. 1 S. 27-28

54   Küntzel, Thomas: Der Kinderauszug von Hameln: Eine Kriegslist im Kampf um die Burg Everstein? In: Museumsverein Hameln: Jahrbuch 2010, S. 112-127

55 Burgess, Colin: Holzminden. In: Encyclopedia of prisoners of war and internment, hrsg. v. Jonathan Franklin William Vance. Santa Barbara 2000, S. 133
(betr. nur den Ausbruch 1918 aus dem Gefangenenlager für Offiziere in der Kaserne)

56 Kessler, Harry Graf: Das Tagebuch 1880-1937, hrsg. v. Roland S. Kamzelak u. a. Achter Band: 1923-1926, hrsg. v. Angela Reinthal u. a. (Veröffentlichungen der Deutschen Schillergesellschaft, 50.8). Stuttgart 2009
(darin Auftritt in Holzminden, 9./10. August 1924)

57 NS-Staats- und Stadtgeschichte: NS-Ideologie und -Herrschaft in Holzminden, von Schülerinnen und Schülern des 13. Jahrgangs des Geschichtskurses auf normalem Niveau am Campe-Gymnasium Holzminden unter der Leitung von Herrn Studienrat Hans-Joachim Sach, Holzminden 2008. Holzminden 2009

58 Braumann, Georg: Katholische Westfalen 1941-1945 verschickt und umquartiert: Eine Quellensammlung (Dokumente und Berichte zur Erweiterten Kinderlandverschickung 1940-1945, 10). Bochum/Freiburg 2010
(betr. u. a. Evakuierung in den Bereich des Landkreises Holzminden)

59 Ostermann, Berthold: Sicherung von Emdener Kulturgut in der Amelungsborner Klosterkirche im 2. Weltkrieg. In: Beiträge aus dem Kloster Amelungsborn, Band 15: Festgabe zum 80. Geburtstag des Familiaren Richard Toellner Senior der Familiaritas von 1974-1998, hrsg. v. Berthold Ostermann, Dieter Schrader u. Reinhard Eicke. Lengerich 2010, S. 65-70

60 Hoffmann, Daniel: Lebensspuren meines Vaters: Eine Rekonstruktion aus dem Holocaust. Göttingen 2007
(betr. S. 209-212 Lager Holzen)

61 Geschichte bewusst machen: Gedenkstätten und Erinnerungskultur in Niedersachsen. Red.: Michael Pechel. Celle 2009
(betr. u. a. Erinnerungsstätte „Lenner Lager")

Recht; Politik; Verwaltung

62 Dahm, Miriam Katharina: Die Pfändungskonstitution gemäß RKGO 1555, Teil 2, Tit. XXII und ihr Verhältnis zum Landfrieden (Bochumer Forschungen zur Rechtsgeschichte, 4). Aachen 2008
(betr. Grenzkonflikt zwischen der Reichsabtei Corvey und dem Fürstentum Braunschweig-Wolfenbüttel um das Gebiet zwischen Weser und Solling)

63 Kieckbusch, Klaus: Henker und Abdecker in Holzminden und an der oberen Weser (16. bis 20. Jahrhundert). In: Jahrbuch für den Landkreis Holzminden 27 (2009), S. 15-57

64 Zick, Rolf: Die CDU in Niedersachsen: Eine Chronik. Sankt Augustin 2008; 2. Aufl. 2009
(zu Politikern aus Holzminden – Bruno Brandes, Uwe Schünemann – vgl. Personenregister)

65 Biographisches Handbuch der Mitglieder des Deutschen Bundestages 1949-2002. Hrsg. v. Rudolf Vierhaus u. Ludolf Herbst unter Mitarbeit von Bruno Jahn. 3 Bände München 2002-2003

(darin Band 1 S. 11: Alten-Nordheim, Odal von; S. 90/91: Brandes, Bruno; Band 2 S. 616/617: Oetzel, Richard [Schüler der Landesbaugewerkschule Holzminden]; S. 717: Sander, Heinrich; S. 840: Stegner, Artur)

66 Lippelt, Christian: Hoheitsträger und Wirtschaftsbetrieb: Die herzogliche Amtsverwaltung zur Zeit der Herzöge Heinrich der Jüngere, Julius und Heinrich Julius von Braunschweig-Wolfenbüttel 1547-1613 (Schriften zur Sozial- und Wirtschaftsgeschichte, 12). Hamburg 2008

Kirchengeschichte

67 Von der Taufe der Sachsen zur Kirche in Niedersachsen: Geschichte der Evangelisch-lutherischen Landeskirche in Braunschweig, hrsg. v. Friedrich Weber, Birgit Hoffmann u. Hans-Jürgen Engelking. Braunschweig 2010
(Bezüge zum Landkreis Holzminden vgl. Geographisches Register)

68 Rammler, Dieter: Hinter jedem Hügel ein Kirchturm: Kleine Braunschweigische Kirchengeschichte. Hannover 2009

69 Lilge, Andreas: 1609 errichtet, 1974 abgerissen: Die Geschichte der alten Kirche in Arholzen. In: Jahrbuch für den Landkreis Holzminden 27 (2009), S. 59-70

70 mittwochs, wenn es dämmert ... 75 Jahre Kantorei Luthergemeinde Holzminden: Jubiläum 2009. (Holzminden 2009)

71 Gorka, Eckhard: Kloster Amelungsborn. In: Evangelische Klöster in Niedersachsen, hrsg. v. d. Klosterkammer Hannover. Rostock 2008, S. 154-161

72 Heutger Nicolaus: Kloster Amelungsborn – einst und jetzt. In: ders.: Niedersächsische Ordenshäuser und Stifte: Geschichte und Gegenwart. Vorträge und Forschungen, hrsg. v. Viola Heutger (Forschungen zur niedersächsischen Ordensgeschichte, 7). Berlin 2009, S. 45-67

73 Beiträge aus dem Kloster Amelungsborn, Band 14, hrsg. v. Berthold Ostermann u. Dieter Schrader. Lengerich 2008
Desgl., Band 15: Festgabe zum 80. Geburtstag des Familiaren Richard Toellner Senior der Familiaritas von 1974-1998, hrsg. v. Berthold Ostermann, Dieter Schrader u. Reinhard Eicke. Lengerich 2010
(enthält u. a. S. 12-17 Toellner, Richard: Konrad Andreas Christian Reinhard Mahrenholz und die Wiederbelebung des Klosters Amelungsborn; S. S. 18-27: Denkschrift des Abtes D. Dr. Christhard Mahrenholz über die Amelungsborner Bruderschaft vom 11. Mai 1961; S. S. 29-39 Ostermann, Berthold u. Dieter Schrader: Das Besondere der Familiaritas, ihre Aufgabe in der Zukunft und die Zukunft des Klosters; S. 40-41 Toellner, Richard: Familiaritas des Klosters Amelungsborn; S. 89-101 Göhmann, Herbert W.: Amelungsborn von der Reformation bis zur Großen Vakanz 1912 (Referat für die Familiaritas am 8.5.2009))

74 Le Cam, Jean-Luc: Späthumanismus, „Helmstedter Konfessionalisierung" und Säkularisierung der Schule: Zur Genese der Reform von Schule und Schulaufsicht im Herzogtum Braunschweig-Wolfenbüttel nach dem 30jährigen Krieg. In: Säkularisierung vor der Aufklärung? Bildung, Kirche und Religion 1500-1750, hrsg. v. Hans-Ulrich

Musolff, Juliane Jacobi und Jean-Luc Le Cam. Köln 2008, S. 77-101
(betr. u. a. vereinzelt Klosterschule Amelungsborn)

75   Landeskirchengeschichte: Konzepte und Konkretionen. Tagung des Arbeitskreises Deutsche Landeskirchengeschichte im Kloster Amelungsborn vom 29. bis 31. März 2006. Hrsg. v. Hans Otte, Michael Beyer u. Christian Winter (Herbergen der Christenheit, Sonderband 14 / Studien zur Deutschen Landeskirchengeschichte, 7). Leipzig 2008

Wirtschafts- und Verkehrsgeschichte

76   Linnemann, Hilko: „So weiß, weißer geht's nicht": Bleiche und Bleichegraben in Holzminden – ein Kulturdenkmal. In: Jahrbuch für den Landkreis Holzminden 27 (2009), S. 71-84

77   Hallensleben, Volkmar: Amelungsborn damals: Eine Zeitreise durch das zwanzigste Jahrhundert mit vielen Bildern. In: Beiträge aus dem Kloster Amelungsborn 14 (2008), S. 16-83
(Auch leicht überarbeitete, eigenständige Ausgabe als Digitaldruck im Selbstverlag:) Amelungsborn gestern und heute: Eine Zeitreise durch das 20ste Jahrhundert mit 130 Bildern und 4 Skizzen. [Stadthagen 2009]
(betr. Domäne und Landwirtschaft)

78   Koch, Julia: Zickenkrieg im Wesertal: Eine Molkerei plant in Südniedersachsen die größte Ziegenfabrik Europas. Anwohner fürchten Gestank und Gemecker. In: Der Spiegel, Jg. 2009, Nr. 42 S. 122
(Domäne Heidbrink, Polle)

79   Stephan, Hans-Georg: Frühneuzeitliche Glashütten im Solling und im Weser-Werra-Bergland (1500 bis 1800). In: Der Glasfreund, H. 28 (2008), S. 9-13

80   Leiber, Christian: Mittelalterliche Waldglashütten im Homburgwald bei Eschershausen, Landkreis Holzminden. In: Jahrbuch für den Landkreis Holzminden 27 (2009), S. 85-92

81   Wolff Metternich, Beatrix Freifrau von: Die Porzellanmanufaktur Fürstenberg. In: Zauber der Zerbrechlichkeit: Meisterwerke europäischer Porzellankunst, hrsg. v. Ulrich Pietsch u. Theresa Witting. Leipzig 2010, S. 135-141

82   Krueger, Thomas: Notizen zur Frühgeschichte der Porzellanmanufaktur Fürstenberg, 1746-1753. Neue Forschungsfragen aus historischer Sicht anlässlich erster archäologischer Testgrabungen an frühen Ofenbauten der Manufaktur. In: Königstraum und Massenware: 300 Jahre europäisches Porzellan: Das Symposium (Schriften und Kataloge des Deutschen Porzellanmuseums (DPM), 102). Selb 2010, S. 48-69

83   Unterberg, Michael: Frühes Fürstenberger Porzellan: Die Sammlung Reichmann im Museum für Kunst und Gewerbe Hamburg. Hamburg 2010

84   Bungarten, Gisela: Adaptionen antiker Vasenmalerei in der Porzellanmanufaktur Fürstenberg. In: Reiz der Antike: Die Braunschweiger Herzöge und die Schönheiten des Altertums im 18. Jahrhundert. Ausstellung im Herzog Anton Ulrich-Museum Braunschweig, 21. August - 16. November 2008, hrsg. v. Gisela Bungarten u. Jochen Luckhardt. Petersberg 2008, S. 152-158

(andere Beiträge dieses Katalogbandes enthalten vereinzelt weitere Abbildungen von Porzellan aus Fürstenberg)

85 Jacob-Hanson, Charlotte: Louis Victor Gerverot in a new light: His early years and bird painting, 1766-1773. In: The Magazine Antiques, Jan. 2004, S. 192-201

86 Jacob-Hanson, Charlotte: Further findings on the life and career of Louis Victor Gerverot. In: American Ceramic Circle Journal 14 (2007), S. 2-27

87 Kuhse, Björn Bernhard: Vanillin – Historie und Schulrelevanz: Die Geschichte einer regionalen Riechstoffindustrie und deren Verwendung in einem praxisorientierten Chemieunterricht. Göttingen 2010
(Fa. Haarmann & Reimer, Holzminden)

88 Schwedt, Georg: Betörende Düfte, sinnliche Aromen. Weinheim 2008
(darin S. 89-93: Düfte/Aromen aus Holzminden an der Weser)

89 Bönig, Wolfgang: Zur Geschichte der chemischen Industrie in Dohnsen. In: Jahrbuch für den Landkreis Holzminden 27 (2009), S. 93-100

90 Heise, Friedrich: Die Herzogliche Carlshütte zu Delligsen 1735-1845, Privatbesitz seit 1846: Der künstlerische Eisenguss des 19. Jahrhunderts (Schriftenreihe zur Geschichte der Hilsmulde, [3]). Delligsen 2010

91 Beermann, Werner u. a.: Die Elzer Waggon: Die Geschichte der Fabrik von Heine und Holländer bis Waggonbau Graaff/VTG (Schriftenreihe des Heimat- und Geschichtsvereins Elze und seiner Ortsteile e. V., 8). Elze 2009
(betr. u. a. S. 97 u. 156: Werk Bevern, ehemals Maschinenfabrik Müller KG [Forst])

92 (Range, Clemens): Von Gollnow nach Holzminden: Ein Unternehmen im Wandel der Zeit. Müllheim-Britzingen 2010
(Fa. Laabs / „Wilago Möbel")

93 Kreishandwerkerschaft Holzminden Jahresbericht '08. (Holzminden 2009)
Desgl. '09. (Holzminden 2010)

94 Schmitt, Christoph: Eine Brückengeschichte in Ansichtskarten: Hundert Jahre Trittenheimer Brücke. In: Kreisjahrbuch 2009 Bernkastel-Wittlich, S. 286-290
(erbaut durch das Bauunternehmen Bernhard Liebold, Holzminden)

95 Schneider, Axel: Georgsbrücke. In: Meiningen: Lexikon zur Stadtgeschichte [...]. Red. Johannes Mötsch. Meiningen 2008, S. 88
(erbaut 1899 durch das Bauunternehmen Bernhard Liebold, Holzminden)

96 Lauter, Mathias u. Garrelt Riepelmeier: Das Bw Holzminden. In: Deutsche Bahnbetriebswerke und der Triebfahrzeugpark der deutschen Eisenbahnen von 1920 bis heute [Loseblattwerk], 75. Ergänzungsausgabe. München 2010 (S. 1-26), 76. Ergänzungsausgabe. München 2010 (S. 27-50), 77. Ergänzungsausgabe. München 2010 (S. 51-74)

97 Wolff, Gerd: Deutsche Klein- und Privatbahnen, Band 11: Niedersachsen Teil 3. Freiburg 2009
(darin S. 87-121: Vorwohle-Emmerthaler Eisenbahn, S. 122-142: Kleinbahn Voldagsen-Duingen-Delligsen)

98 Seeliger, Matthias: Die Hafenbahn der Stadt Holzminden. In: Jahrbuch für den Landkreis Holzminden 27 (2009), S. 101-134

99 Kruse, Jan: Frachtschifffahrt und Schiffbau im Weserbergland: Vom Beginn der Dampfschifffahrt bis in die Gegenwart. Hameln 2009

100 Linnemann, Hilko: „Zweckmäßig und Nutzen bringend für die Stadt": der Holzmindener Weserhafen. In: Jahrbuch für den Landkreis Holzminden 27 (2009), S. 135-150

Geistiges und kulturelles Leben

101 Schneider, Norbert: Die Schriftproben des Schreibmeisters Johannes von Hagen aus Bodenwerder (Ms. lat. fol. 384 der Staatsbibliothek zu Berlin – Preußischer Kulturbesitz). In: Mittellateinisches Jahrbuch 40 (2005), S. 445-454

102 Kieckbusch, Klaus: Von der Lateinschule im Kloster Amelungsborn seit 1569 und ihrem Weiterleben in Holzminden ab 1760. Mit Darstellung eines Schüleraufruhrs im Jahre 1783. Im Anhang eine Liste mit Namen von Klosterschülern. Holzminden 2009

103 Jahns, Werner: Von der Weimarer Republik ins Dritte Reich: Zur Geschichte des Holzmindener Gymnasiums. In: Jahrbuch für den Landkreis Holzminden 27 (2009), S. 151-176

104 Jahrbuch 2008/09 des Campe-Gymnasiums. (Holzminden: Schülerfirma „Revista", 2009). 126 S.

105 Ostermann, Wolf-Dieter: Ascherslebener Biographisches Lexikon: Kurzbiographien von 111 Persönlichkeiten aus der Geschichte der Stadt Aschersleben. Halle 2008
(darin S. 70/71: Johann David Hartmann, Direktor des Gymnasiums in Holzminden)

106 Pingel, Norman-Mathias: Friedrich Koldewey – ein bedeutender Braunschweiger Pädagoge und Historiker. In: Braunschweigischer Kalender 2010, S. 75-77
(1882-1884 Direktor des Holzmindener Gymnasiums)

107 (Landschulheim am Solling [Holzminden]:) Berichte und Mitteilungen aus dem LSH. Jahrgang 2008/2009: Die Ausgabe zum 100. Jubiläum

108 100 Jahre Landschulheim am Solling 1909-2009: Festschrift. Holzminden 2009

109 Die Giftschonung 40 (August 2010)
(darin u. a. S. 43-57 betr. Hugo Lindenberg; S. 64-69 Mitgau, Wolfgang: Die Giftschonung – Ein Nachruf [betr. ein Waldstück auf dem Schulgelände]; S. 70-73: „Die Sollinggatter")

110 HAWK Hochschule für angewandte Wissenschaft und Kunst FH Hildesheim/ Holzminden/Göttingen: Jahresbericht 2007. Hildesheim 2009
Desgl. Jahresbericht 2008. Hildesheim 2009
Desgl. Jahresbericht 2009. Hildesheim 2010

111 Rüpke, Anke: Landbaukunst: Leben und Leistung des Amtszimmermeisters Burghard Glander (1818-1879) in Thedinghausen. Lilienthal 2009
Vgl. Rüpke, Anke: Landbaukunst: Leben und Leistung des Amtszimmermeisters Burghard Glander (1818-1879) aus Thedinghausen. In: Heimatkalender für den

Landkreis Verden, Jg. 2011, S. 71-80
(Schüler der Baugewerkschule Holzminden)

112 Hemme, Dorothee: Märchenstraßen – Lebenswelten: Zur kulturellen Konstruktion einer touristischen Themenstraße (Studien zur Kulturanthropologie / Europäischen Ethnologie, 2). Berlin/Münster 2009
(Deutsche Märchenstraße, u. a. Bodenwerder u. Polle)

113 Der Löwe unterm Hakenkreuz: Reiseführer durch Braunschweig und Umgebung 1930-1945, hrsg. v. Reinhard Bein u. Ernst-August Roloff mit weiteren Beiträgen v. Susanne Weihmann u. Elke Zacharias. Göttingen 2010
(darin S. 64-69 Kapitel „Jugend und Fliegerei", betr. u. a. die Reichsschule für Segelflugsport auf dem Ith)

114 Ohrmann, Stephanie: Die Holzmindener Straßennamen. Bachelorarbeit masch.schr. Vechta 2009
(Ex. vorh. im Stadtarchiv Holzminden)

115 Teufelsmühle und Heiligenberg: Sagen aus dem Kreis Holzminden, gesammelt von August Teiwes, illustriert von Karl Cohnen. Holzminden 2009

116 Sagen und Geschichten aus Holzen und Umgebung: Herausgegeben anlässlich des 50-jährigen Jubiläums des Heimatvereins Hahnenklippen Holzen e.V. Zusammenstellung und Bearbeitung der Texte von Karl-Ernst Paare, Illustrierung von Franziska Lenferink, geb. Heppner. Holzen 2008

117 Biegel, Gerd: Von Eschershausen nach Braunschweig: Wilhelm Raabes Leben und Werk [...]. In: Braunschweigischer Kalender 2010, S. 18-25

118 Pfannkuch, Erwin: Stadtoldendorf in Wilhelm Raabes Leben und Werk (Vortrag, gehalten am 23. April 2006 in Einbeck vor dem Arbeitskreis für deutsche Dichtung.) Göttingen 2007

119 Signaturen realistischen Erzählens im Werk Wilhelm Raabes: Anlässlich des 100. Todestages, hrsg. v. Dirk Göttsche u. Ulf-Michael Schneider. Würzburg 2010

120 Busse, Gerd: Zwischen Hütte und Schloss: Heinrich Sohnrey. Schriftsteller, Sozialreformer, Volkskundler. Mit ausgewählten Beispielen aus seinem literarischen Werk. Holzminden 2009

121 Schaefer, Wolfgang: Zwischen Hütte und Schloss: Der Solling feiert den 150. Geburtstag Heinrich Sohnreys. In: Sollinger Heimatblätter, Jg. 2009, H. 1 S. 28-31

122 Das ungewöhnliche Jahr 2009 und die Förderung von Instandsetzungen – Erhaltungsmaßnahmen der niedersächsischen Bau- und Kunstdenkmalpflege. In: Berichte zur Denkmalpflege in Niedersachsen 30 (2010), S. 42-55
(darin S. 50 Gomolka, Joachim: Holzen, Landkreis Holzminden, Wickenser Straße 2, Scheune der Hofstelle; S. 52 ders.: Lauenförde-Meinbrexen, Landkreis Holzminden, Rittergut von Mansberg, Barocke Sandsteinbrücke)

123 Institutsgebäude der FH Hildesheim/Holzminden/Göttingen in Holzminden. In: Wettbewerbe aktuell, Jg. 2006, H. 11 S. 91-93

124 Tag der Architektur: Sonntag, 27. Juni 2010, hrsg. v. den Architektenkammern Niedersachsen und Bremen. Hannover 2010
(darin betr. Holzminden Nr. 78: HAWK Mensa)

125 Hardt-Waltherr Hämer. Architekt HBK, hrsg. v. Michael Bollé, bearb. v. Karl-Robert Schütze (Schriften aus dem Archiv der Universität der Künste Berlin, 13). Berlin 2009 *(darin S. 34-36: Holzminden, Landschulheim [recte: Schullandheim] Silberborn: Wettbewerbsbeitrag, 1959)*

126 Laska, Frank: Die Glasmalereianstalt Ferdinand Müller in Quedlinburg von ihrer Gründung bis zum Jahr 1914. Quedlinburg 2009 *(S. 133-138 / Anm. S. 143: Fallbeispiel: Ev.-luth. Kirche Holzminden)*

127 Knapp, Ulrich: Die St. Sturmius-Kirche in Rinteln. In: St. Sturmius in Rinteln: Festschrift anlässlich des Baubeginns der St. Sturmius-Kirche vor 125 Jahren [...], hrsg. v. Thomas Scharf-Wrede. Hildesheim / Rinteln 2009, S. 49-126 *(betr. S. 53-55: Kirche St. Josef, Holzminden)*

128 Apel, Carl: Der Wiederaufbau der Klosterkirche Amelungsborn. In: Beiträge aus dem Kloster Amelungsborn 14 (2008), S. 84-107 *(verfasst vermutlich 1961)*

129 Marx, Ulrich: Chronik der Klosterkirche St. Marien zu Amelungsborn 1941-1962. In: Beiträge aus dem Kloster Amelungsborn, Band 15: Festgabe zum 80. Geburtstag des Familiaren Richard Toellner Senior der Familiaritas von 1974-1998, hrsg. v. Berthold Ostermann, Dieter Schrader u. Reinhard Eicke. Lengerich 2010, S. 71-87

130 Die Klosterkirche zu Kemnade an der Weser, nach Gustav André (DKV-Kunstführer, 185). 6. Aufl. München / Berlin 2007

131 Almanach der Architektur. Salzburg 2009 *(darin S. 108-111: Haus Strecker, Delligsen)*

132 Maschmeyer, Dietrich: Die Domäne Heidbrink in Polle (Weser) – ein Musterbauernhof der Aufklärungszeit. In: Der Holznagel, Jg. 2009, H. 5 S. 5-11 *[dazu S. 1 Abb.; vgl. S. 12-13 Froehlich, Bernd: Um welchen „Kies" geht es eigentlich?]*

133 Bauhaus 1919-1933: Fotografie und Konzept Hans Engels, Text Ulf Meyer. München u. a. 2006 *(darin S. 38-39: Walter Gropius, Ernst Neufert. Fabrik-Erweiterung August Müller & Co., Kirchbrak)*

134 Franz, Birgit u. Georg Maybaum: Der Getreidespeicher in Holzminden: Reichstypenspeicher als dominante Zeitzeugen in unterschiedlichsten Kulturlandschaften. In: Historische Kulturlandschaft und Denkmalpflege: Definition, Abgrenzung, Bewertung, Elemente, Umgang, hrsg. v. Birgit Franz u. Achim Hubel (Veröffentlichung des Arbeitskreises Theorie und Lehre der Denkmalpflege e. V., 19). Holzminden 2010, S. 98-109

135 Aktive Mitglieder des Kunstkreises Holzminden e.V., November 2009 [Außentitel: Kunstkreis Holzminden: 35. Jahresausstellung 29. November – 20. Dezember 2009]. (2009)

136 Kunst am Teich, Holzminden 2010: Neue Plastiken von Karl Repfennig und Peter Clemens Otte. Holzminden 2010

137 Steinicke, Ursula: Auf den Spuren von Wilhelm Sagebiel in Berlin und Umgebung - einem vergessenen Bildhauer aus Braunschweig. In: Braunschweigischer Kalender 2010, S. 85-89

(Schulbesuch in Bodenwerder; erwähnt auch Werke im Bereich des Landkreises Holzminden)

138 Schmerz – Leid – Tod: Arbeiten auf Papier aus einer Privatsammlung. Bearbeitet von Uwe Heckmann. (Begleitbuch zur gleichnamigen Ausstellung im Weserrenaissance Schloss Bevern vom 4. Oktober bis zum 22. November 2009, veranstaltet vom Rudolf Jahns-Freundeskreis e.V. (Holzminden), in Zusammenarbeit mit dem Landkreis Holzminden [...].) Holzminden 2009
(Sammlung Issa Alauneh, Holzminden)

139 Pape, Uwe: Die Orgeln des Herzogtums Braunschweig vor 1810. In Acta Organologica, Band 30 (240. Veröffentlichung der Gesellschaft der Orgelfreunde). Kassel 2008, S. 89-242

140 Seeliger, Matthias: Musik in der Kirche: 75 Jahre Kantorei der Luthergemeinde Holzminden. In: mittwochs, wenn es dämmert ... 75 Jahre Kantorei Luthergemeinde Holzminden: Jubiläum 2009. (Holzminden 2009), S. 4-31

141 21. Jazzfestival 16.-19.09.2010: 25 Jahre Jazz-Club Holzminden. (Holzminden 2010)

142 Zeller, Joachim: Das „Holzmindische Wochenblatt" 1785-1792: Eine Lokalzeitung – zugleich ein Beispiel kooperativer Erwerbung, Erhaltung und Vermittlung. In: Bibliotheks Magazin: Mitteilungen aus der Staatsbibliothek zu Berlin, H. 3/2006 S. 77-91

143 Göhmann, Herbert W.: Skriptorium und Bibliothek – über die mittelalterliche Schreibkultur der Zisterzienser (Referat für die Familiaritas am 5.12.2009). In: Beiträge aus dem Kloster Amelungsborn, Band 15: Festgabe zum 80. Geburtstag des Familiaren Richard Toellner Senior der Familiaritas von 1974-1998, hrsg. v. Berthold Ostermann, Dieter Schrader u. Reinhard Eicke. Lengerich 2010, S. 103-113

144 Campe, Asche von: Schicksal einer Gutsbibliothek: Der Bücherschatz der Familie von Campe aus Deensen. In: Jahrbuch für den Landkreis Holzminden 27 (2009), S. 177-182

145 Die heißen 3: 300 Jahre Kaffee, Tee und Schokolade in Norddeutschland. Begleitbuch zur gleichnamigen Ausstellung im Museum im Schloss, Porzellanmanufaktur Fürstenberg GmbH (1. April bis 22. August 2010) und im Historischen Museum Hannover (9. Februar bis 8. Mai 2011), hrsg. v. Thomas Krueger u. Andreas Urban, mit Beiträgen von Hilko Linnemann u. Uta Ziegan (Schriften des Historischen Museums Hannover, 37). Holzminden 2010

146 Flach, Hans Dieter: "Maroni heiß und lecker": Kastanientöpfe aus Porzellan, Fayence, Steingut und Steinzeug. Begleitbuch zur gleichnamigen Ausstellung im Museum im Schloss Porzellanmanufaktur Fürstenberg (22.8.-14.11.2010) (Schriften zur Geschichte des Fürstenberger Porzellans, 2). Holzminden 2010

(Redaktionsschluss: 3.11.2010)

Register der Orte

Register der Personen

Verzeichnis der Mitarbeiter des vorliegenden Bandes

Drope, Hartwig,
> Bahnhofstraße 29, 37603 Holzminden
> h.drope@web.de

Hörmann, Dieter,
> Neue Straße 18, 37603 Holzminden
> dhoermann@t-online.de

Jahns, Werner,
> Rosenhof 21, 37603 Holzminden

Kaufmann, Dipl.-Bibl. Jens Th.,
> Reisweg 10, 38116 Braunschweig
> jens-kaufmann@t-online.de

Kieckbusch, Klaus,
> Sollingstraße 77, 37603 Holzminden
> klaus.kieckbusch@arcor.de

Konrad, Volker,
> Moltkestraße 6, 37603 Holzminden
> holbird@gmx.de

Küntzel, Dr. Thomas,
> Untere Masch Straße 16, 37073 Göttingen
> thomas.kuentzel@gmx.de

Reuschel, Dr. Andreas,
> Finkenstraße 5, 49565 Bramsche
> andreas.reuschel@web.de

Seeliger, Dr. Matthias,
> Stadtarchiv Holzminden,
> Obere Straße 30, 37603 Holzminden
> seeliger.dr.matthias@holzminden.de